GUY

VAZGEÇEBİLMEK

DESTEK
yayınları

DESTEK
MEDYA
GRUBU

DESTEK YAYINLARI: 786
KİŞİSEL GELİŞİM: 160

VAZGEÇEBİLMEK / GUY FINLEY
Orijinal adı: The Secret of Letting Go

Vazgeçebilmek, Amerika'da 1990 yılında ilk kez basıldığından bu yana 22 baskı yapmış ve 200 binden fazla satmıştır.

İmtiyaz Sahibi: Yelda Cumalıoğlu
Genel Yayın Yönetmeni: Ertürk Akşun
Yayın Koordinatörü: Özlem Esmergül
Çevirmen: Olcay Avcı
Editör: Zeynep Atayman
Kapak Tasarım: İlknur Muştu
Sayfa Düzeni: Cansu Poroy
Sosyal Medya-Grafik: Tuğçe Budak - Mesud Topal

Destek Yayınları: Mart 2017 (2.000 Adet)
3. Baskı: Ağustos 2017
4. Baskı: Mart 2018
5. Baskı: Mayıs 2018
6. Baskı: Haziran 2018
7.-9. Baskı: Temmuz 2018
10.-11. Baskı: Ağustos 2018
12.-29. Baskı: Eylül 2018
30.-49. Baskı: Ekim 2018
50.-69. Baskı: Kasım 2018
70.-79. Baskı: Aralık 2018
80.-89. Baskı: Ocak 2019
Yayıncı Sertifika No. 13226

ISBN 978-605-311-227-3

© Destek Yayınları
Abdi İpekçi Caddesi No. 31/5 Nişantaşı/İstanbul
Tel. (0) 212 252 22 42 – Faks: (0) 212 252 22 43
www.destekdukkan.com – info@destekyayinlari.com
facebook.com/DestekYayinevi – **twitter**.com/destekyayinlari
instagram.com/destekyayinlari

Deniz Ofset – Nazlı Koçak
Sertifika No. 40200
Maltepe Mahallesi
Hastane Yolu Sokak No. 1/6
Zeytinburnu / İstanbul

DESTEK yayınları   KARAKARGA   BEYAZ BAYKUŞ   genç DESTEK

GUY FINLEY

VAZGEÇEBİLMEK

Vazgeçebilmenin sırlarını öğrendiğinde
bu dünyada hiçbir şey seni geride bırakmaktan
ve yeniden başlamaktan alıkoyamayacak!

Çevirmen: Olcay Avcı

DESTEK
yayınları

İÇİNDEKİLER

Vazgeçebilmek, örneği az bulunan ve beklenilen bir kitap – gerçek sorunlara gerçek çözümler sunanlardan biri. Ve bu çözümler öyle güzel ki! Genellikle duyduğumuz standart, anlamsız yanıtlardan değiller... Bu kitap açık bir şekilde ortaya koyuyor ki, bir güçlüğü çözmenin tek yolu, artık o sorun seviyesinde yaşamamak. Kederli birey, artık tanıdığımız Ben'i –en baştan sorunu yaratanı– aşmak zorunda. Bu kitap tam da günümüzde gereksinimini duyduğumuz türden bir kitap. Uluslararası olaylardan çevresel değişikliklere ve en nihayetinde birlikte yaşadığımız insanla huzurumuzu kaçıran kavgamıza kadar, insanlar kendilerinin ve yaşamlarının kontrolden çıktığını hissediyorlar. Ne mutlu ki bu kitap acil yardım sağlıyor. Kontrol edebileceğimiz ya da etmemiz gereken yalnızca tek bir şey var: Kendi tepkilerimiz. Ve tepkilerimizi kontrol etmenin yolu da *geride bırakmak*.

– Dr. Ellen B. Dickstein

Bu kitaptaki iyileşme olguları, beni, benliğime ket vuran, sayamayacağım kadar çok arayıştan ve alışkanlıktan kurtardı.

Bu kitap sıkıntıları zaferlere dönüştürmek için doğru araçlarla dolu. Guy Finley çağların bilgeliğini alıyor ve yumuşak bir tavırla onu, okurlarına kendi psikolojik sorunlarının zihinlerindeki kaynaklarını iyileştirmeyi öğretmek için kullanıyor. Eğer yönergelerini izlemeye gönüllü iseniz, bu kitap size yardımcı olacaktır. Mutluluk için hiç kimseye ve hiçbir şeye bağımlı olmamanız gerektiğini, tüm o psikolojik stresin –kızgınlık, depresyon, endişe– anlayamamaktan doğduğunu keşfedeceksiniz. Guy Finley'in kitabı, olduğunuzu düşündüğünüz kişiyi geride bırakmayı öğrenmeniz için son derece güçlü ve yine de neşeli ve keyifli bir ders.

– Desi Arnaz, Jr.

Önsöz

Çok satan "geride bırakma" yazarı Guy Finley'in cesaret verici ve kolay anlaşılan mesajı, bugün dünyamızı aydınlatan, gerçekten parlak ışıklardan biri. Düşünceleri doğrudan en bunaltıcı kişisel ve sosyal sorunların –ilişkiler, başarı, bağımlılık, stres, huzur, mutluluk, özgürlük– tam kalbine neşter atıyor ve daha yüksek seviyede bir yaşama yol gösteriyor. *Barnes and Noble* "Guy Finley milyonlarca yaşamın daha dolu, daha huzurlu olmasına yardımcı oldu" diyor.

Finley, *Vazgeçebilmek*'in ve bazıları uluslararası çok satanlar arasına giren kişisel gelişimle ilgili otuzdan fazla kitabın ve sesli kaydın tanınmış yazarıdır. Buna ek olarak, Finley geçtiğimiz 25 yıl boyunca, Kuzey Amerika ve Avrupa'da binlerce minnettar öğrencinin katıldığı, üç binden fazla benzersiz kişisel gelişim semineri vermiştir. Gözde e-posta bülteni *Key Lesson*, her hafta 142 ülkeden 400.000 katılımcı tarafından okunmaktadır.

Finley'in on altı dilde yayımlanan çalışmaları beğeni kazanmış ve doktorlar, işin erbabı ve her çeşit dini lider arasında geniş çaplı olarak destek bulmuştur. Kitaplarından bazıları şunlardır: *Kendi Kaderini Tasarla*, *Duacının Kayıp Sırları*, *Yüreğin Çırağı*, *Geride Bırak ve Şu Anı Yaşa*, *Korkusuz Yaşamın Temel Yasaları*, *Durdurulamaz Olmanın Sırları* ve *Geride Bırakmanın 365 Yolu*.

Guy, ülke içinde ABC, NBC, CBS, CNN ve NPR dahil olmak üzere yüzlerce televizyon ve radyo programına konuk olarak katılmıştır ve halen, Healthylife Radio Network, Achieve Radio Network, World Talk Radio Network ve Contact Talk Radio International dahil birçok uluslararası radyo ağına program yapmaktadır.

Yazılarına ve katıldığı toplantı ve radyo-televizyon programlarına ek olarak, Oregon, Merlin'deki ünlü çıkar gözetmeyen kendini tanıma merkezi *Life of Learning Vakfı*'nın kurucu yöneticiliğini yapmaktadır ve kendisi de haftada 4 kez öz-gerçekleştirim dersi vermektedir. Bu toplantılar devam etmektedir, halka açıktır ve üç dolar olarak önerilen bir bağış karşılığı sunulmaktadır.

Bizden önce krallığı aramaya giden ve bugün, onlar gibi uyanmayı amaç edinen bizlere eserleriyle rehberlik eden tüm o kadınlara ve erkeklere minnettarlık duygularımla teşekkürler...

Geride Bırakmak:
Dün, Bugün ve Yarın

Hocam, bilge ve harika adam, ona en yakın öğrencilerinin kullandıkları ismiyle "VH" bana bir kitap yazmayı önerdiğinden beri neredeyse on sekiz yıl geçti. Benden gerçekte ne yapmamı istediğinin o zaman için pek farkında değildim, ama bu iyi niyetli önerisi nedeniyle sonsuza kadar ona borçlu kalacağım.

O zamanlar, Vernon Howard yirmi beşten fazla ruhsal gelişim kitabıyla, oldukça sözü geçen, çok saygın bir yazardı. Daima onun tarafından yüreklendirilmek ve ilk yazılarım için hiç de anlamsız olmayan kurgu önerileri paha biçilemezdi. Ve böylelikle, yaklaşık bir buçuk yıl sonra, 1990'da Llewellyn'deki sevgili dostlarım *Vazgeçebilmek*'in ilk baskısını yayımladılar. Şu anda elinizde olan, bu çalışmanın yeni baskısıdır.

Geride bırakmanın özündeki sınırsız yaşam üzerine yazmaya başladığımdan beri geçen uzun yıllar boyunca, dünyanın her tarafından binlerce değerbilir okur, bu yol boyunca yaptıkları keşiflerin meyvesini benimle –öyle ya da böyle– paylaştılar. Bu özel izlenimlerden size kısaca bahsetmeme izin verin.

Her biri değişik derecelerde, geride bırakmanın ve ruhsal gelişimin, kır çiçeği tarlasına yağan yağmur gibi olduğunun, ancak kendi kendimizi sınırlamaktan kendimizi kurtardığımız ölçüde çiçek açacağımızın bilincine varmışlardı. Ama kendi içimizde bu tür bir çalışma yapmak niye? Her ne kadar açık olsa da, şunu belirtmek gerekir: Daha fazla özgürlük için, boğuştuğumuz her ne olursa olsun –kişisel olarak bizi ya da yaşamdan hoşnutluğumuzu zora sokan her ne olursa olsun– onu biz yapıyoruz. Bunun ışığında bakıldığında, geride bırakmanın gerçekten bir sevgi eylemi olduğunu söyleyebiliriz. Bu şaşırtıcı düşünceye bir an için bakalım.

Her ne olursa olsun –bizi aşağı çeken kötü bir alışkanlık, tatmin etmeyen bir ilişki, bizi hayal ettiğimiz şekilde tamamlamayan bir kariyer seçimi ya da başkalarının hakkında, sonuçta onlarla ilişkilerimizi mahveden gerçekdışı beklentilerimiz– bir şeyi geride bırakmamız gereken her seferde, dürüstçe kendimizi incelediğimiz bu anlarda, gerçekte neler oluyor? Bakın bakalım, şu basit yanıt durumumuzu tanımlamıyor mu?

Bizden var olan bir ilişkimizden vazgeçmemizin "istenme" nedeni, yaşamımızda daha büyük bir şeye yer açmak değil mi? Tabii ki öyle. O zaman kendi sezgilerimize göre hareket etmek niye bu kadar zor olsun ki? Nihayetinde kim daha iyi, daha parlak ve daha gerçek bir yaşam istemez ki? Bu değiş tokuşu yapmakta, birçoğumuzun yaptığı gibi, duraksamamızın nedeni şu: Bu tür anlardaki gerçek güçlük, fiziksel gözlerimizin göremediği bir şeyin lehine seçim yapmak zorunda olmamızda! Buradaki doğruluğu, amacın kelime oyunu yapmak olmadığını görebiliyor muyuz?

Tüm gerçek düşünsel vazgeçişlerin özünde olan kaçınılmaz gerçek şu: *Eskisini bırakmadığımız sürece*, aradığımız yeni ve daha üstün bir ilişkinin gerçek doğasını fark etme umudumuz olamaz. Bu aslında tanımlanamaz anı en iyi tanımlayan cümle şudur: "İnancımız görülene değil, görülmeyene olmalıdır; çünkü (zaten) görülmüş olanlar için kimin umudu vardır ki?"

Sıra geride bırakmaya ve o zamana kadar kim ve ne olduğumuzu aşmaya gelince, bunun yolu pazarlığa açık değildir: Öncelikle bizde artık işe yaramayan ne varsa giderek bilincine varma ve ardından onlardan vazgeçme için yapılacak iç çalışma. Yalnızca ve yalnızca bundan sonra, kendi yeni ve daha üstün –her durumda– seviyemizi keşfetmenin ve kavramanın şafağı söker; yaşamlarımız dönüşür. Güven, sevgi ve hoşnutluk her zamanki yoldaşlarımız olur.

Konunun özüne gelirsek: Geride bırakmak için, önce bağlanıp kalmanın artık işe yaramadığını kavramamız gerekir! O ya da bu şekilde, eski, denenmiş ve doğru çözümlerimizin nasıl "sahte dostlar" olduklarını kanıtladıklarını görmeye başlarız. Birkaç örnek bu son önemli düşünceye ışık tutacaktır.

Örneğin, acıyla gösterdiğimiz tepkiler için başkalarını suçlamanın, yararsız olmanın ötesinde, kötü olduğu açık bir şekilde ortaya çıkar; bu yanıt bazı dostlarımızı düşmana dönüştürmüştür!

En yeni plan ve hayaller, geçmişte hep olduğu gibi, bizi hoşnut edecekleri yerde, boşluklarını yüzümüze vururlar; bir yere doğru son sürat koşup hiçbir yere varamamaktan yorgunuzdur.

İsteyelim ya da istemeyelim, kendimizi semavi dinlerin "ruhun karanlık gecesi" olarak adlandırdığı, en içteki bilinmeyenin eşiğinde dikilirken buluruz; artık kendiliğimizden biliriz ki, bundan sonra kendimiz için bir şey yapamayacağız. O noktada belirsizlik içinde, adeta kıskıvrak yakalanmış gibi, hiçbirini istemediğimiz iki olasılık arasında bekleriz. Bir yanda ne yapılması gerektiğini bilmek ve bunu yaşamayı istememek ama diğer yandan başka bir seçenek olmadığını da bilmek, bir tür kırk katır mı kırk satır mı durumunda kalmak. Bir büyük korkumuz da eğer geride bırakırsak sonumuzun iyi olmayacağıdır. Önümüzde uzanan karanlık ve giderek büyüyen ve adına "bize ne olacağını bilmemek" denen uçuruma düşeceğiz – oradan hiçbir kaçışın bulunmadığına inandığımızdan, korkutucu olan bir yere! Ama bu yanlış bir varsayımdır ve aynı derecede yanlış bir algıdan kaynaklanır. Bu, Sahte Ben tarafından uydurulmuş ve onu arkamızda bırakmamızı söyleyen çağrıya yanıt vermemizi engelleyen bir yalandır. Geride bırakmaya her cesaret edişinizde kendinizin de göreceğiniz gibi, işin aslı şudur: Düşmezsiniz. Aksine yükselirsiniz!

Bu nasıl mümkün olabilir?

Kendinize bir uçurtmanın ipi koptuğunda ne olduğunu sorun. Yükselir! Gökyüzünün enginliklerine doğru tırmanır çünkü doğası budur; yükselmek için yapılmıştır. Biz de öyleyiz: Özgür olmak için yaratıldık. Bundan daha az olan her şey için, yalnızca şu söylenebilir: Yeterli değil!

Neredeyse yirmi beş yıllık yazarlık ve eğitmenlik yaşamından sonra, öğrendiğim bir şey varsa, o da şudur: Tüm kalbimizle aradığımız kalıcı tamlık ve mutluluğu bulmayı başarmak için gerek duyduğumuz her şeye her birimiz –şimdi ve burada– sahibiz. Bizim sorunumuz, özgür olmak için bir şey yapmamız gerektiğinden emin olmamız. Bizimle sınırsız yaşam arasındaki tek şeyin bu yanlış düşünce olması çok garip. Geride bırakmak ve kendi doğal kutsallığımıza bürünmemiz için göstermemiz gereken ruhsal çaba, tüm yaşamımız boyunca göstermemiz gerekecek olan başka hiçbir çabaya benzemez. Bu çaba, Gerçek Ben'e hiçbir şeyin eklenemeyeceğini anlayıp bu gerçekle kucaklaşmakla –ve ardından ona göre eylemde bulunmaya cesaret etmekle– başlar. Eğer o bilgiye sahip olmak için sıkıntıya katlanmak zorundaysak, bir de böyle bir bilginin bizim için ne anlama gelebileceğini yalnızca bir an düşünün.

Örneğin, başkalarını olmalarını istediğimiz şekle sokmak gibi boşuna bir çabayla zamanımızı harcamak yerine, bu tür bir düşünme şeklinin özündeki hatayı görebilmeliyiz. O zaman seçimimiz, başkalarını bizim gereksinimlerimize uydurmak için değiştirmeye çalışmak yerine, bizim yapmamız gerekenlerden başka birisinin sorumlu olduğu gibi yanlış bir düşünceyi bir kenara bırakmak olacaktır.

Sahte yükümlülüklerin yükünden kurtulmak... Sevdiğinizle, arkadaşlarınızla ve ailenizle gerçek bir uzlaşma... Eski düşmanları tümüyle affetmenin erdemi... Giderek büyüyen, geçen zamandan bağımsız sevme duygusu ve şefkatli zekâ: Bu ödüller ve daha fazlası geride bırakmayı öğrenenlere gelir.

Dolayısıyla ben şunu öğrendim: *Yaşamlarımızın eksik yarısı, geride bırakmak.* Bu ruhsal keşfi yapın ve tamamlanın; kolayca tamamlanın ve özgür olun. Eğer karşıtı soluk verme olmasaydı, soluk alma değersiz olurdu; parlamak nasıl güneş için doğalsa, gerçekte olduğunuz kişi için de geride bırakmanın aynı derecede doğal, yaşamın nefes alışına katılmayı öğrenmek olduğunu düşünün.

Vazgeçebilmek'in elinizdeki geliştirilmiş yeni baskısına, geride bırakma ve özgür yaşama hakkımızı keşfetmenin bu seher vaktini yansıtan birçok yeni bölüm ekledim. Bu içeriği ilk kez kaleme aldığımdan beri geçen uzun yıllarda kazandığım yeni bir anlayışla birçok yerde, düşünceleri yeniden ele aldım ve böylelikle kitap bir pınarın berraklığına kavuştu – ya da tazelendi; eğer böyle demeyi tercih ederseniz.

Benim "eski" ve yeni okurlarıma –geçmiş, şimdi ve gelecekte ilahi aşkı tanımayı ve hem kendi içlerinde hem de dünyada zarar vermeksizin yaşamayı isteyen herkese, fark gözetmeksizin– sesleniyorum; cesaretlenin: İçinize özgür, kutsal, korkusuz bir yaşam sürdürme isteğinin tohumlarını eken ilahi akıl, tüm kalbiniz, aklınız ve ruhunuzla bu isteği beslemenizi sağlayarak, onun çiçeklendiğini görecektir.

İzin verin, adına geride bırakma denilen bu büyük yaşam yolculuğuna çıkarken yanınıza almanız için son bir gerçeği daha vereyim. Bu gerçeğin ışığı, ihtiyaç duyduğum anlarda, sayılamayacak kadar çok kez dostluğunu kanıtlamıştır. Sizin için de öyle olabilir.

En büyük gücümüz, ilerdeki daha parlak günleri hayal edebilmemiz değil, mutluluğumuzu azaltan tüm başıboş karanlık düşünce ve duyguları –her an için– kolaylıkla kovabilme gücüyle donanmış olmamızdır.

Bu Kitap Geride Bırakmanıza Nasıl Yardımcı Olabilir?

Küçük oğlan çocuğu ilk su kayağı dersini alıyordu. Kayakların uçları yukarı ve ileri yönelik, suda inip inip çıkıyordu. Babası sürat motorundan bağırarak bazı son dakika talimatlarını veriyordu. O sırada bir uğultu sesiyle tekne havalandı, çekme halatı gerildi.

Başlangıçta küçük çocuk başaramayacakmış gibi görünüyordu. Ancak, yavaş yavaş, bir çeşit parlak Anka kuşu gibi sudan yükseldi. Ayaktaydı. Gülümsüyordu. Ardından, nasıl sudan yükseldiyse, neredeyse tam tersine bir hareketle tekrar suda kayboldu. Kötü bir şekilde düşmüş falan değildi.

Sürat motoru onu almak için geri döndü. Babası çocuğun ilk suya daldığı yerde, küçük başının dalgaların üstünde belirdiğini görmek için bekledi ama çocuk görünmedi. Hâlâ çekme halatını tutuyordu! Onu kurtarma çabasıyla hızlanan botun tam arkasında sürükleniyordu. Şöyle bir bakıp durumu değerlendiren baba, derhal motoru durdurdu. Bir saniye sonra, genç çocuğun ıslak ama gülümseyen yüzü tekrar suyun üzerinde belirdi ve bir sonraki talimat için babasına baktı. Babası da ona gülümsedi ve "Oğlum, sana su kayağı hakkında çok önemli bir şey söylemeyi unuttum. Düştüğün zaman ipi bırakman gerekir, sakın unutma!" dedi. İpi bırakması gerektiği o kadar açıktı ki, bu sözler ikisini de kahkahalarla güldürdü.

Bu olayı çok iyi hatırlıyorum çünkü bende kalıcı bir iz bıraktı. O küçük çocuğun çekme halatını bırakmak istememesinin nedeninin, ona tutunmak istemesi olmadığını biliyorum.

Hayır, onu tutmaya devam etti, çünkü suda sürüklendiği o korkutucu anlar boyunca başka ne yapabileceğini bilmiyordu. Onun için, halatı bırakma düşüncesi, o anda bir seçenek değildi. Onun yerine kafası birbiriyle yarışan başka düşünce ve duygularla dopdoluydu: "Umarım kimse kendimi aptal durumuna düşürdüğümü görmemiştir! Ne ters gitmiş olabilir? Babam bana kızmış mıdır? Tekrar denememe izin verir mi? Nasıl bu kadar aptal olabildim?" Ona bırakmasını söylemekte olan içgüdüsel ve kuşkusuz ki akıllı düşünce, bu içsel patırtı içinde yolunu bulamazdı. Yersiz ve tehlikeli bir sahte kaygı seli yolunu kapatmıştı. Bu olayı ve ayrıntılarını bildirmemin nedeni, öyküdeki çocuk, halatı bırakamayan çocuk bendim. Bu, insanın geride bırakmakla daha iyi edecekken, bir şeye tutunup kalmasına neden olan sır ve kendi kendine ket vuran iç güçlere dair yaşantımdaki birçok dersten ilkiydi.

Bu kitap tümüyle bunun üzerine: Geride bırakmak – bizi tatsız ilişkiler ve olaylar içinde sürükleyip duran her şeyi geride bırakmak; ruhumuzu bıktırıcı ve sahte kaygılarla boğan, o sancılı düşünce ve duyguları geride bırakabilmek.

Başlangıçta, bu yeni malzemeyi garip ve huzur bozucu bulabilirsiniz çünkü içerdiği şaşırtıcı ve güçlü sezgi, size işe yaramayan çözümlere yapışıp kaldığınızı gösterir. Hepimiz bir üzücü duruma ya da bir diğerine takılıp kaldığımız için acı çekeriz: Başkaları mutlu olsun diye kendimizden özveride bulunmamız, kızgın tavırlar, tüketici istekler, zararlı alışkanlıklar bahsedebileceklerimizden yalnızca birkaçı. Ancak bizim bu inatçı sorunları geride bırakıp yolunuza devam edememememiz, bunun yapılamayacağı anlamına gelmiyor. Bu sadece henüz geride bırakmanın sırrını öğrenmediğiniz anlamına geliyor. İşte size önemli bir ipucu:

Bu kitabı okudukça yapacağınız en heyecan verici keşiflerden biri, bir şeyi geride bırakmak için güce gereksiniminiz olmadığıdır.

Size tüm gereken, kendinizi tanımak için farklı bir yoldur ve bu kitap, tüm yaşamınız boyunca kurduğunuz gerçekten güçlü ve bağımsız kişi olma hayalini gerçekleştirmenizde size yardımcı olacaktır.

Adım adım, yararlı diyaloglarda, derinlere inen soru-yanıt bölümlerinde ve önemli gerçeklerle sarmalanmış basit öykülerde, hiçbir şeyin üzerinde hâkimiyet kuramayacağı ve yenemeyeceği, özel bir yönünüzü keşfedeceksiniz. Bu Gerçek Ben –ruhunuzun gizli kalbi– her zaman açıktır, duyarlıdır ve gerçeğin ne olduğunu öğrenme isteği dışında hiçbir konuma tutunup kalmaz. Onun gücü budur. Sizin gücünüz de –içinde bitmez tükenmez bir akıl, tutku ve güven kaynağı barındıran– bu gerçek olacaktır.

Kendinizle olan bu yeni ilişkiniz sizi daima güvende ve canlı tutacaktır. Gerçek doğanız hakkında kazandığınız her yeni içgörüyle yaşam seviyeniz otomatik olarak yükselecektir. Daha yüksekten baktığınızda gördüğünüz her bir manzaranın, bir evvelkinden daha ilham verici olduğunu sonsuz bir keyifle keşfedeceksiniz ve bu sizi, daha fazlasını görmek üzere tırmanmaya devam etmek için cesaretlendirecektir. Yaşamda bu tür büyülü bir ilişki mevcuttur. Onu isteyip istememek size kalmıştır. Onu olduğunuz gibi kalmayı istediğinizden daha fazla istemeniz gerekir. Yaşamın sizin için gelecekte ne planladığını hayal bile edemezsiniz. O zaman, sizi mutsuz eden neyse, onu geride bırakın!

Her şeyin ötesinde, bu kitap aydınlık bir kitaptır. Eğer izin verirseniz ve sebat ederseniz, kendinizi gerçekten özgürleştirmenize giden yolu gösterecek içsel lambayı yakmanızda size yardımcı olacaktır. Bundan hiç şüphem yok. Tümüyle özgür yaşamak bir ideal değil, varacağımız yer olmalıdır. Ve bu da bizi düşeceğim şu son nota getiriyor:

Hiçbir şey asla yalnızca parçalarıyla ölçülemez ve ölçülmemelidir. Eğer bir başyapıt resim alacak olsaydınız ve yalnızca fırça darbelerinden ya da renklerden birine yoğunlaşacak olsaydınız, yalnızca ressamın bakış açısını atlamakla kalmayacak, aynı zamanda onun güzelliğini de paylaşamayacaktınız. Hepimiz biliyoruz ki sanatçının tuvalinin toplamı her zaman parçalarından büyüktür; parçaların bize dokunabilme ve ilham verebilme gücü, yalnızca ancak resmin bütünü görüldüğünde var olan bir "güç", olsa olsa tanımlanamaz bir niteliktir. Bu kitaptaki düşünceler için de bu geçerlidir. Kitabın sayfalarındaki ifadeler içinizdeki yeni dünyanın özel anlık görüntüleridir ve o dünya kelimelerle iletilemez, çünkü ne kadar doğru ve ne kadar iyi niyetli olsalar da, kelimeler yine de yalnızca onun bir kısmıdır, her biri –eğer anlamının yakalanması ve anlaşılması isteniyorsa, tamamının görülmesi gereken– yaşam filminin bir karesidir. İşte bu yüzden, kitabı çok fazla "okumak" yerine yalnızca yavaş yavaş anlaşılmasına izin vermeniz önemli. *Kendinize karşı sabırlı olun.* Bu ilkeleri ve içgörüyü hoş karşılamayı öğrenin, çünkü onlar gerçek dostturlar. Onları yanınızdan ayırmayın. İzin verin, yoldaşlıkları sizi ve özgür olma isteğinizi güçlendirsin.

Bu evrende geride bırakmanızı ve yeniden başlamanızı engelleyebilecek hiçbir şey olmadığını bilmenizi istiyorum. Hiçbir şey. Gerçek Ben'iniz ancak güneş ışığının bir gölge tarafından engellenebileceği kadar, bir yerde sıkışıp kalabilir. O ya da bu şekilde, çoğumuz bu idealin doğruluğunu hissediyoruz; ancak yalnızca birkaçımız ardındaki gücü kavramak için gerekli içsel çabayı göstermeye cesaret ediyoruz. Şu yüreklendirme, başlamanızda size yardımcı olacaktır: Özlemini çektiğiniz ilişki –gerçek bilgelik, erdem, güç, cesaret, tutku ve aşk dolu bir yaşam– zaten sizin içinizde yaşıyor. Şimdi size düşen, bu keşfi yapmayı seçmek. Nasıl hafif bahar yağmurları güzel kır çiçeklerine dönüşecek tohumları uyandırırsa, bu kitaptaki ileri seviyedeki dersler de aynı şekilde, geride bırakmanızda ve özgürleşmenizde size yardımcı olacaktır.

1. Bölüm

Geride Bırak ve Mutlu Ol

Bir zamanlar, tüm yaşamını eski ve gizemli bir tapınağın bitmek bilmez arayışına adayan bir arkeolog vardı. Daha önce arayıp da başarısız olmuş kişilerin nesilden nesile geçen öykülerinin neredeyse hepsi, tapınağın toprağa gömülmüş odalarında kilitli kalmış akıl almaz zenginliklerden bahsediyordu. Yine de o güne kadar hiç kimse büyük tapınağı ve gizli hazinelerini ortaya çıkarmayı başaramamıştı. Bu nedenle, ormanda sarmaşıklarla sarılmış bir yamaçta, üstü toprakla örtülmüş, küçük, karanlık açıklığa bakarken, hayal gücünün coşmasına izin vermemesi gerektiğini biliyordu arkeolog.

Ama bu açıklık, aradığı şey olmalıydı. Arkeolog tüm kalbiyle biliyordu bunu. Sayısız yıllar boyunca yaptığı araştırma tam olarak bu noktayı işaret ediyordu.

Kısa bir süre içinde arkeolog ot bürümüş açıklığı sürünerek geçebilecek kadar genişletmişti. Yeniden ayağa kalktığında, heyecandan neredeyse kalbi duracaktı. Tozla kaplı gaz lambasının loş ışığında, önünde uzanan, kabaca yontulmuş kalaslarla desteklenmiş, geniş ve ilkel tüneli görebiliyordu. Ondan önce başkalarının da orada bulunduğu açıkça ortadaydı. Sorular zihnine üşüşüyordu: Onu yenen kimdi? Niye daha önce keşfedildiğini duymamıştı? Tapınağın zenginliklerini talan etmişler miydi? Bu konum hakkında yanılmış olabilir miydi? Sıkıntılı düşüncelerinden onu kurtaran keskin gözleri oldu. Önündeki tünel birden kör bir uçla sonlanıyordu. Belki de tapınağın sırları hâlâ korunuyordu. Dikkatle yaptığı biraz daha araştırma, tünelin sağında ve solundaki birkaç odanın yalnızca kısmen kazıldığını gösteriyordu. Neler oluyordu? Neden yarım bırakmışlardı?

Biraz sonra destek kirişlerinden birine hafifçe dayandığı anda aradığı yanıtı aldı. Büyük bir çatırtı duydu ve hemen ardından küçük kayalar yağmaya başladı ve her yeri boğucu bir toz bulutu kapladı. Sonsuza kadar kapanmadan önce varmayı umarak çıkışa doğru atıldı, ancak ışığa doğru yaptığı atlayış kısa kaldı. Ama şaşırtıcı bir şekilde, bunun önemi de kalmadı. Göçük olmadı. Yalnızca göçük tehdidi vardı. Kahkahalarla güldü. Tapınağın hazinelerinin rahatsız edilmeden kalmış olmasının nedeni buydu. Yüzyıllar boyunca, kubbesi tropikal toprak, çürüyen bitkiler ve ufalanan taşlarla dolmuştu ve bunlar güvenle kaldırılamayacak kadar dengesizdi. Zenginlikleri hâlâ orada olmalıydı, eğer ki onlara ulaşabilecek bir yol bulabilseydi.

Böylelikle, görünürdeki tehlikelere karşın devam etmeye karar verdi ve uzun süre evvel terk edilmiş bu yeri kazmaya başladı.

Takip eden aylar ve yıllar boyunca, arkeolog tek başına ve gizlice çalışmaya devam etti. İş, en iyimser tanımıyla, yavaş gidiyordu. Birazcık ilerleme kaydettiği her günün ardından ağır destek kirişlerinin sayısını sürekli artırmak zorunda kalıyordu. Ve en fazla umutsuzluğa düşmesine yol açan şey, giderek artan çalışma saatlerinin çoğunun yalnızca bazı eski kirişleri yerinde tutmaya harcanıyor olmasıydı. Bel veren ve çatırdayan kirişlerden gelen ses neredeyse çığırından çıkmış, hiç peşini bırakmıyordu. Geceleri kazı alanının dışında, kamp ateşinin yanında güven içinde otururken bile, kirişlerden çıkan iniltileri duyabiliyordu.

Ve her şeyin ötesinde, yorgundu. O zamana kadar sanki dağın içini tümüyle oymuş ve sırtında taşımış gibi hissediyordu – ve bir anlamda, öyle de olmuştu. Birer birer tapınağın iç odalarını dolduran kökleri, kayaları ve toprağı neredeyse tamamen boşalttı; tüm bulduğu bunlardı – kökler, kayalar ve toprak. Umudunu yitirmeye başlamıştı. Bir sonraki gün akşamüstü, zorlu bir kazı gününü kapatmak üzereyken, felaket başladı. Arkeolog önce endişelenmemişti. Bu tür olayları daha evvel yüzlerce kez görmüştü. Ama kazı merkezindeki kazık ve kirişlerin bir bölümü kaymaya başladı. Arkeolog, merkezdeki destek kümesine doğru koştu ve tüm gücüyle dayanarak destekleri yerinde tutmaya çalıştı. Orada, toprak duvarla çevrelenmiş ve destek kirişine yapışmış dururken, kontrolü dışında bir şey olmaya başladığını fark etti. Biliyordu çünkü duyabiliyordu. Hemen başının üzerinde çatırdayan kirişler durulacak gibi değildi. Aslında, aşağı doğru inen tüm tünel boyunca tavandaki her bir masif kiriş kümesi artık birer birer, antik, dev bir arpın titreşen telleri gibi, ötmeye ve titremeye başlamıştı. Sanki çıkardıkları ses binlerce yıldır biriken basıncın boşalmak üzere olduğunu haber veriyordu.

Arkeolog zangırdayan destek kümelerinin birinden diğerine koşturdu, kendini bir destek gibi kullanarak, giderek daha yüksek perdeden çıkan sesi susturmaya çalıştı. Ama bir yararı yoktu. Toz toprak yağmaya başlamış, nefes almayı ve hatta görmeyi güçleştiriyordu. Büyüyen bir umutsuzluk içinde ve tüm seçenekleri tükenmiş olarak, körlemesine ana tünel yönünde geriye doğru koşmaya başladı. Tam bir göçüğün oluşmasını önlemek adına bir şansı olması için önlemesi gereken, bu kontrolden çıkmış tepkimenin, merkezi destek kümesini yenmesiydi. Kalan tüm gücünü toplayarak, tam çökmek üzereyken, kabaca yontulmuş merkez destek kirişlerinden birine tüm ağırlığıyla dayandı. Bu bir an için işe yaradı. Ardından yüzünde beliren kısa süreli, yarım gülümsemenin nedeni, belki de son ölümcül eylemindeki ironiyi fark etmesiydi. Durum komikti çünkü onun kolonu kuvvetlendiriyor olması gerekiyordu ama tüm kalbiyle biliyordu ki, eğer kolon onu ayakta tutmuyor olsaydı, düşecek olan kesinlikle kendisi olurdu.

Hemen peşinden gelen başka bir düşünce onu eğlendirdiği ölçüde, hatta belki de daha fazla şaşırttı. Bu kesinlikle anlamsızdı. Aklına bile getirmemesi gerekiyordu, o yüzden bir kenara itti. Ancak tünelin ağır kolonlarını yerinde tutma çabalarının boşuna olduğu kanıtlanmıştı, dolayısıyla artık garip bir şekilde aklından çıkmayan bu düşünceye daha fazla karşı koyamıyordu: "Niye bu durumu geride bırakmıyorum ki?" diye sorup duruyordu kendi kendine. Aklını kaybetmek böyle bir şey mi diye düşündü. Yine de, geride bırakma düşüncesi o an için saçma gibi görünse de, bu düşüncede öyle inanılmaz kışkırtıcı bir şey vardı ki, neredeyse tüm dikkatini üstüne topluyordu. Kendini yanlışlıkla ayaklarının her biri aynı anda iki farklı dünyaya adım atmış bir insan gibi hissetti – her geçen saniye birbirinden daha büyük bir hızla uzaklaşan iki dünya. Açıkça görünüyordu ki bir şey olmak üzereydi. Her zaman en önemli olduğunu düşündüğü her şeyi bırakmamak için savaşmıştı, yine de bu artık çok da önemli görünmüyordu ona. Neler oluyordu, bunu anlayabilmeyi isterdi, ama sanki önemsediği her şey elinden alınmıştı. Şimdi tek yapabildiği bir oraya bir buraya giden, hızla seçeneklerini değerlendiren zihnini seyretmekti. Bir yandan, eğer bir şekilde tüm bunları bir arada tutmayı başarabilirse ve destek sistemini yeniden dengeleyebilirse, çabalarına karşılık olarak sadece toz toprak elde edeceği – ve büyük bir kısmını her şeyi bir arada tutmaya çalışmakla geçireceği– bir başka gün daha kazanmış olacağı gerçekten kesin olan tek şeydi. Ardı ardına boş hazine odaları bulmaktan o kadar yorulmuştu ki. Ama öte yandan (bu düşünceyle vücudu kaskatı kesiliyordu) eğer bırakırsa, bunun anlamı tüm yaşamı boyunca süren çalışmasının, umutlarının ve hayallerinin ve belki de yaşamının bile sona ereceğiydi.

Kazı yerinin girişine yakın bir tavan kirişinden gelen şiddetli bir çatırtı, arkeoloğun iç tartışmasını çözüme bağladı. Bitmişti. Biliyordu ki durdurmaya çalışmanın bir anlamı yoktu. Tutmaya çalışmanın bir anlamı yoktu. Gerçekten artık üstünde düşünülmesi gereken hiçbir şey kalmamıştı. Memnundu. Bir sonraki eylemi doğal olarak belliydi. Sadece bıraktı. Kolonlar, kirişler, destekler birbiri ardına darmadağın olurken, çevresindeki her şey ona mükemmel bir düzendeymiş gibi görünüyordu. Hava toprağa dönüştü. Orada, yaşamının sonu olduğunu düşündüğü şeyin tam ortasında dururken kendini iyi hissediyordu – hatta hiç o kadar iyi olduğunu hatırlamıyordu. "Ne garip..." diye düşündü – ve o anda her şey karardı.

Orada öylece yatarken, ilk uyanan parçası kulaklarıydı. En azından ona öyle geldi. Kulakları, sanki neredeyse bir şey duymaya çabalıyor gibiydi – ama ne dinledikleri konusunda arkeoloğun hiçbir fikri yoktu. Her şey o kadar güzel bir şekilde sessizdi ki, bu garip sessizliği bozma korkusuyla gözlerini açmak istemedi.

Biraz daha yerine gelen bilinci, dikkatli olması gerektiğini söylüyordu. Artık nerede olduğunu –ve ne olduğunu– hatırlıyordu. Bir şekilde korunmuştu. Hızlı bir duyu kontrolü, vücudunda da her şeyin iyi ve yerli yerinde olduğunu gösterdi. Artık hareket etme zamanıydı. Dikkatli bir şekilde, vücudunun üst kısmını yukarı hareket ettirerek topraktan dışarı çıkardı ve oturur duruma geldi. Gözlerini açmadan saçlarındaki toprağı silkeledi ve ömrünü harcadığı çalışmasının çökmüş ve parçalanmış harabelerini görmeye kendini hazırladı. Gözlerini açtı.

Sanki birisi bir tomar dev kibriti yere düşürmüş gibi, destek kirişleri yerde her biri farklı bir şekilde duruyordu. Arkeolog, çevresinde neler olduğunu anlayabilmek için gözlerini yavaşça yukarı kaydırdı. Hiçbir şey yorgun gözlerinin görmek üzere olduğu şey için hazır olmasını sağlayamazdı. Öyle olağanüstüydü ki.

Hayal görüp görmediğini anlamak için tekrar başını salladı, ama kısmen toprağa gömülü olan bacaklarından birinin kötü bir şekilde zonkluyor olması zaten ona gayet uyanık olduğunu söylüyordu. Tapınağın zenginliklerinin hiç bulunamamış olmasının şaşılacak bir tarafı yoktu... Tüm bu çağlar boyunca bu büyük ve eski gizemin çözülmeden kalmış olmasının şaşılacak bir tarafı yoktu. Kafasına üşüşen düşünce seli, kendi kontrol dışı kahkahalarıyla kesintiye uğradı. Sanki bunun kocaman bir şaka olduğunu doğrularmış gibi, kahkahalarının yankısını duydu. Ondan önce orada bulunan yağmacısından bilim adamına herkes yanlış yerlerde, yanlış şeyleri aramıştı. Arkeolog yine yüksek sesle güldü ve dümdüz yukarı bakabilmek için başını olabildiğince geriye attı.

Başının üstünde, tapınağın yüksek, büyük kubbesi yıldızlarla dolu altın bir gökyüzü gibi asılıydı: Som altından yapılmış, içine her boy ve renkten mücevherlerin yerleştirilmiş olduğu dev bir kubbe. Ondan her şeyi alıp götüreceğini düşündüğü göçük, bunun yerine ona Sırların Sırrı'nı göstermişti: Tapınağın hazineleri hiçbir zaman tapınakta saklanmamıştı. *Gerçek hazine tapınağın kendisiydi!* Ve şimdi onun olmuştu, dilediğince keyfini sürebilir, ne zaman isterse o zaman alabilirdi. Kendisine bırakma cesaretini verdiği için Tanrı'ya şükretti.

Siz de keşfetmenizi bekleyen, bedeli ölçülemeyecek bir sırra sahipsiniz. *Vazgeçebilmek*, tam olarak bunun hakkında.

Bu Geride Bırakmak Değil

Yalnızca mutsuzluk veren bir durumu ya da bitmek tükenmek bilmeyen acı duyguları geride bırakmayı istemek yetmez. Çünkü istekler, açan bir çiçek için sırada bekleyen arılar gibi birbirlerinin yerini alır, değişirler. İşte bu yüzden, geride bırakmanın tam olarak ne hakkında olduğunu derinden anlamak bizim için böylesine önemlidir.

Önce geride bırakmak hakkında ne bildiğimizle –ya da en azından neyi bilmemiz gerektiğiyle– başlayalım. Şu ana kadar neyin geride bırakmak olmadığını öğrenmiş olmalıyız. Bu zamanın haklı çıkardığı yaklaşım –bir şeyin ne olduğunu bulmak için, ne olmadığını keşfetmek– gerçeği bulmak için etkili bir yöntemdir. Tüm zamanların büyük sufileri, felsefecileri ve bilim insanları, önce neyin yanlış olduğunu ortaya koyup sonra da onu dışlayarak, neyin doğru olduğuna ulaşmanın değerini uzun süre önce anlamışlardır. Gelin, onların bilge öğütlerine uyalım ve geride bırakmaya, bu yeni yolla bakalım.

1. Geride bırakmak, neler olabilirdi diye düşünerek hüsran dolu hayallerle yaşamak değildir.

2. Geride bırakmak, başka birisinin hatalı olduğundan kesinlikle emin olmak değildir.

3. Geride bırakmak, hayali bir yeni zaferin sıcaklığıyla ısınırken, bir hayal kırıklığının küllerine bağlı kalmak değildir.

4. Geride bırakmak, eski bir soruna endişe içinde yeni bir çözüm aramak değildir.

5. Geride bırakmak, beklentilerini düşürmenin ağırlığıyla yaşamak değildir.

6. Geride bırakmak size geçmiş bağlılıklarınızı anımsatarak acı veren kişilerden ve yerlerden kaçınmak değildir.

7. Geride bırakmak, bir şeyi geride bırakmakla ne kadar doğru bir şey yaptığınıza kendinizi inandırmak zorunda olmanız değildir.

8. Geride bırakmak, sizin savlarınıza hak verecek birisini umutsuzca aramak değildir.

9. Geride bırakmak, kendinize güvenme çabasıyla, zihninizde konuşmaları prova etmek değildir.

10. Geride bırakmak, ne zaman isterseniz .... (boşluğu doldurun) geride bırakabileceğinizde ısrar etmeniz değildir.

Neyin geride bırakmak olmadığını ortaya koymak için araştırmamızı yaparken, üzerinde düşünmemiz gereken bir nokta daha var.

Geride bırakmanın, kendini kurban etmekle ya da kendi kendimize tasarladığımız kendini inkâr eylemlerine her zaman eşlik ediyormuş gibi görünen, buruk ve küskün duygularla hiçbir ortaklığı yok. Yani kısacası, geride bırakmanın denetimle, bizimle ilgili meselelerin başkası tarafından yeniden düzenlenmesiyle ya da ilişkilerimizde özgür olmaya çalışmakla hiçbir ilgisi yok. Aslında geride bırakmanın, sizin dışınızdaki bir şeyi bırakmakla hiçbir ilgisi yok.

Hepimiz, üzücü ya da endişe verici bir şeyi geride bırakmak zorunda olup da, bıraktıktan yalnızca bir an sonra kendimizi benzeri hüzünlü bir durumda bulacağımızdan emin olmanın nasıl bir şey olduğunu tam olarak biliriz. Bu kişiyi bırakıp ötekini seçmemiz, bizi sonu olmayan ilişkilere sürükleyen yalnızlığımızı sonlandırmaz. Bu geride bırakmak değildir. Yalnızca boşluğu beklemeye almayı başarmış oluruz. Birisinden ya da bir şeyden uzaklaşmak için işimizi değiştirerek yollara düşmek, çatışmamızı ortadan kaldırmaz. Bu yalnızca, ne zaman kendimizi tehdit altında hissetsek yüzeye çıkan kaçınılmaz kızgınlık duygularını erteler. Kızgınlığımız bizi duyarsız bir dünyadan korumaz. Bu kızgınlık, duyarsızlığın ta kendisidir.

Dünyadaki En Büyük Sır

Gerçek şu ki geride bırakmak son derece basit ve hepsinin ötesinde doğal; sizin ve benim için, bir ağacın dallarında asılı ağır ve güneşte olgunlaşmış meyvelerini dökmesi kadar doğal. Niçin? Çünkü hem ağacın hem de insanın ve aslında tüm canlıların yaradılışlarında artık gerekmeyeni bırakmak vardır. Ağaç açısından bakarsak, meyvenin düşmesi olgunlaşmış tohumlarını toprağa taşır. Bunun için doğal olmayan güçlere gerek yoktur. Benzer bir şekilde –başka bir deyişle, üstün olduğu kadar hoşgörüsüz de olan yasalar altında– aynı dost güçler, kendiniz için yapamadığınızı sizin için yapmayı bekliyorlar. Tüm acı duyguları, sonu gelmeyen pişmanlıkları, endişeli, sıkıntılı düşünceleri geride bırakabilmek için, bu güçlü ve asla eskimeyen ilkelere uymayı öğrenmeniz gerekiyor. Kalanı sizin için yapılacaktır.

Geride bırakmanın sırrı tam olarak budur. Öncelikli olarak bir yaşam boyunca biriktirdiğimiz yenilgileri hâlâ beraberimizde taşıdığımızı ve bu bıktırıcı ağırlıkların bizi özel birisi değil yalnızca üzgün birisi yapmaya yaradığını kavramamız gerekiyor. İlk şok bizi sarsabilir, ama bunu anlamak gerçekten büyük bir ilerlemedir. Bu, orada kendimizin görülmeyen bir bölümüne göre yaşadığımızı görmeye başladığımız bir dizi olağanüstü benlik bölünmesinin ilkini haber verir: Bir enkaza tutunmanın kurtarılmak anlamına geldiğine inanan bir Ben! Şimdi niye tüm geçmişi geride bırakma çabalarımızın bizi yalnızca yeni bir sorun sahibi olmaya götürdüğünü anlayabiliriz. Ancak yine artık –sonunda– biliyoruz ki tam olarak kurtulmamız gereken bu Ben'dir. Bu üzgün Ben'den vazgeçmeliyiz çünkü geride bırakmak ve sessizce hiç kimse olmak, acı çekmek ve birisiymiş gibi hissetmekten daha iyidir. Bu görevin nasıl başarılacağından endişeniz olmasın. Bu Gerçek'in sorumluluğundadır.

Artık kendini size göstermeye başlayan bu yüce bilginin kaynağı zihniniz *değildir*. Bu bilgi size, olağan düşünme şeklinin ve onun neyin en iyi olduğu ya da olmadığı üzerine sonu gelmeyen çatışmalarının çok üstünde yaşayan yüce, bilge ve güçlü bir parçanızdan gelmektedir. Yeni uyanan benliğiniz sizin için neyin en iyi olduğunu bilir, çünkü yaşamı acının yarattığı kafa karışıkları ve dürtüsel bencilliğe her zaman eşlik eden çelişkiler olmaksızın görür. Örneğin, acı çekmeniz gerektiğinden emin olsanız bile, bu üstün akıl sizin acı çekmeniz gerekmediğini bilir. İçinizdeki bu sakin ve gizli Ben ile bir kez temas kurdunuz mu o kalanını yapacaktır. Buna inanın. O, size usulca elinizi açtıracak ve böylelikle tutmakta olduğunuz, sizi mutsuz eden her şeyin düşmesini sağlayacak güce ve bilgeliğe sahip olan tek ve üstün parçanızdır.

İnanın bana, insanın yapabileceği en büyük, benzersiz keşfin kıyısındasınız. Geride bırakmanın sırrı yalnızca istenmeyeni sonlandırmanın anahtarlarını elinde bulundurmuyor, aynı zamanda bu yüce sırrın içinde, yeni yaşamınızın başlangıcı da zaten kendisi her şey olduğu için hiçbir şeye tutunup kalması gerekmeyecek yeni bir benliğin doğumu kilitli. İlerlemeye cesaret edin. Bırakın aşağıdaki özel ilkeler bu yolda ilerlemenizi hızlandırsın.

1. Kendinizi geride bırakmak, sorunlarınızı da geride bırakmak demek çünkü onlar tek ve aynı.

2. Giderken yanınızda sınırsız olmaya duyduğunuz özlem olsun.

3. Neyin doğru olduğunun keşfedilmesi için her zaman önce neyin yanlış olduğunun ortaya konması gereklidir.

4. Yalnızca kendiniz hakkında dürüst olmaya istekliliğiniz ölçüsünde özgür olabilirsiniz.

5. Geride bırakmak kesinlikle içsel bir görevdir.

6. Kendinizi kendinize açabilirseniz, bu dünyada hiçbir şey sizden saklanamaz.

7. Ya gerçek akılla ya da kendiniz olmakta ısrar ederek yaşayabilirsiniz. İkisi birden olmaz.

8. Geride bırakmak güç gerektirmez – yalnızca gerektiğini görebilmek için istekli olmak yeterlidir.

9. Bir durumu kavramadan, bu duruma karşı asla daha iyi bir eylemde bulunamazsınız.

10. Bir kez sorunun ne olduğunu gördünüz mü, çözümü de bilirsiniz.

11. Fark edilen bir güçsüzlük, reddedilen bir güçsüzlüktür.

12. Geride bırakmak, kırgınlıklara saplanıp kaldığınızı fark etmenizi takiben gelen doğal bırakıştır.

13. Mutsuzluk sizin üstünüze üstünüze gelmez, mutsuzluk sizden gelir.

14. Acı çekmek yalnızca sizin yanlışlıkla seçtiğiniz bir şeydir.

15. Gerçekten yapmak istediğiniz şey, kendiniz hakkında düşünmeyi kesmek.

16. Yenilgi işe yaramayan çarelere yapışıp kalmaktan gelir.

17. Başka bir seçenek olmadığını bir kez gördüğünüzde, geride bırakma, kendiliğinden gelir.

18. Gerçek özgürlük, Ben'in kendini özgür hissetmek için edindiği tuzakların olmaması değil, kendini tuzağa düşmüş hisseden Ben'in olmamasıdır.

19. Keşiflerinizi bulmak istediğinizle kısıtlayarak kendinizi tanımak istemeniz, "Yattığım yerden tüm dünyayı görmek istiyorum" demek gibidir.

20. Onsuz yaşamaktan korktuğunuz bir şeyi geride bıraktığınızda kaybettiğiniz tek şey korkunun kendisidir.

Sizi Korkutan Her Şeyden Daha Güçlü Olun

"Sıra kendime zarar verdiğim durumlardan kendimi kurtarmaya gelince, cesur olmak istiyorum, ama geride bırakmaya yaklaştığım her seferde, gerçekten korkuyorum. Ve ne zaman korksam, adeta her şeye daha da sıkı tutunuyorum! Bu korkuyu geçirmenin bir yolu var mı? Özgürlüğü bulmaktan fazla korkmuş olabileceğim düşüncesinden nefret ediyorum."

"Evet, çıkıp gitmektense mevcut olana tutunmak isteyecek bu parçanızı aşmanın bir yolu var. Yine de, bu korkuları gerçekten geride bırakabilmek için, önce onları yaşamak gerekiyor."

"Ama korkularımın üstesinden gelmeyi denedim ve yapabildiğimce onlarla savaştım, sanırım onların karanlık ve bana sınırlar koyan etkilerinden kendimi kurtaramıyorum."

"Bunun nedeni korkunun üzerinde egemenlik kurmaya kalkmanız."

"Peki, sizi bırakıp gitmeyecek bir şeyi geride bırakmak için başka neler yapıyorsunuz? Ondan daha güçlü olmanın bir yolunu bulmanız gerekmiyor mu?"

"Evet, elbette, ama korkuyla savaşmak, ürkütücü bir gölgeyi nakavt edecek bir yumruk atmaya çalışmaya benziyor. Tüm yaptığınız kendi kendinizi yıpratmak. Korkularınızı kesin olarak yere yıkmak için, egemenlik kurma düşüncesini unutmak ve aydınlanmayı düşünmeye başlamak zorundasınız."

"Aydınlanma? Ne demek istiyorsunuz?"

"Kendini aydınlatmaktan bahsediyorum; ne zaman korkmaktan başka bir seçenek olmadığından daha baştan emin olmak yerine, önce bizi korkutanın ne olduğunu anlamak istesek, buna cesaret etsek, içimizde oluşan mucizeden bahsediyorum."

"Söylediğiniz şey kulağa hoş geliyor, ama söyleyin bana, ne olduğunu anlamak ona karşı duyduğum korkuyu nasıl ortadan kaldırabilir ki?"

"Çünkü eğer yolunuza devam etmeye cesaret ediyorsanız, gerçekte ne kadar korkmuş olsanız da, aynı zamanda bilinçli olarak bu korkularla yüzleşmeyi kabul etmiş olursunuz ve gerçekte korkak olanın siz olmadığınızı göreceksenız."

"Lütfen... Bu yeni yaklaşım hakkında daha fazla şey bilmek isterim."

Görünürde ürkütücü bir durum, her ne olursa olsun sorunun kendisi değildir. Korkunç olan, sizin tepkinizdir. İşte bu yüzden ondan korkmak yerine durumunuzun bilincinde olursanız, korkuyla olan ilişkinizi sonsuza kadar değiştirirsiniz. Yalnızca bu özel türdeki bir iç ilişkide gerçek güvenlilik vardır, çünkü artık korkuyla etkileşiminiz yepyeni bir yolla olmaktadır. Artık size ne yapacağınızı ya da nasıl davranacağınızı dikte etmesine izin vermezsiniz. Bunun yerine korkunun bilincindesinizdir. Sakin sakin, onu gözlemlemeyi ve incelemeyi öğrenirsiniz. Ve kendi korkulu tepkilerinizin garip ve sağlıksız doğası hakkında yeni bir şey keşfettiğiniz her gün, onlar sizin üzerinizdeki güçlerini kaybederler.

Niye? Çünkü, sonunda onları aslında her zaman oldukları gibi görüyorsunuzdur: Akıldan yoksun ve mekanik güçler. Yavaş yavaş onlardan daha güçlü hale gelirsiniz, çünkü onları aslında oldukları gibi görerek –sizin onları görebileceğiniz şekilde değil– yukarı tırmanıp etki alanlarının dışına çıkmakta kendinize yardım etmiş olursunuz. Yaşamınız boyunca endişelenmekle, yaşamınızın direksiyonunu elinize almak arasındaki fark bu içgörüdür.

Korktuğunuzu bilirsiniz. Ama aynı zamanda bu korkuların, özünde, her ne kadar öyle görünseler de, sizi ifade etmediğini de bilirsiniz. Bilinçli olarak korkmanın anlamı budur. Ve bir kez gerçekte ne olduğunu görmeye başladığınızda, yanlış bir tepki sizi esir alamaz. Korku, bizi koruyacak bir kalkan olduğunu sanarak, mevcut yaşam seviyemizin karanlığına tutunduğumuz, kendi kendimizi kısıtlayan bir tepkiden başka bir şey değildir ve her zaman öyle olmuştur. Ancak, sabahleyin en zayıf gün ışığının bile tüm gecenin karanlığını kovması gibi, inatçı bir korkuya yönelik en küçük bir içgörü bile onu geride bırakmamızla sonlanır.

Bu güçlü ilkeyi her zaman için kendinize kanıtlayabilirsiniz. Korksanız bile ilerlemeye devam edin yalnızca. Ancak unutmayın, yeni amacınız cesur olmak ya da korku ile yüz yüze geldiğinizde güçlü ya da güçlüymüş gibi davranmak değil. Hayır. Bunun işe yaramadığını gördük. İsteğiniz şey, korku dolu düşünce ve duygularınıza inanmaktan çok onları yalnızca merak etmek. Eğer bu basit ama değerli yönergeye uyarsanız, yalnızca bu alışkanlıktan doğan, korkmaya ve kaçmaya devam etmenize neden olan tepkileri *görmeye* başlamayacak, aynı zamanda, onların ardındakini de görmeye başlayacaksınız. İşte gerçek mucizenin olduğu yer burası. Bu olumsuz tepkilerin gerçek doğasına yönelik her yeni içgörü, bu tepkilerin güçlerinin bir kısmını alarak size taşır. Ve onların kaybı sizin kazancınızdır. Artık daha güçlüsünüzdür ve bunu bilirsiniz. Aynı zamanda bilirsiniz ki, bu yeni güç sizi hiç yolda bırakmayacaktır, yalnızca geçici olarak ortada görünen cüretli bir karşıt değildir. Bu yeni gücünüz, eski güçsüzlüğün *yokluğudur*.

Aydınlanmanın psikolojik olarak kendini korumadan önce gelmesi ilkesi birçok yolla korkuyu korkusuzluğa dönüştürebilir. Şimdi bu yollardan sadece birine bakalım. Ona doğru koşmak yerine ondan kaçmayı tercih edeceğiniz birini tanıyor musunuz?

Çoğumuz tanırız! Yine de şu andan itibaren, sizi her kim korkutursa, ondan asla çekinmemeye kararlı olun. Hatta, korkunun size ne yapacağınızı söylemesine izin vermek yerine, bu her şeyde bir kusur bulmaya meraklı adamın ya da kavgacı kadının üzerine yürüyün ve ne istiyorsanız yapın ya da söyleyin. Varsın bir şeylerin nasıl olması ya da olmaması gerektiği hakkında bir fikriniz olmasın. Siz orada yalnızca kendinizi izlemek ve kendinizi tanımak için bulunuyorsunuz, kendinizi tatmin etmek için bir zafer kazanmak uğruna değil. Eğer olacağı varsa, bırakın bu kişi titrediğinizi görsün. Niye umurunuzda olsun ki? Ayrıca, bu sadece geçici bir durum. Önünüzde duran bu sevimsiz kişi bunu bilemez, ama siz titreyerek, aslında kendinizi sarsarak uyandırmaktasınızdır.

Sizi tepkilerinizin sürüklemesi yerine, ilk kez olarak, geçip gitmelerine izin veriyorsunuz. Bir anlığına, her zamanki benliğinizden ayrı ve içinizde olan bitene karşı olabildiğince uyanık olmak için büyük bir çaba göstererek orada dururken, bu daha önce bilincinde olmadığınız tepkilerin oluşturduğu taşkının kendine ait yaşamöyküsü olduğunu görebilirsiniz – şu ana kadar kendi öykünüz olarak bağrınıza bastığınız, sağlam bir zemine oturmayan bir öykü. Ama artık öykünün tamamını görmeye başladınız. Korkular size ait değil. Neden mi?

Korktuğunuz hiçbir zaman başka birisi değildi. Sizi her zaman korkutan tek şey, bu kişi hakkındaki *kendi düşünceleriniz*. Evet, korkuyu *hissettiniz*, ancak korku size ait değildi ve sizden daha güçlü birine karşı da değildi. Hissettiğiniz korku, onun sizin hakkınızda düşündüğünü *düşündüğünüz* şeyde. İnanılmaz değil mi? Kendi düşüncelerinizden korkuyordunuz! Ve bunu görmek, bunu sonlandırır. Şimdi, bu düşünsel-Ben'i geride bırakabilirsiniz, çünkü kimse isteyerek korkuyla yaşamaya devam etmez.

Yaşam Seviyenizi Yükseltmenin Kesin Yolu

Eninde sonunda göreceğiniz gibi, neredeyse her çeşit mutsuzluk duygusu, bir parçayı bütünün kendisi sanmanın bir sonucu. Bu şu demek: Resmin tamamını görmediğimizde, kendi kendimizi baltalayacak davranışlarda bulunma olasılığımız oldukça yüksektir. Bunun bir örneği, bir şeyin sizin öyle olduğuna emin olduğunuz şekilde olmadığını, çok geç bir şekilde, üzüldükten sonra anlamanın verdiği o korkunç çöküş duygusudur. Burada aslında bir kişinin ya da olayın hakkında yanlış bir kanıya varan ya da yanlış anlayan sizdiniz ve şimdi durumu bütün olarak görmektesiniz, kızgın ya da üzgün olmanın, endişelenmenin ya da kızmanın bir âlemi yok. Kaç kez gerçeğin tamamını öğrendiğimizde, kendi adımıza bazı düşüncesiz hareketlerimizden pişmanlık duymuşuzdur. Yapmamız gereken şey şudur: Tüm gerçekleri bir araya getirmek. Size güvence verebilirim; her şeyin bir açıklaması vardır. Sizin başınıza gelmiş olan ya da sizin aracılığınızla olan hiçbir şeyin, siz onun niye olduğunu anlamadan geçip gitmesine gerek yok.

Kendi kendini korkutan biri olmak yerine, her zaman için kendini aydınlatan birisi olabilirsiniz. Bir seçeneğiniz var. Her zaman için kendiniz için iyi olanı seçebileceğinizi keşfetmek, gerçekten heyecan vericidir.

Şu anki yaşam seviyenizi kabul etmek zorunda değilsiniz. Bu yaşamda yelken mi açacaksınız yoksa batacak mısınız, onu belirleyen şey yaşam seviyenizdir. Şu an için size yaşantınızda pek fazla seçim şansınızın olmadığı zamanlar olmuş gibi gelebilir. Bilmenizi istiyorum ki, bu bir yalan. Bu geçici kapana sıkışmışlık duygusu, şu anki yaşam seviyenizin bir parçası ve bu yaşam seviyesinde seçim şansınızın kısıtlı olduğuna samimi olarak inanıyorsunuz. Yine bilmenizi istiyorum ki, bu doğru değil. Her zaman bir seçenek vardır.

Sorun, çoğumuzun seçimlerimizde ısrar etmesidir; dolayısıyla şunu görmemiz yaşamsal: Şu anki yaşam deneyimimiz, *zaten* yapmış bulunduğumuz seçimler tarafından belirlendi. Tekrar aynı seçim alanına dönmek niye? Zaten bunun hasadının mutluluk olmayacağından şüpheleniyoruz ve artık bu şüpheyi doğrulamamız gerekiyor. Kötü bir şey olmayacak! Aslında, işe yaramaz düşüncelerimize yapışıp kalmayı bir bıraksak, yalnızca iyi bir şey olabilir.

Şöyle de diyebilirsiniz; yeni yaptığınız seçim, kendiniz için kendinizi seçmeyi bırakmak. Yaşam seviyenizi değiştirmek için ilk gereken adım bu. İşte, bu yeni ve daha üstün seçimdeki mantığı görmenize yardımcı olacak bir şey:

Eğer şimdiye kadar olan seçimleriniz, sizde bir tatminsizlik ve yarımlık duygusu bıraktıysa, seçimlerinizi suçlamayı bırakın ve sorunun seçen kişide, *sizde* olduğunu görün! Siz ve size her gün olanlar yaşam seviyenizin bir yansıması. Bizi olduğumuz kişi yapanın yaşam olduğuna, yanlış bir şekilde, inandırılıyoruz. Gerçek şu ki, bizim için yaşamın ne olduğunu, ne çeşit bir insan olduğumuz –yaşam seviyemiz– belirliyor! İşte bu yüzden, mutsuzluğumuzun olayın kendisiyle bağlantılı olmadığını, olayı deneyimlemeyi seçtiğimiz seviyeyle ilgili olduğunu görene kadar, bizim için hiçbir şey gerçekten değişemez. Biraz daha derine bakalım.

Başımıza çeşitli olaylar geldiğine ve bu olayların iyi ya da kötü, keyifli ya da yıldırıcı olduğuna inanıyoruz. Bir başka deyişle, duygularımız anbean bize olanların yansımaları. İşte bu yüzden, şu anki yaşam seviyemize göre davranarak, ne zaman bunaldığımızı hissetsek, hep bizi böyle hissettirmekle suçladığımız koşulu değiştirmeye çalışıyoruz ve değiştiriyoruz – öyle inanıyoruz ki, bizi çevreleyen mutsuzlukları değiştirirsek, kendi mutsuzluğumuzu da sonlandırırız. Bu gerçekten hiçbir zaman işe yaramamıştır ve hiçbir zaman da yaramayacaktır, çünkü *hoş olmayan ya da mutsuz olan olayın kendisi değil, bizim ona tepkimiz.*

Bu yeni bilgi size ne anlam ifade ediyor? Her şeyi! Şu anlama geliyor:

1. İşinize karşı olan kızgınlık duygularınızı geride bırakabilirsiniz çünkü sıkıcı ve tekdüze olan yaptığınız iş değil, sizin onu düşünme şekliniz.
2. Başka insanları değiştirmeye çabalamayı geride bırakabilirsiniz, onlarla ilgili olarak canınızı sıkan şey kendinizsiniz.
3. Öngörülemeyen değişikliklerden ya da güçlüklerden korkmayı geride bırakabilirsiniz, çünkü her bir güçlük anında, gerçekten hep yüzleşmeniz gereken tek şey, kendinizsiniz.

En iyi tarafı, dünyanın böyle dönmesinin sorumlusunun kendiniz olduğunuzu düşünmek gibi olanaksız ve kendinizi cezalandırıcı bir görevi geride bırakabilirsiniz. Sorumlusu olduğunuz tek dünya, kendi içdünyanızdır: Düşüncelerinizin, duygularınızın, dürtülerinizin ve isteklerinizin dünyası. Yaşam seviyenizi bu içdünyayı ne kadar açık seçik gördüğünüz belirler. Bu yeni görme yolu, güvenli olmaktır ve sonuç olarak kendi içinizdeki tüm başarılarınızın kökenidir, çünkü nereye adım atmayacağınızı bilirseniz, yaşam yürüyüşünüz güvenli ve mutlu olur.

Kendi kırık lavabonuzu tamir etmek için komşunun mutfağına gitmezsiniz. O yalnızca içdünyanızın bir yansımasıyken, niye dış dünyanızı değiştirmeye çalışıyor ya da değiştiriyorsunuz? Dış dünyayı değiştirmeye çalışmayın. Kendi tavrınızı ve bakış açınızı değiştirin. Kendinizi değiştirdiğinizde, sizi ilgilendirdiği kadarıyla dünyayı da değiştirirsiniz, çünkü sizin kendi dünyanız, sizsiniz. Tüm bunları basitçe söylemek gerekirse: *İçi neyse dışı da odur*.

Bu ilk başta göründüğü kadar güç değil. Bir örnek vereyim. Eğer mektup yazan bir kişi, bir kelimeyi yanlış yazarsa, yanlışlık önce zihninde başlar, sonra kâğıtta belirir. Büyük olasılıkla, önce zihnini düzeltmeden, kâğıdı düzeltemeyecektir. Eğer zihnini netleştirmezse, hata kâğıtta sonsuza kadar kendini tekrar edecektir. Hiç şüphe yok ki, burada insan sorunlarıyla paralelliği görüyorsunuz. İnsanlar düşünme şekillerini düzeltecek yerde, dışardan görülen hatalarını düzeltmeye çalışıyorlar, bu da yollarını bulamamalarına neden oluyor, çünkü hâlâ bir hata yapma makinesine zincirlenmiş olduklarının farkında değiller. İşte bu yüzden bu dersi anlamanız bu kadar önemli. Yaşamdan duyduğunuz hoşnutsuzluk aslında kendi anlayışınızdan –yaşam seviyenizden– duyduğunuz hoşnutsuzluk, anlayışınızın size getirdiği şeyden değil. Önce yaşam seviyenizi değiştirmeden, yaşamınızı değiştirmeye çalışmak, atlıkarıncanın varacağı bir nokta olduğuna kendinizi inandırmaya çalışmak gibi bir şey. Sürekli olduğunuz yerde dönüp durmaktan yorulduysanız, ne zaman isterseniz inebileceğinizi unutmayın.

Bunlar gibi doğru ilkeler, kendinizi daha iyi anlayarak, daha üstün seçimler yapmanızda size yardımcı olmak için buradalar. Bu daha üstün anlayış, karşılık olarak yaşam seviyenizi yükseltiyor. Yaşam seviyenizi yükselttikçe, her bir olayda, tepki gösterme tarzınızın da kendiliğinden daha üstün hale geldiğini fark edeceksiniz. O zaman tüm dünya sizin için yavaşlamaya başlayacak, çünkü artık anlayacaksınız ki başınızı döndüren yaşamın kendisi değil düşünme şeklinizdi.

Devam Edin ve Kendinizi Geride Bırakın

Kendine hâkim olmak zorunda olan bir insan, dağılmaya hazır bir insandır. Kendinize hâkim olmaya çalışmak, yaşama devam etmenin korkunç bir yolu. Şimdi bizim görevimiz, bunu kendimize kanıtlamak. Kendimizi kaybetmeye karşı duyduğumuz korku, hiçbir zaman kendimize daha fazla başarı veya başarı umudu gibi yamalar ekleyerek yatıştırılamaz. Yaşama böyle yaklaşarak kendinizi daha hızlı yıpratırsınız çünkü artık yaşamınızı bir arada tutmak için, kontrol altında tutmanız gerektiğine inandığınız koşullar daha da artmıştır. Şimdi daha ileri bir anlayışı dikkatle düşünün. Bu anlayış size, geride bırakma isteğinizin ardında yatan mantığı gösterir.

Kontrol etmeniz gereken her şey, sizi kontrol eder. Kendinizi kontrol etmenizdeki sorun, içinizdeki savaşın bir parçası olmasıdır. Bir savaşın kazananı yoktur! Şimdi aynı düşünceye biraz farklı bir açıdan bakalım. Ne zaman belirsiz bir durum olsa, zihniniz kontrolün onda olduğu duygusunu yeniden kazanmak için hararetle bu durumu çözmeye çalışır. Ancak zihniniz ne kadar hararetle çalışırsa, o kadar kontrolden çıkarsınız! Bunu kendinizde görebilirsiniz. Üzerindeki kontrolün kaybedilmesinden korkulan her şey zaten kontrolden çıkmıştır: Bir kazanın olması beklenmektedir. Dahası da var ve eğer şu anki yaşam seviyemizden, gerçekten kendinden emin olma seviyesine çıkacaksak, hepimizin bunu görmesi lazım.

Kendimizi ne zaman kafamızda canlandırsak, düşünsel filmimize nadir de olsa bazen bir görüntü girer: Her an dağılmaya hazır bir insanın görüntüsü. Ama yine, çok azımız, kendimizi tehlikeye sokan bir ışık altında kendimize bakarız. Kendi seçtiğimiz resimlerimizle çevrelenmiş loş tiyatromuzda kendimizi güvende hissederiz ve orayı sık sık ziyaret ederiz – özellikle gerçeğin acımasız ışığı aradan görünmeye başlamışsa ve kendimizi pek de düşündüğümüz gibi bir arada tutamadığımızı gösteriyorsa. İşte bu yüzden yaşantımızda gerçeğe gereksinimimiz var. Gerçek, bize gördüğümüzden korkmadan aslında ne olduğunu görme olanağı sağlar. Gerçeğin kurtarıcı etkisinin bir kısmı, bize gördüğümüzden farklı olmadığımızı göstermesidir. Bu benzersiz, içsel stratejik noktadan, gerçeğin ışığı acımasız değildir – o ışık Evimiz'dir. Ben ve onun oyuncuları olan 1001 Ben-görüntüsünün oluşturduğu dairenin içine bu ışığı ne kadar fazla alırsak, geride bırakıp gitmek o kadar kolay hale gelir. Niye? Çünkü bizi karanlıkta tutan şeyden başka kaybedeceğimiz bir şey yoktur.

Dürüst olmak gerekirse, biz yaşlandıkça yaşamlarımızın küçüldüğünü fark ederiz. Daha az arkadaşımız vardır; daha az etkinlikte bulunuruz; giderek daha da az risk alırız. Ama niye? Niye bir insanın yeni ve uyarıcı izlenimler edinme olanağı yaşla birlikte azalmak zorunda? Olması gerektiği gibi, büyümeye ve gelişmeye devam ediyorsak, onlardan kaçınmak yerine, giderek daha fazla kişisel meydan okuyuş arayışında olmamız gerekmiyor mu? Bu giderek daralan yaşamımız, Ben-resimlerimizi, bardağı taşıran son damla gibi, bir anda devirebilecek tüm durum ve ilişkilerden, bilinçdışı olarak kaçınma dürtüsünün bir sonucu olabilir mi?

"Söylediğinizin ardındaki mantığı anlayabiliyorum, ama sizin söylediğinizin benim durumuma uyduğunu düşünmüyorum."

"Eğer uyuyorsa, bunu görmeye istekli misiniz?"

"Elbette."

"İyi. Hiç kızar ya da endişelenir misiniz?"

"Evet, ama bunların dağılmakla ne ilgisi var?"

"Göreceğiz. Sizi ne kızdırır ya da endişelendirir?"

"İşler istediğim gibi gitmediğinde."

"Başka bir deyişle, işlerin nasıl olması gerektiğine dair bir resim oluşturdunuz ve yaşam bu resmi doğrulamadığında, o ya da bu şekilde olumsuzlaşıyorsunuz."

"Evet, bu uygun bir tanımlama. Ne demeye getiriyorsunuz?"

"Bunun üzerinde biraz birlikte çalışalım. Dediniz ki yaşam sizin ben-resimlerinizi –gelecekte güvende olma umudunuz, ilişkilerinizde aşk ya da her ne ise– onaylamadığı zaman, kendi resimleriniz dağılmaya başlarken bir tür stres ya da mutsuzluk çıkageliyor."

"Devam edin lütfen."

"Bu bize gösteriyor ki şu anki düşünme şeklinizle, gelecekteki mutluluğunuzun gerçekten bu resimlere bağlı olduğuna inanıyorsunuz. İşte bu yüzden resimleriniz parçalanmaya başladığında, siz de dağılıyorsunuz!"

"Evet ama neden kızıyorum ya da sinirleniyorum?"

"Çünkü bu eziyet eden duygular, tek bir seferde iki karanlık şeyi başaran, sinsi bir kendini kandırma sisteminin bir parçası: Sorunu canlı tutuyor ve aynı zamanda, gerçek çözümün gözden kaçmasını sağlıyor."

"Sorun nedir?"

"Temelde, bu gerçek doğanızı anlamamak. Düşündüğünüz kişi olmadığınızı keşfetmek üzeresiniz. Ne kadar çekici ya da itici olursa olsun, kendi resminiz olarak elinizde tuttuğunuz resimlerden hiçbiri değilsiniz."

"Ve gerçek çözüm nedir?"

"Devam edin ve dağılmanıza izin verin."

"Efendim? Bunun biraz açıklanması gerekecek!"

"Ve eğer bu deneyimi yaşayacaksanız, bir açıklaması var; ama şu an için, bu umulmadık yanıtın ardındaki mantık şu: Dağılacak olan siz değilsiniz. Olduğunuz kişi hiçbir zaman dağılmaz. Çökecek olan, sallantıdaki yaşamınıza bir çözüm olarak yanlışlıkla belirlediğiniz, kendini pohpohlayan ve güvenlik arayan resimlerden oluşan bir perili ev. Bu resimler güçsüzlüklerinizin çözümü değil, onların kaynağı."

Kendiliğinden Gelen Mutluluğun Sırrı

Mutlu olmadığınız gerçeği üzerinden ne kadar mutsuz olabildiğinizi hiç fark ettiniz mi? İncelenmezse, bu davranış bir anlam taşıyor gibi görünüyor. Ama daha yakından bir bakış, mutsuz olmak üzerinden mutsuz olmanın, söndürmek için ateşe benzin dökmeye benzediğini ortaya koyar. Epeyce ateş ve duman elde ediyorsunuz –ve hatta garip bir heyecan– ama sonunda elinizde kalan tek şey küller. İşte bu yüzden bu bir sonraki şaşırtıcı gerçeği anlamanız gerekiyor.

Kendinizi perişan edebilirsiniz ama kendinizi mutlu edemezsiniz.

Bu çok da şaşırtıcı olmamalı. Hatta şimdi bile, kendi mutsuz yaşamlarımızın bilinçsiz komplocuları olduğumuzu öğreniyoruz. Bu gösterilmeseydi bile, çoğumuz kendimizi perişan ettiğimiz zamanlar olduğunu kabul edebilirdik. Ama kendini kötü hissetmenin iyi bir tarafı yok. Kendimiz yarattığımız acınacak duruma katlanmamızın gerekçesi yok, çünkü eğer gerçekten altında yatan nedenleri anlamaya istekliysek, kendi kendimize yaptığımızı, kendi kendimize azaltabiliriz ve sonunda tamamen sonlandırabiliriz. İşte bu yüzden, eğer *gerçek* mutlulukla karşılaşmak istiyorsak, neden kendimizi mutlu etmemizin olanaksız olduğuna bakmamız gerekiyor.

Mutluluğa giden bir yol olmadıkları apaçık ortada olan uyuşturucular ve alkol dışında, kendinizi ne zaman mutlu etmek isteseniz, bir çeşit çaba göstermek zorundasınız. Çaba belli bir yönde uygulanan güç anlamına gelir. Yapı projeleri, şirketler ya da örneğin yemek pişirmek için önceden kabul edilmiş planları takip ederken, bunun iyi ve gerekli olduğunu görebiliriz. Ayrıca yaratıcı süreçlerde yeni şekil ve düşünceleri hayal etmek ya da gözünüzde canlandırmak için de bir çaba harcayabilirsiniz. Ama sıra mutlu olmaya gelince, çaba yanlış olandır. Bakalım bu doğru mu? Eğer doğruysa, o zaman daha da büyük bir keşif yapmanın kıyısındayız: Gerçek mutluluk çaba gerektirmez. Bu yeni olasılık hakkında biraz daha araştırma yapalım.

Tanımladığımız gibi, bir yerde çaba varsa, bilinsin ya da bilinmesin, her zaman bir plan da vardır. Tanımı gereği, her plan bir şeyi yapılandırmak içindir; bu durumda ise planlarınız mutluluğu yapılandırmaktır. Bu önceden kabul edilmiş planla, bu mutluluğun resmi zihninize sıkıca kazınmıştır, her bir yaşam olayına, yaşamın size getirdiğini deneyimlemek yerine, zihninizdeki resmi aramak için bakarsınız. Bu sancılı ve stres üreten karşılaştırma süreci, bilginiz dışında devam eder ve dokunduğu her şeyi mahveder. Yaşam bir dizi mutlu macera yerine, bir dizi hayal kırıklığı haline gelir. Lütfen bir sonraki nokta üzerinde düşünün: Eğer ne aradığınızı önceden kafanızda sabitlememişseniz, hiçbir zaman bu yaşamda bulduğunuz herhangi bir şeyle mutsuz olmazsınız.

Umarız bundan, mutluluk hakkındaki düşüncelerimizin, çoğu kez mutsuzluklarımızın gerçek kökeni olduğunu öğrenebiliriz. Bunun anlamı, *mutluluğun yapılabilecek bir şey olmadığıdır*. O hiçbir şeyin sonucu değildir. Mutluluk, nasıl soluduğumuz havayı bulmak için aramamız gerekmiyorsa, aynı şekilde mutluluğu da aramamız gerekmediğini anlayan kişilere gelir. O yaşamın, canlıların içinde bulunması gereken bir parçasıdır. Fırından taze çıkmış ekmeği koklamak aç birisini ne kadar beslerse, beklemenin heyecanı da ancak o kadar mutluluk verir.

Mutluluk için tüm bu arayış, ona sahip olmanın bir yolu olduğu yanlış varsayımına dayanır; bir avuç rüzgâr yakalamayı da deneyebilirsiniz! Mutluluk, karabulutlar kaybolduğunda, gün ışığının doğal olarak dünyayı ısıtması gibi, stressiz bir yaşamın doğal ifadesidir.

Gerçekten Yeni Bir Yaşam İçin Atılması Gereken On Adım

Gerçekten kendine hâkim olmak ile sadece öyleymiş gibi görünmek arasındaki fark, akıntı yönünde yavaşça yüzmek ile kendinden şüphe etmenin dalgalarıyla uzağa sürüklenmek arasındaki farktır. Böyle yüksek fikirler bizi gerçekten yeni bir yaşama götürür. Onları yolculuğunuz boyunca yanınızda bulundurun.

1. Durumu içeriden değerlendirin.
2. Sorumlu olun, çatışma halinde olmayın.
3. Kendinizi düzeltmenin gerekliliğini anlayın.
4. Bilinçlenin, delirmeyin.
5. Korkunun blöfünü görün.
6. Tepkilerinizin gerçek durumu yansıtmadığını anlayın.
7. Kendinizi aydınlatın, kendinizi korkutmayın.
8. Kendinizi hissetmeyin, kendiniz olun.
9. Kendini açmadan kendini kurtarabileceğini düşünmek kendini kandırmaktır.
10. Mutluluk, mutluluk hakkındaki düşüncelerinizi geride bırakmaktır.

2. Bölüm

Gerçek Yaradılışınız Soyludur

Başarılı bir insan olmakta yanlış bir şey yok. Aslında, yaşamınızın amacı kazanmak. Ama ya bu zafer arayışınızda, fark etmeksizin, ne kadar iyi olursanız olun, ne kadar büyük bir inançla "kurallara" uyarsanız uyun, kazanmanızın olanaksız olduğu zorlu bir oyuna çekiliyorsanız? Gönlünüzce kullanacağınız özgürlüğü bulmak yerine, kendinizi günden güne daha mekanik bir şekilde hareket ederken bulursanız? Ve daha da beteri, her geçen gün, giderek artan kazanma baskısı yüzünden, kendinizi tamamlanmış hissetmekten çok hayal kırıklığına uğramış hissediyorsanız! Artı, ne zaman diğer oyuncuların ne yaptığını görmek için çevrenize baksanız, onların da bu oyunda en az sizin kadar hayal kırıklığına uğramış oldukları açık seçik görünüyorsa ve aslında kimse bir şey kazanmıyorsa?

Sonra bir gün büyük bir sarsıntı ve şaşkınlık içinde fark edersiniz ki, orada oyun alanında olan başka herkesle birlikte, katılmak üzere kandırıldığınız bu çılgın oyunun size öğretilen kuralları, size yalnızca sayı yapma izin veriyor, ancak asla koşmayı bırakmanıza izin vermiyor! Rekabet edebilirsiniz, ancak asla anlamlı ya da kalıcı bir zafere ulaşamazsınız.

Bu metafor şu anki yaşam seviyemizi bize bir anlığına eğip bükmeden gösterir. Ve tam olarak eğip bükmeden gösterdiği için, bize yalnızca neden günlerimizin böylesine bir boşunalık duygusu içinde geçtiğini söylemez, ama aynı zamanda, acınası durumumuz için eskiden aklımızdan bile geçmeyecek bir çözümün işaretlerini de saklar. Belki de her şeye rağmen kazanmanın bir yolu vardır!

İlk kez, zirveye ulaşmak için yapabileceğimizin en iyisini yaparken, ilişkilerimizde ve günlük yaşamımızda niye bu kadar sık sırtımızın yere gelerek kaybettiğimizi anlamaya başlarız. Bu yenilgiler üst üste yığıldığında, yaşam zevkten çok cezaya benzer. Her şeyden vazgeçmek ve yürüyüp gitmek isteriz. Ama yapamayız. Bize öğretilen kurallar –ve biz de kuralına göre oynarız– saha dışında bir yaşam olasılığını kapsamaz ve hatta kabul etmez. Kendimizi köşeye sıkışmış hissederiz. Ve ufak ufak, sanki ısının yavaş ama sürekli düşmesinin sizi farkına varmadan dondurması gibi, bir de bakarsınız vazgeçivermişsiniz. Yaşamı güzel ve soylu yapan kalıcı şeylere önem vermeyi bırakırız ve sahadaki yaşamı katlanılabilir kılan kısa anları umut etmeye başlarız.

Dinleyin: *Vazgeçmeyin.* Vazgeçmeniz gerekmez. Yepyeni bir yolla kazanabilirsiniz. Nasıl mı?

Sadece geride bırakın! Bir çeşit çekişme içinde oradan oraya koşmadıkça yaşamın anlamsız olduğunu söyleyen tüm bildik ama işe yaramaz katı kuralları geride bırakın. Ne kadar oyunda kalırsanız yaşamınızın o kadar iyi olacağına dair basmakalıp ama işe yaramaz umudunuza sığınmayı bırakın. Daha iyi olmayacak – tükenmişlik hissetmenin yücelmekle aynı anlama geldiğine inanmadığınız sürece. İşte bu yüzden gerçekleri görmeye başlamamız gerekiyor. Evet, geride bırakın. Yürüyüp gidin. Sizi hiçbir şey durduramaz. İnanın bana, bu sizin uzun bir seri oluşturacak, gerçekten kazandıran eylemlerinizin ilki. Ne yöne gideceğinizi hiç kafanıza takmayın. Bunun en ufak bir önemi yok. Niye mi? Çünkü sahte olandan uzaklaşmak, gerçeğe yönelmekle aynı şey.

Başlangıçta öyle gelmeyebilir, ancak yaşamınızda ilk kez, yaşamın kuralları sizin lehinize çalışacak. Tam olarak şöyle oluyor: Sizi aşağıda tutan bir şeyi geride bırakmak, yukarı çıkmak için işbirliği yapma şekliniz. Görüyorsunuz, gerçek yaradılışınız soylu. Ve sizin varacağınız yer orası. Ama bunu siz seçmiyorsunuz. Hayır. Yükselmek için kendinize izin veriyorsunuz. Bu garip gelebilir ve hatta başlangıçta korkutucu olabilir, ancak zaman içinde bunun sizin için doğal bir gereksinim olduğunu fark edeceksiniz.

Yaşamın gerçek kurallarıyla, doğru ilkeleriyle işbirliği yapmayı öğrenin ve sizi yükseltmelerine izin verin. Bu onların görevi. Bir kez kaybetmeyi seçmeyi bıraktığımızda, yaşamda kolaylıkla kazanacaksınız. Bu kadar basit. İsviçreli gizemci yazar ve felsefeci Henri Frédéric Amiel kendimizi yaşamın gerçek kurallarına uydurmanın önemini anlamış ve bunu yapmadığımız zaman yaşamlarımızın neye benzediğini tanımlamıştır:

Kim ki suda akıntıda sürüklenir, kim ki kendine daha yüce ilkeleri rehber edinmez, kim ki ideali yoktur, inancı yoktur, böyle bir insan yaşayan ve hareket eden bir canlı olmak yerine, hareket eden bir şeydir, bir yankıdır ama ses değildir. İç yaşamı olmayan bir insan bir barometrenin havanın sadık hizmetlisi olması gibi, çevresinin kölesidir.

Seçimini Gerçek Ben'in Lehine Yap

"Ama tüm yaşamım boyunca çalıştığım her şeyi bırakıp gitmem gerektiğini söylüyor olamazsınız!"

"Hayır, söylemiyorum. Benim söylediğim, yaşamımız diye adlandırdığımız neyse ona çok daha yakından bakmamız gerektiği."

"Ne amaçla?"

"Gerçekte bize ait mi görmek için. Bir kez gerçekten bize ait olanın ne olduğunu anladık mı, o zaman neyi koruyup kollamamız gerektiğini ve neyi geride bırakacağımızı da biliriz."

"Bu düşünceyi anlayabiliyorum ama bunun benim yaşantımla ne ilgisi var ki?"

"Biraz daha iyi anlayabilmek için doğa anadan gerçek bir öyküye kısaca bir bakalım. Guguk kuşu en çok başka kuşların yuvalarına yumurtlaması ve kuluçkaya yatılsın diye yumurtalarını orada bırakmasıyla bilinir. Gizlenir ve yuvayı yapan kuş uçup yumurtalarını korumasız bırakana kadar bekler. O zaman guguk kuşu hızla yuvaya uçar ve hızlıca yumurtalarından birini yumurtlar ki, hiçbir şeyden şüphelenmeyen ebeveyn yuvaya geri döndüğünde görevinin bilinciyle kendi yumurtaları sandığı yumurtaların üstüne kuluçkaya yatsın. Genellikle bundan sonra olanlar, guguk kuşu yavrusunun yumurtadan daha önce çıkması ve yumurtadan kendisinden sonra çıkan daha zayıf yavruları yuvadan dışarı atmasıdır. Bu yolla ebeveyn kuşlar, bu gerçekleşen yer değişimini fark etmeden, enerjilerini kendilerine ait olmayan bir şeyin sorumluluğunu üzerlerine alıp onu besleyerek harcarlar."

"Öyküden hoşlandım ama bana ne söylemeye çalıştığınızdan emin değilim."

"Biz de, bir çeşit vekil-Ben'i bilincimizin dışında kendimizin kabul ederek, gerçekten kendimize ait olmayan bir yaşama bakmamız için kandırıldık. Her zaman ve ne çeşit olursa olsun duyguya aç olan bu Ben, ona ne kazandırabileceğimiz dışında, bizi zerrece umursamaz. Bu içimizdeki gölge-Ben, bize gerekenin kendi istekleri olduğuna bizi ikna etti. Yıllar boyunca kendi doğal olmayan öz uyarım ve kendini koruma güdüleriyle, birer birer öz-bütünlüğümüzü aramaya yönelik doğal eğilimlerimizin yerini aldı."

"Öyleyse bu nedenle –bana ait olamama olasılığı bile olan– yaşantımdan çıkıp gitmemi istiyorsunuz! Doğruyu söylemek gerekirse, yaşantımın bana ait olmadığı düşüncesine kapıldığımı hatırladığım zamanlar az değil. Bunun bir anlamı var mı?"

"Evet, hepimiz ara sıra bu çeşit açıklanamayan duygular yaşarız. Ancak zamanında bu duyguların kısa süreli ortaya çıkışlarının önemini anlamamızın yolu olmadığından, kaybolup gidene kadar onları görmezlikten gelmeyi öğrendik. Bu kitapta ortaya konanlarla birlikte, gerçek ilkelerin amacı, şu anda olduğumuz Ben olarak her neyi algılıyorsak, ondan şüphe duymamıza neden olan, bu neredeyse unutulmuş yüksek sezgi anlarını yeniden canlandırmak. İçinizde geçici bir huzursuzluğa yol açsa da, belli belirsiz kıpırtılarını hoş karşılayın. Bu sezgiler, kendi aleyhinize çalışmayı bırakıp gerçekte olduğunuz kişinin yararına çalışmayı öğrenmenizi isteyen, gerçek doğanızın bir parçasından geliyor."

İzin verin, aşağıdaki önemli ipuçları, seçiminizi Gerçek Ben'iniz lehine yapmanızda yardımcı olsun:

1. Bizi kazanmaya yönlendiren hiçbir şey, bizi gerçek zafere asla götüremez, çünkü herhangi bir şey yapmaya yönlendirilen birisi, kendi dışındaki güçler tarafından kamçılanmaktadır. Bu bir kölenin tanımıdır, bir fatihin değil.

2. Kendinizi kendinize açmanız, seçiminizi Gerçek Ben'inizin lehine yapmaktır.

3. Eğer başarının ölçütü kişisel mutluluksa, o zaman bir kişinin acı çekmesine yol açan hiçbir şey o başarının bir parçası olamaz.

4. Şimdi acı çekin ki gelecekte mutlu olabilesiniz demek, ancak kendinizi denize atın ki, sonrasında kurtarılmanın nasıl rahatlattığını hissedebilesiniz demek kadar anlamlıdır.

5. Zorlayıcı hiçbir istek, asla gerçek bir zevkin kaynağı olamaz, çünkü istemeye zorlandığınız her şey, sizi o dürtünün hizmetlisi yapar. Yaşamda itekleniyor olmanın pek de bir keyfi yoktur.

6. Acı çekmenizin gerektiği konusunda sizi şüpheye düşüren duygularınızı dinlemeyi öğrenin.

7. Acı veren bir durumu daha iyi anlamayı istemek, nasıl geride bırakabileceğinizi sormakla aynıdır.

8. Artık o kişi olmanız gerekmediğini giderek daha iyi anladıkça, yaşamınızda istemediğiniz sorunlardan uzaklaşıp gitmek size her seferinde daha kolay gelecektir.

9. Kendi aleyhinize karar vermeye yönlendirilebilmeniz için, önce size acı verenin aynı zamanda yardımcı olabileceğini düşünmeye ikna edilmeniz gerekir.

10. Gerçek kendinden eminlik, kendiniz hakkında yanlış şüphelerinizin olmamasıdır.

Olduğunuzu Düşündüğünüz Kişi Değilsiniz

"Kendinizden Şüphe Etmek Nasıl Geride Bırakılır?" başlıklı bir dersimde, bir öğrenci nasıl olup da beklenmedik olayların ve hatta beklenmedik bir olay tehdidinin bile onu bu kadar rahatsız edebildiğini sordu. Tartışmamızdaki önemli sorular ve yanıtlar aşağıda yer alıyor:

S: Niye beklenmedik bir şey beni bu kadar kolay altüst ediyor?

Y: Eğer bu soruyu sormakta samimi iseniz, bunun derinine inebiliriz. Yanıtı sizi şaşırtabilir.

S: Evet, ister evde olsun ister işte, yaşantımda olan değişikliklerin beni niye bu kadar rahatsız ettiğini gerçekten bilmek istiyorum.

Y: Güzel. O zaman en başından yaptığınız düşünsel hatayı ortadan kaldırmakla başlayalım çünkü sorununuzun kökeninde bu var. Aslında uyarı vermeden gelişen durum değişikliklerinden endişe duyan gerçekte siz değilsiniz.

S: Eğer ben değilsem, o zaman o kim?

Y: Olduğunuzu *düşündüğünüz* kişi; kendini tehdit altında hisseden o. Ancak artık korkmanız gerekmiyor. Tam olarak şu andan itibaren, biraz sabırla kendini sorgulama ve bazı önemli gerçeklerin yardımıyla, olduğunuzu düşündüğünüz kişi olmadığınızı keşfedeceksiniz. Bu kendinizde yapabileceğiniz en heyecan verici ve rahatlatıcı buluşlardan biri. Şu anki yaşam seviyemizde yaşarken, çevremizde ne olup bittiği konusunda neredeyse sürekli gerginiz. Neden? Çünkü hâlâ *yaşadıklarımızın* etkilediği ve belirlediği kişi olduğumuz gibi yanıltıcı bir kavramla yaşıyoruz. Örneğin, diyelim ki dışarıya yürüyüşe çıktınız ve yeni bir çift ayakkabıyı mahvettiniz. Kendimizi gerçek anlamda ayakkabıyla özdeşleştirmediğimiz sürece, bunda niye bir acı olsun ki? Cilalanmış bir deri parçası olmadığımız açıkça ortada. Ne mutlu ki, burada bu çeşit bir bilinçaltı acı çekişin ne kadar aptalca ve kendimize zarar verici olduğunu görerek kendimize gülebiliyoruz. Ama yine de kafa karışıklığımızdan kaynaklanan mizah bir yana, eğer birisi sizi terk ederse kendinizi kaybedeceğinizi düşünmenin komik bir yanı yok. Yalnızca sevdiğinin gidişini görmenin kâbusunu yaşamış birisine sorun yeter. İşte bu yüzden, tek bir kalemde bu kendini tehdit altında hisseden benliğimizi geride bırakacağız. Kendimizi gerçek aklın himayesine bırakarak, şimdiye kadar bizi tehdit etmiş olan her ne varsa geride bırakmayı öğrenebiliriz. Aynen öyle. Bu dünyanın rüzgârları sıcak ya da soğuk esmiş, meltemmiş ya da fırtınaymış, sizin için fark etmeyecek. Kendinizi buldunuz. Öğrenmeye devam edelim.

Gerçekte olduğunuz kişinin, başınıza gelen bir şey yüzünden gerçekten kafasının karışması ya da acı çekmesi için olası tek bir açıklama var. Basitçe belirtmek gerekirse, derdiniz bir yanlış kimlik olgusu. Bu kimlik krizi, olduğunuz kişinin, asıl Ben'inizin bir şekilde yaşamınızdaki olaylara bağlı olduğuna inanmaktan doğuyor. Bu çeşit bir düşünme şeklinin, sizi neredeyse yaşamınızda olabilecek her değişiklikten korkutma eğilimi vardır. Yaşantınızı belirleyenin olaylar olduğunu düşünerek, eğer artık olayları kontrol edemezseniz, kendi kontrolünüzü de kaybedeceğinizden korkmaya başlıyorsunuz. Kendinizi kendi dışınızda aramak –ister kariyer yoluyla olsun, ister hobilerle ya da insanların, ailenizin ya da yabancıların yüzünde– dağlardan çağıldayarak inen bir derede yansımanızı bulmaya çalışmak gibi bir şey. Kendinizi bir anlığına görebilseniz de hemen kaybedersiniz. Ardından yeniden bakmanız gerekir... ve tekrar... ve tekrar. Bu çeşit talihsiz bir yanlış kimlikle yaşamak, sizin gerginlik içinde, sonsuza kadar umutsuzlukla kendinizi aramanıza neden olur – hiç bitmeyen bir arayış, çünkü aynı dağdan inen bir derenin hep ileri doğru dans etmesi gibi, yaşamın gerçek doğasında da sürekli değişim vardır.

Şimdi söyleyeceğim size yardımcı olabilecek bir düşünce; unutmayın ve ardında yatan mantığı anlamaya çalışın; *başınıza bazı olaylar gelebilir, ama siz olay değilsiniz*. Aynı geçen bulutların, gökyüzü olmadığı gibi, içinizden geçenler de siz değilsiniz. Siz olduğunuzu düşündüğünüz kişi değilsiniz.

Keşfettiğimiz gibi, sizin olay olduğunuzu düşünmeniz, kendinizi o olayla tanımlamanız, yanlış bir kimliğin doğmasına neden oluyor – endişeli ve güvensiz bir kimliğin. Bu yanlış kimlik Sahte Ben olarak adlandırılır ve birçok kılığa girer.

Şu an için sadece, Sahte Ben'imizin bilincimizde, yaşam deneyimlerimizin toplamı tarafından yaratılan ve oldukça doğal olan bir karakter olduğunu söyleyelim. İşlerin bizim için "yanlış" gitmeye başlaması, bu seviyedeki Ben'in yalnızca şimdi ile geçmişi karşılaştırmayı bilmesinden kaynaklanır; hiçbir anı, o anla aynı yenilikte yaşamaz, çünkü bu Ben, gerçek anlamda geçmişimize ait bir kurgudur. Ve yaşama onun gözleriyle baktığımız sürece, mevcut anı yaşamanın getirdiği özgürlük, olanaksız olmaya devam eder. Bu düşük seviyeli benlik hakkında her şeyi ve aynı zamanda, onu nasıl geride bırakacağımızı öğreneceğiz. Çok uzun süredir içimizde rahatsız edilmeden yaşadı. Bugün, tam olarak şu an, onun için sonun başlangıcı ve gerçekte olduğunuz kişi için de gerçek başlangıçtır.

Bir Yanlış Kimlik Olgusu

Zamanın birinde, bir adam uyandığında kendini tanımadığı bir odada buldu. Açıklayamadığı bir sersemlik hissi dışında hiçbir şeyden emin değildi. Tüm çevresinde aynalar, renk renk dolaplar ve sehpalar vardı. Yer tanıdıktı ama orada ne arıyordu? Hatırlamaya çabaladıkça endişe baş göstermeye başladı. Hatırlamak, ama neyi? Açıkça ortadaydı ki, bu büyük bir tiyatronun soyunma odasıydı, ama kendi rolü neydi? Aynaya her bakışında, keskin bir acı hissetti, çünkü aynada ona bakan kişinin kim olduğundan pek emin değildi. Birden kendini yalnız hissetti. Gidip dolaplardan birini açtı, aklına yapacak başka bir şey gelmemişti. İçinde çok önemli bir generale ait olduğu belli olan, titizlikle ütülenmiş, süslü bir üniforma buldu. Güçlü görünüşünden hoşlandı. Belki de bu kendi giysisiydi. Çabucak giyindi ve büyük boy aynalarından birinin önünde dikkatle dikildi. Umudunu kaybetti. Pek havalı bir kıyafetti bu gerçekten ama onun değildi. Ne kadar istemese de, üniformayı çıkardı. Bir başka dolabı denedi. Bunun içinde rengârenk bir sirk giysisi vardı. Bir an bile beklemeksizin içine daldı. Yararı yoktu. Ona uymadığı gibi, giysi onu bir palyaço gibi gösteriyor ve hissettiriyordu. Umutsuzluğu arttı. Bir başka dolabı denedi.

Bu seferki bir devlet adamınınkiydi, bir sonraki dolap bir dilencinin. Durmadan dolaptan dolaba gitti. Çok azı üzerine uydu ve eğer uyduysa da ona doğru kıyafet gibi gelmedi. Son dolaba geldi. Açmalı mıydı? Kalbi çarpıyordu. Kapı kolunu tuttuğu anda başı fırıl fırıl dönmeye başladı, sanki daireler onu içine çekiyordu. Devam etmek için mücadele ediyordu. Ne de olsa bu dolap onun giysisinin bulunduğu dolap olmalıydı. Kalan tek dolap oydu. Kapı açıldığında nefesi kesildi. Dolap boştu. Bu kadarı onun için çok fazlaydı. Yere yığıldı.

Çevresine toplanmış endişeli insanların sesleriyle uyandı. Alnına hoş bir serinlik veren soğuk bir bez konmuştu. Birisi ona iyi olup olmadığını soruyordu. Hafifçe başı ağrıyordu. Ardından, tüm dolaplara birer birer boşuna bakışı aklına geldiğinde, bir an için dehşete kapıldı. Aynı hızla derin bir dinginlik duygusu geldi ve korku başını aldı gitti. Dinginlik kaldı. Kim olduğunu hatırlamıştı. Her şeyi hatırlamıştı. O gece, tiyatro açılmadan evvel kontrol turlarını atarken, giysi odasında ayağı kayıp düşmüş ve başını çarpmıştı. Darbe ona geçici ve acılı bir şekilde, *sahnede rol alan karakterlerden biri değil, tiyatronun sahibi olduğunu* unutturmuştu.

Bu öykü bize, eğer gerçek kimliğimizi bilmiyorsak endişe, kendinden şüphe ve daha bir sürü umutsuz ruh halinin sahne ışıklarına doğru üşüşerek, sahneyi ele geçireceklerini öğretiyor. Bir kez bu yüksek kendini tanıma durumuna geldiğimizde, kendimizi tanımamaktan kaynaklanan acılı sorunlar kendiliğinden kaybolur. Kendi hakkımızdaki korkularımızın yerini, dingin bir kendine hâkim olma duygusu alır.

Sahte Ben'in Tuhaf, Yaşam Olmayan Yaşamı

İşte size ilgi çekici bir düşünce: Gerçek kimliklerini bilmeyenler, kim olduklarını bilmediklerini bilmezler. Bu, bilmeden yanlış bir kimliği üstlenmenin ürettiği bir çeşit ruhsal bellek kaybıdır. Böyle bir şey nasıl olabiliyor? Bu geçici Sahte Ben gerçekmiş gibi gelir. Bundan hiç şüpheniz olmasın! Sahte Ben, bizim kendimizi tamamlanmış hissetmenin arayışında oradan oraya koşmamız nedeniyle yarattığımız tepki seli tarafından harekete geçirilir ve yönlendirilir. Ancak gerçek şu ki, bu alt benliğin harekete geçirilmesi canlı olduğu anlamına gelmez. Bir buldozer de yol boyunca ilerler ama bu niye her şeyi ezdiğini bildiği anlamına gelmez. O bir makinedir. Dolayısıyla birçok yönden, bir Sahte Ben'dir.

Sahte Ben gücünü olumsuz duygusal tepkilerden alır ve bu tepkiler de alışkanlık haline gelmiş yanlış düşünme şekliyle devam ettirilirler. Bu eziyet eden düşünceler ve duygular yalnızca alt doğamızın mekanik hareketleri olduğundan, "o zaman" oluşurlar. Bunun anlamı, doğmalarına neden olan olayların etkisi azaldıkça mecburen zayıflayacaklarıdır. Bu olumsuz duygular yavaşça güçlerini kaybettiğinden, bir zamanlar harekete geçirdikleri Sahte Ben'in sahte yaşamı da yavaş yavaş sona erecektir.

Ona yaşam veren geçici tepkiler artık zayıflamaya başladıklarından, Sahte Ben, kendi ölümünden korkarak, tuhaf bir "yaşam olmayan yaşam" döngüsünü yeniden başlatmaya zorlanır.

Yeni, daha yoğun heyecanlara ve sorunlara can atar ve bunların arayışındadır; bulamadığında ise, koşullar daha uygun hale gelene kadar kendini sürdürmek için ne gerekiyorsa yaratır. Örneğin, Sahte Ben kavga çıkarmayı sever, çünkü ister kazanın ister kaybedin, bedelini o ödemez, sonuçları ona yansımaz. Sizin sıkıntınız onun yaşam suyudur ve dolayısıyla kazanmak için yapması gereken tek şey sürekli kavga içinde olmanızı sağlamaktır. İşin doğrusu, Sahte Ben pireyi deve yapma ustasıdır, çünkü karanlık ve engebeli, yokuş aşağı yollar kadar sevdiği bir şey yoktur. Bu tekrarlayan kâbusta bizim bahtsız rolümüz ise, bizi sürekli tekrarlayan olaylara ve mutsuz sonlara götüren bu karanlık araba gezintisine kendi isteğimizle gitmemizdir. Peki niye? Çünkü yanlışlıkla, bela için yaşayan bu sahte kimliği üstlenmişizdir ve onun varlığının sonunun kendi varlığımızın da sonu olduğundan korkarız. Doğru olmaktan bu kadar uzak başka bir şey olamaz.

Gerçek sorun şu ki, mevcut yaşam seviyemiz Drakula'nın kalesine gitmekle, Disneyland'a bir yolculuk yapmak arasındaki farkı bize söyleyemez ve dolayısıyla bize Sahte Ben'in isteklerine boyun eğmekten başka bir seçeneğimiz olmadığını söyler. Günlerinizi yaşam seviyenizi yükseltmeye adamanızın tüm nedeni, tek başına bu noktadır. Eğer bu gerçek, işe koyulmanız için sizi ikna etmiyorsa, şimdi söyleyeceğim size yeni ve daha yüksek eylemler için esin kaynağı olacaktır. Bu sinirli karakterin sonunun, gerçekte olduğunuz kişinin de sonu olduğunu düşünmek, Vernon Howard'ın çok güzel bir şekilde yazdığı gibi, fırtınanın sonunun, gökyüzünün de sonu anlamına geldiğini düşünmeye benzer. Gökyüzü ebedidir. Gerçek doğanız da öyle.

Suçlama Oyununun Ardındakini Görmeye Başlayın

Gerçekten dostunuz olan hiç kimsenin, sizin kendi kendinize zarar vermenizi istemeyeceği düşüncesine katılmaz mıydınız? Ve aynı zamanda, güvendiğiniz ama daha sonra size yalan söylediğini anladığınız bir dostunuza yeniden güvenemeyeceğiniz –en azından üçüncü, dördüncü ya da beşinci sefer değil– düşüncesine de katılmaz mıydınız? Özdeyişi bilirsiniz: "Beni bir kez kandırırsan, sana ayıp; beni iki kez kandırırsan bana ayıp!" Çalışmalarımızın hatırı için izin verin, bu eski popüler özdeyişe bir satır da ben ekleyeyim: "Beni tekrar tekrar kandır ve açıkça görünüyor ki, ben ahmakça bir düşünce duyarsam, öyle olduğunu anlamıyorum." Ve bütün mesele de bu.

Dinlemeyi bile bıraktığımız alışılageldik düşünce ve duygular tarafından neredeyse her an kandırılıyoruz. Bu şaşırtıcı içgörü, bize niye bu kadar sık olarak kendimizi, genellikle söylediğimiz son kelimelerin "Nasıl oluyor da başıma böyle bir bela açabiliyorum?" olduğu bu acıklı durumlarda bulduğumuzun iyi bir açıklamasını sunuyor. Tanıdık geldi mi? Öyle olmalı. Bu acıklı soruya verilecek yanıtın bizi gelecekteki benzer tatsız durumlardan koruması gerekirken, işler nadiren öyle oluyor. Bunu kendimize kabul ettirmemiz son derece önemli. Gerçek şu ki aynı eski tuzaklara düşmeye devam ediyoruz. Niye?

Bu sorunun güvenilir bir yanıtı var ve sizi şaşırtabilir. Gerçek kurtuluşu görememiş olmamızın –ve dolayısıyla genellikle tekrar tekrar aynı tuzağa düşmemizin– nedeni, kendimize nasıl olup da yine çıkmaza girmeyi becerdiğimizi her soruşumuzda, yanıtı tamamen saptırarak kendimize söylememizdir. Ve böylelikle acınası bir döngü tekrar başlıyor. Bu şekilde gitmesi gerekmez. Biraz daha yakından inceleme ve birkaç daha iyi fikirle, bulduğumuz "yanıtı" aslında bulamadığımızı büyük olasılıkla görebiliriz. Niye? Yaşamımızda niye aynı hataları tekrar tekrar yapmaya devam ettiğimize dair bu yeni ve doğru açıklamayı dinleyin: Neden sorunlarımızın sürekli tekrarladığının yanıtını gerçekten bilseydik, daha baştan böyle bir sorunumuz olmazdı!

"Daha önce de kendimi yanılttığım oldu, ama bu gerçekten şaşırtıcı. Eğer kendime bu yanlış yönlendirici yanıtları vermemişsem, o zaman nereden çıkıyorlar?"

"Tüm saptırılmış yanıtlar Sahte Ben'den gelir."

"Ama niye? Ya bunun altında yatan neden ne olabilir? Kandırmak niye?"

"Onun konumunu üstlenmenizi istiyor."

"Peki bu niye?"

"Yakından bakarsanız neden mutsuz olduğunuza dair verdiğiniz yanıtlarda hep sizin dışınızda birinin ya da bir şeyin böyle hissetmenize yol açtığını söylediğinizi göreceksiniz."

"Bu yanıtın nesi yanlış?"

"Her şeyi. Mutsuzluğunuz için başkalarını ya da duygusuz bir dünyayı suçlamanın bir yararı yok. Bu Sahte Ben'in sizin benimsemenizi istediği bir çözüm, çünkü biliyor ki, eğer yaşamı bu şekilde görmenizi sağlayabilirse, o zaman yaşamınızın kalanını sizin dışınızdaki koşullarla boğuşarak geçirmekten başka seçeneğiniz kalmayacak. Bu onun zaferi. Tabii önce size üflüyor, sonra da kötü rüzgârları suçlamanızı sağlıyor. Öz varlığı sizin dengesiz olmaya devam etmeniz ve yanlış yöne bakmanıza bağlı. Sahte Ben'in inanmanızı istediği bildik ama sizi yarı yolda bırakan yanıtları geride bırakmayı öğrenerek, suçlama oyununun ardındakini görmeye başlayın. *Kendi yaşamınıza sahip çıkın.* Aşağıdaki özel egzersizi kendinizi başarılı bir şekilde kurtarmak için kullanın.

Gerçekten Kendinize Hâkim Olmak İçin Sadece Durun, Bakın ve Dinleyin

Eğer yakayı ele vermeden kaçabilseydi, yeni yakalanan hırsız, titreyen parmağıyla caddeden aşağı koşan adamı hevesle işaret ederek "Gerçek suçlu orada, kaçıyor!" diye bağıracaktı. Sahte Ben'in yakalanmadan iç suçlarına devam etmesinin yolu tam olarak budur. İşte bu yüzden, gerçek yaşamın bu içsel hırsızını yakalamak istiyorsak öğrenmemiz gereken DURMAK, BAKMAK ve DİNLEMEK'tir. Gerçekten kendimize hâkim olmak için yaptığımız bu içsel egzersiz, sahte benliğin sahte yanıtlarını ve çevirdiği işleri durdurmamızı sağlar.

Bir daha kendinizi endişeli –ya da yüz yüze kaldığınız bir sorun nedeniyle korkmuş ya da üzgün– hissettiğinizde, herhangi bir şey yapmadan önce, DURUN, BAKIN ve DİNLEYİN. Kendinizi kötü hissediyorsanız Sahte Ben'in asla uzakta olmayacağını aklınızda bulundurun. Bir kez sizi istediği yönde koşturmaya başladı mı, o ivmenin işin kalanını halledeceğini bilir. İşte bu yüzden önce DURMALISINIZ. Sizi devam etmek için teşvik eden iç tezahüratları dinlemeyin. Onlara hiçbir yetki vermeyin. Kuru gürültüden başka bir şey değiller ve bunda da kötüler. Siz de onlara öyle davranın.

Sonra BAKIN. Ama doğru yöne baktığınızdan emin olun. Bu çok önemli: *Sizinle konuşana bakın, işaret ettiği yere değil.* Bu şekilde bir daha asla kandırılamaz ve bir kez daha olmayacak şeylerin peşinden koşmaya gönderilmezsiniz. Yani gerçekten iyi bakın. Eğer baktığınız endişe ya da mutsuzluk ise, sakin bir değerlendirmeyle, olumsuz bir durumun kendi kendini sonlandırmak istemeyeceğini anlarsınız. Bu size üçüncü ve son adımı atmakta yardımcı olur.

Şimdi DİNLEYİN. Eğer ilk iki adımı doğru bir şekilde tamamlamışsanız, yakında Sahte Ben'in çileden çıkmasına tanıklık edeceksiniz. Bırakın köpürsün. *Tüm yapabileceği bu kadar*. Onun gücü yok. Tek gücü, gerçekte ne kadar güçsüz olduğu hakkındaki sizin eski cehaletinizdi. Sadece içdünyanıza karşı tetikte ve dikkatli olarak orada kalın. Üstünüze düşeni yaptınız. Geçmişte, bu karanlık, yanıltıcı duyguların size rehberlik etmesine izin verebilirdiniz, ama şimdi aldatmacalarını görüyorsunuz. Zaman içinde kükremeleri sızlanmaya dönüşecek ve ardından tamamen kaybolacak.

Şimdi biliyorsunuz ki, yaşamınızda ilk kez kendiniz için gerçek bir zafer kazandınız. Nihayet gerçekten değeri olan bir şeyi bankaların en önemlisine yatırdınız – kendi içgörünüzün bankasına. Ve inanın bana, bu hesap en yüksek faizi veriyor.

Peki ya şu bitmek tükenmek bilmeyen kişisel sorun? Hiç de Sahte Ben'in sizi ikna etmeye çalıştığı gibi olmadığını anladığınızda çok rahatlayacaksınız. Hâlâ çözmenizi bekleyen bir sorun bulunduğunu varsayarsak, bu sorun, o yalancı, aşağılık karakter defedildikten sonra, daha önce size ağır adımlarla yaklaşan korkutucu deve benzemiyor bile. Sahte Ben'in yere düşen gölgesi korkunç olabilir, ama artık siz de iç ışığınızı yayabilirsiniz. Karşı koyan olmayacaktır.

Geride Bırakın ve Gerçek Kurtuluşu Gerçekleştirin

Ne kadar akla yakın görünüyor değil mi? Eğer bir şeyden kurtarılmamız gerekiyorsa, o zaman bizi kurtaran şey, kurtarıldığımız şeyin bir parçası olamaz. Bir başka deyişle, aslandan kaçmak için kaplanın sırtına atlayamazsınız. Yalnızca tilkiden kaçan korkmuş tavşan, çakal ona sığınak sunduğunda, güvenli bir yer bulduğunu düşünebilir. Bu bize gösteriyor ki, tüm umutsuzca beladan kaçma girişimleri, genellikle başımızı daha beter belalara sokar. Dolayısıyla bu noktada şunu açık olarak bilmeliyiz: Sorunlarımızdan gerçek kurtuluşumuz, yalnızca sorundan daha yüksek bir seviyeden gelebilir. Ve yine de, herhangi bir çözümün gerçek olması için, o çözümün içimizde bir yerde olması gerektiğini anlamış olmalıyız, çünkü sorunlarımızın da gerçekte bulunduğu yer orasıdır. Ardından gelen soru, görünüşte birbirinden uzak ve ayrı iki kavramı nasıl uzlaştıracağımızdır – yukarıdan gelen kurtarma ve içimizden gelen çözüm? Yanıt sizi şaşırtabilir. Daha yukarıdan yardım alma söz konusu olduğunda, *yukarısı* ve *içerisi* tam olarak aynı şeydir.

Bu yeni ve konumu daha yukarıda olan gerçek kurtuluşu, Gerçek Ben ya da bizim kendi keşfedilmemiş üstün doğamız olarak adlandırabiliriz. Bunun tanımlanması güç. Üstün yanımızı nasıl isterseniz öyle adlandırın, anlam aynı kalacaktır: Bu sevecen zekâya, acı çektiğimiz durumlar üzerindeki egemenliğini veren şey, ona ne ad verdiğimiz değil. Onun gücü, Sahte

Ben'in etki alanının dışında ve üstünde kalan, yüksek konumundan geliyor. Ne zaman ki size gerekenin daha çok savaş planı değil, daha fazla *içgörü* olduğunu gösterebileceği kadar uzun bir süre için kendinizi kurtarma girişimlerinizi kesersiniz, bu iyilik ve sevgi dolu bilgelik o zaman sizin aklınız olur. Bilinçli olarak seyrederek ve böylelikle emirlerine uymayı reddederek Sahte Ben'in etkinliklerini ve etkilerini durdurmak için, bu özel yolla kendinizi geçici olarak terk etmek, boşluklara doğru akmak için gerçek bir içgörüyü olanaklı kılar ve size gerçek yönü gösterir.

Herkes bilir ki, iyi bir general düşmanı karşılayacağı yeri dikkatle seçer. Bu yolla, her zaman saha üstünlüğü avantajını elinde tutar. Olmadığımız kişiyi geride bırakmak söz konusu olduğunda da, aynı ilke geçerlidir.

Sahte Ben'le olan savaşımızda, ondan kaçarak ya da onunla boğuşarak değil, onun bir gücü olmadığını, bizim yanlışlıkla öyle sandığımızı görecek kadar uzun süre hareketsiz durarak zafer kazanıyoruz.

Bir gün bu Sahte Ben'in, sizin kendi yanlış tepkileriniz yoluyla verdiğiniz güç dışında, size acı verecek bir gücü olmadığını büyük bir keyifle fark edeceksiniz. Bu önemli kavram, verdiğim derslerde her zaman çok fazla soru sorulmasına neden olur. Bu yakınlarda bir öğrenciye verdiğim, özellikle yardımcı olabilecek bir örneği tekrar gözden geçirelim.

Jack uykusunda bile kendini endişeli duygu ve düşüncelerin kıskacında hissettiğini söyledi. Daha iyi anlayabilmek istiyordu: "Nasıl oluyor da bu yüksek ilkelere göre, o fırtınalı duygular hem bu kadar derin ve güçlü, yine de güçsüz olabiliyor?" Görünürdeki çelişkiyi şöyle çözdük ve Jack'a gerçek kurtuluşu anlamaya başlamasında yardımcı olduk.

İki Dünya, İki Yaradılış, İki Ben

Güneybatı çöllerinin kavurucu sıcağı olağanüstü olabiliyor. Kayaları patlattığı, toprağı oyduğu ve yerden binlerce metre yükselen sıcak hava akımları ürettiği bilinir. Bu dev ısı akımları, bir Jumbo jeti rüzgârda bir yaprak gibi savurabilir. Büyük bir gücü vardır. Büyük kısmında su bulunmayan bu bölgede barınan yaratıklar ya onun kanunlarına göre yaşarlar ya da yok olurlar.

Ama bu büyük çöllerin hafifçe batısında ve kuzeyinde – aslında bu çıplak topraklara bakan– yeşil ve tepeleri karlı muhteşem dağlar vardır. Bu yüksek bölgelere sıcaklık dalgaları ulaşamaz ve çağlardır sürüp gitmekte olan dingin egemenliklerini bozamaz. Burada her zaman bol bol buz gibi kaynak suyu bulursunuz.

Neyi resmetmeye çalışıyorum? Çölün tartışmasız cezalandırıcı gücünün bu dik yamaçların yanında esamisi bile okunmaz. Çölün gücü dağlarda güç bile değildir. Niye? Çünkü dağlarda, çölün doğasının varlığı bile bilinmez.

Her ne kadar coğrafik olarak, dağlar ve çöller çoğu kez yan yana bulunsalar da, gerçekten ortak hiçbir şeyleri yoktur. Doğaları tümüyle farklıdır. Bunun altında ilginç bir düşünce var. Takip edelim ve nereye varacağını görelim. Eminim ki bizi yukarı taşıyacaktır.

Anlıyoruz ki ovanın sıcağı dağların zirvelerine erişemez. Dağlar serindir. Ama zaman zaman, eriyen karların soğuk ve köpüklü suları çöl zeminine ulaşır. Bu mevsimsel bereketle, oradaki yaşam zenginleşir. Aslında çoğu zaman, çöldeki yaşam büyük oranda yukarıdan süzülerek gelen bu güzel su akımına bağlıdır. Tüm bunları şu şekilde özetleyebiliriz: Dağların yüce doğası aşağıya çöle ulaşabilir ve ona yaşam taşır, ama çölün aşağı doğasının dağların üzerinde bir etkisi yoktur.

Çevremizdeki dünyayı döndürenin sadece güçlerin oyunu değil, çok daha fazlası olduğunu bize gösterdiği için bu doğal ilişkiyi her zaman hatırlamak isteyeceğiz. Bu önemli örnek, aynı zamanda bize içimizdeki dünyaları anlatmakta ve sonunda daha yüksek ve mutlu bir yaşama giden yolda önümüzde hiçbir şeyin duramayacağını söylemektedir. Nedeni şu:

Dağ ve çöl gibi, bizim de bu yaşamda tümüyle iki farklı dünyada yaşayan iki farklı doğamız var. Bu iki yönümüzü bu kitapta Gerçek Ben ve Sahte Ben olarak adlandırıyoruz. Daha şimdiden Sahte Ben'in doğası ile çölün doğası arasındaki paralellikleri görebilecek kadar, Sahte Ben hakkında bilgimiz var. Sahte Ben, kendi şüphe dolu duygu ve düşüncelerimizin durmaksızın kayan kumlarından yapılandırdığımız, garip bir geçici şekiller dizisinden başka bir şey değil. Bu rüzgârlara açık ve kendi kendini sokan aşağı doğa, kendi dışında hiçbir şeyden haberdar değil. Dağların –Gerçek Ben'in– yüceliği hakkında bir şey bilmiyor. Bilemez. Bir yaz böceğinin buz hakkında hiçbir şey bilemeyeceği gibi, Sahte Ben de kendi krallığında kalmaya mahkûmdur. Sahip olduğu tek güç, doğaları gereği onun alanında kalmaya boyun eğen şeylerin üzerindeki gücüdür.

Hem dış hem de içdünyada, gerçeğin geçerli dinamiklerini tam olarak görebildiğimiz zaman, bu çöl benzeri doğadan yürüyüp gitme ve egemen Gerçek Ben'imize doğru tırmanma kararımızda daha da güçlenecek ve cesaretleneceğiz. Bu yeni cesaretimiz gerçekten bizim diyebileceğimiz bir güç değil; bize

Sahte Ben'in "güçlerinin" kesinlikle barındığı alanla kısıtlı olduğunu giderek daha fazla anlamamızdan geliyor. Çöldeki kum fırtınası, dağdaki çamı ne kadar ilgilendirir ki? Kesinlikle hiç ilgilendirmez! İşte bu! Bizi yükselmekten alıkoyacak hiçbir şey yok. Bu başlıktaki özel bilgileri kendinizin üstüne çıkarak, sakin sakin yükselmeye başlamak için kullanın.

1. Sahte Ben'in üzerimizdeki tek gücü, hâlâ onun egemenliği altında yaşamakta bir keyif bulabiliyor, zevk alıyor olmamızdır.

2. Sahte Ben gerçekle ne kadar çatışırsa kendini o kadar canlı hisseder.

3. Kendini biri gibi hissetmekle, biri olmak arasındaki fark, çölde yaşamla dağ tepesindeki yaşam arasındaki farktır.

4. Aşağıda yaşamayı reddederek, yeni zirveleri keşfedin.

5. Sahte Ben, yaşamı kayan kumlarda inşa edip ardından yaşamın kumlara gömülmesinden yakınmayı sever.

6. Gerçek dağ eviniz olan gerçek doğanızın kendini yüksek hissetme dileği ya da gereksinimi yoktur. Kendisi yüksektir.

7. Başkaları ya da olaylar sizi yükselttiği için kendinizi özel hissetmek, sizin için su kenarında inşa edilmiş kumdan kalede yaşamaya benzer.

8. Kaybetmek, Sahte Ben'in kazanma düşüncesidir, bu yüzden her gün gerçekle savaşmak için sabırsızlıkla bekler.

9. Sahte Ben, kendini bir şeymiş gibi hisseden hiçbir şeydir; Sahte Ben kendini biriymiş gibi hisseden hiç kimsedir.

10. Hazine de gerçek, bir gün dağ zirvesinin gerçekten hazinesini size göstereceği de.

3. Bölüm

Sizi Yenmekte Olanı Nasıl Yenersiniz?

Bireysel olarak karşı karşıya kaldığımız en sorun, avuntu arayışında hepimizin kendimizi bir yarışa kaptırmış olmamız. Gücü arıyor olsaydık, zamanımızı çok daha yararlı harcamış olurduk. Şiddetli bir fırtınaya yakalandığımızda, aynı enerji dağa tırmanmak için kullanılabilecekken, enerjiyi dağın eteğinde bir mağara aramak niye? Bir seçim yapmak gerekli. Mağaranın içinde titreyebilirsiniz ya da aşağıdaki vadiyi vuran fırtınanın üstünde yaşayabilirsiniz. Bizim hatamız, nasıl sonlandıracağımızı öğrenmek varken onun yerine sıkıntılarımızla nasıl başa çıkacağımızı –elimizden geleni yapmaya– bulmaya çalışmak. Diktatörlükle yönetilen bir devleti asla kabul etmezdik, o zaman niye içimizdeki tiranlara –liderleri, daha çok Sahte Ben olarak tanınan baş diktatör dahil– katlanıyoruz ki? Bunu yapmamıza gerek yok. Bir isyan gerekli ve size söz veriyorum, zafer garanti. Bununla birlikte, akıllıca isyan etmelisiniz. Zamanınızı evde ya da işyerinde bir darbe yapmayı planlayarak harcamayın. İlişkilerinizi rahat bırakın. Sorun onlarda değil. Eğer her zaman hoş, ebedi bir yaşam sürmek istiyorsanız, devirmeniz gereken tek rejim, şu anki düşünme şeklinizdir. Kısa süre sonra göreceğiniz gibi, hiç de kulağa geldiği kadar zor değil.

Kendi yaşamınızı geliştirmeye yönelik bu haklı isyandaki ilk adım, *kendinizden bakarak* düşünmek yerine, *kendi hakkınızda* düşünmenin ne anlama geldiğini öğrenmektir – aradaki fark şudur: Düşünme şekliniz hakkında düşünmeyi öğrendiğinizde, kendinizi kendinizden ayırmak, onun aklını sorgulamanıza olanak sağlar. Bu oldukça akıllıca bir eylemdir, çünkü *kendinizden bakarak düşünmek*, kontrol edilmemiş düşüncelerin birbiriyle yarışarak eyleme dönüşmesine neden olur. Örneğin, hayır demek isterken evet demek ya da bunun tersinin olması, konuşmadan önce düşünceleri ve duygularımızı kontrol etmediğimizde ne olduğunun küçük ama acı veren bir örneğidir. Hemen her zaman ardından kırgınlık gelir. Ve öğrendiğimiz gibi, Sahte Ben'in en önemli kandırmacalarından biri, kendi istediğinin, sizin isteğiniz olduğunu düşünmenizi sağlamasıdır.

Bu durumda, Sahte Ben kendini kırgın hissetmeyi sever. Kırgınlık, bu sığ yaradılış için lüks yolcu gemisinde yapılan bir eğlence gezisine benzer, çünkü kırıldığı duruma tekrar tekrar çarparak, kendini batırabilir – bu arada, bu duruma kendisi neden olur ancak enkazı kaldırmak size kalır. Dolayısıyla kendi düşünme şeklinize meydan okumanın son derece yararlı olabileceğini kendiniz de görebilirsiniz. Aynı, bir torba elması, satıcının mesleki saygınlığını ve taşların gerçek değerini doğrulamadan satın almayacağınız gibi, kendi duygu ve düşüncelerinizin de kökenlerinden ve gerçekten sizin olduklarından emin olmadan asla almamalısınız! Bu düşünce sizi şaşırtmasın. Size, düşündüğümüzü düşünürken, kendimizin dediğimiz düşünme şeklinin aslında sahte ve değersiz olmanın da ötesinde kötü olduğunun nasıl kanıtlanabileceğini bir örnekle göstereceğim.

Kendinizi Uyuşmuş Ruh Halinden Kurtarın

Hepimizin hiçbir aklında başında, bilinçli insanın kendisine asla bilerek zarar vermeyeceği görüşünde olduğumuzdan eminim. Bu kural konusunda aynı düşüncede olmamız önemli. Kimse acı çekmeyi seçmez. Yine de, öfke patlamalarıyla ya da depresyon ya da endişe nöbetleriyle hepimizin her gün kendimize zarar verdiği de bir gerçek. Bundan en küçük bir şüphe bile yoktur: Korku ve endişe sağlık ve esenliğimize ölçülemez ölçüde zarar verir. Yani o zaman, akıllı insanların asla isteyerek kendilerine zarar vermeyeceğini bilmekle, aynı zamanda bunu o ya da bu şekilde hemen her gün yaptığımızı kabul etmek gibi çelişkili iki durumu birbiriyle nasıl bağdaştıracağız? Bu gerçeklerden çıkartabileceğimiz, ilk bakışta olabildiğince şaşırtıcı görünen tek bir olası sonuç var.

Uyanık olduğumuzu *düşündüğümüz* sırada bilinçsiz olmalıydık! Başka bir deyişle, olumsuz ruh hallerimizle kendimize ya da başkasına zarar verdiğimiz tüm o kendine ihanet etme anlarında –her ne kadar gözlerimiz açık ve her çeşit duygu içimizden geçiyor olsa da– her ne yapmakta isek, o sırada *uyuyor olmalıydık*. Başka türlü kendi aleyhimize davranamazdık. Bir şekilde –ve tam da nasıl olduğunu keşfedeceğiz– kendini cezalandırmaktan daha iyisini yapabileceğini bilen, içimizdeki gerçek akıldan ayrılmış olmalıydık. Kötü hissetmek için asla, tekrar ediyorum, asla akıllıca bir neden yoktur. Sadece bu doğru düşüncelerin, bu şaşırtıcı gerçeği size kanıtlamasına izin verseniz, bir gün gelecek, bu yeni anlayış önünüzden giderek, sizi yenmiş olan her şeyi yenecektir.

Şimdi sıra, kendinizi sorgulamanızda önemli bir ana geliyor. Bu varmaya çalıştığımız nokta. Ne zaman düşünsel derslerimize devam etmekte dirensek, çabamızı hep takip eden ödülü kazanmak üzereyiz. Eğer gerçek akıl kendine zarar veremiyorsa, o zaman aklı sıkıntılı durumlara sokan bir düşünme şeklini ne olarak adlandıracağız? Açıkça görünüyor ki, şu anki düşünme seviyesinin bizi mahvetmesini istemediğimiz sürece, artık böyle bir düşünme şeklini akıllıca olarak adlandıramayız.

Kısa bir inceleme yapalım. Akıl kendi kendisinin acı çekmesine neden olmaz. Yine de, kanıtlandığı üzere, acı çekeriz. Bunun tek anlamı, sahte bir aklın bize kendini yutturduğu ve kendi düşünme şeklini, sanki bizim düşünce şeklimizmiş gibi kabul etmemiz için kandırdığıdır. İçimizde böyle kötücül bir yer değiştirme olup da, fark edilmemesinin tek yolu budur. Tüm bu endişeyle çevrelenmiş çok fazla bilindik anlarda, kendimize karşı uyuyoruz. Bu garip ruhsal uyuşukluk halinde uyanık olduğumuzu yalnızca hayal ediyoruz, peki bu durumda, bu hüzünlü durum için çareyi görebiliyor musunuz? Eğer tek sorun kendimize karşı bilinçsiz olmamız ise, tek çözüm de bilinçli olmaktır. Gizli görevdeki ajanlarla yapılan bir suçlu yakalama operasyonu, yalnızca kurban suç eylemi içinde yer alan kişilerden birinin aslında gizli ajan olup gizlice ona yardım etmeye çalıştığına inandığı sürece başarılı olur. Bunu başka bir şekilde söylersek:

Bitmek tükenmek bilmeyen bir sorunu çözmenin yolunu *düşünemiyor* olabilirsiniz ama yolunuzu o sorundan arınmış olarak görebilirsiniz. Bu özel ruh gözüyle görme şekli güvenilirliktir. Kendinize uyanmak, size sürekli nasıl kazanılacağını söyleyip durmuş olan ancak sizi engelleyen tüm o düşüncelerinizi ve duygularınızı geride bırakmakla aynı şeydir.

Mutsuz Düşünce ve Duygulardan Nasıl Kurtulunur?

"Tüm bunlar bir anlam kazanmaya başlıyor, ama öyle olsa bile, içimdeki yanlış düşünce ve duyguların üzerimdeki etkilerinden kurtulmak gibi bir şeyi nasıl düşünebilirim? Öyle güçlü görünüyorlar ki!"

"İyi olsun ya da kötü olsun, duygularınız yaşantınızın efendisi değildir; yalnızca yaşantınızın içindeki anlardır."

"Bu mantıklı görünüyor ancak bu üzerimdeki üzücü etkilerinden kurtulmamda bana nasıl yardımcı olacak?"

"Şu an için öyle hissetseniz bile onlar tarafından ele geçirilemediğinizi görerek, mutsuz düşünce ve duygulardan kurtulacaksınız. Yalnızca geçici olarak işgal altındasınız. Bu önemli farkı görmek, yaşamınızın üzerinde egemenlik kurmalarına izin vermeniz için sizi korkutmaya kalkan, tüm stresli karakterlere karşı tavrınızı anında değiştirecektir. Hatırlayın, ne konuşmuştuk? Gerçek aklın üzerinde, kendi doğası dışında bir egemen yoktur. Siz de kendi kendinizin sahibi olduğunuza göre –yaşamın tek amacı budur– başka birinin ya da başka bir şeyin sizi sahiplendiğini düşünmek olanaksız hale gelir. Tek gerçek güç budur."

İnatla kendini sorgulamayla bir araya getirildiğinde, bu düşüncelerin Sahte Ben'in sesi olan bir gölgeden başka bir şey olmadığını size göstereceği, kesinkes garantidir. Asıl iş, sorunlarınızın aslında ne ve nerede oldukları dışında, hep her şeymiş ve her yerdeymiş gibi göründüklerini görebilmektir. Sahte Ben hakkında özel olan tek şey, geniş yelpazede özel etkileri olmasıdır. Şu örnek bu heyecan verici ve özgürleştirici düşünceleri daha iyi anlamamızda bize yardımcı olacaktır.

Oz büyücüsünü ve Dorothy ile sevgili arkadaşlarının büyücüyle ilk karşılaşmalarında nasıl korktuklarını hatırlıyor musunuz? Büyücü her konuştuğunda, sesi büyük salonda adeta gök gürültüsü gibi gürlüyordu! Ve orada titreyerek dururken, bu küçük arkadaş çetesine, büyücünün sağa sola ateş ve dumandan mızraklar fırlatacak gücü olması nasıl görünmüştü? Büyücü onlar için yüce bir güç ve hatta bir tanrı gibiydi – Dorothy'nin küçük köpeği Toto bir perdeyi çekip karmaşık bir kontrol panelinin önünde dikilen küçük, garip bir adamı ortaya çıkartana kadar. Bu adam her kimse, düğmelere basmak, kumanda kollarını çekmek ve bir mikrofona hızlı hızlı konuşmakla son derece meşguldü. Bir düğmeye basması ya da bir kumanda kolunu çekmesiyle aynı anda, duman ya da alevler salona dalga dalga yayılıyordu. Ve minicik sesiyle mikrofona her konuşmasında, aynı kelimeleri bağıran büyücünün kükreyen sesi salonu dolduruyordu. O anda Dorothy açıkça anladı ki, büyük "büyücü" gerçekte sadece perdenin arkasında saklanan küçük bir adam tarafından yaratılan güçlü bir görüntüydü. Aslında, rolüne o kadar kendini kaptırmıştı ki Dorothy ona sertçe gösterisini kesmesini söyleyene kadar, saklandığı yerin açığa çıktığının farkına bile varmamıştı. Ancak kendine oynanan bu acımasız oyunun şokunda olan Dorothy orada dururken bile, aynı zamanda artık korkması ya da sıkıntı duyması için bir neden olmadığını fark etmişti. Gösteri bitmişti! Ve önceki dersi tekrar etmek gerekirse: *Özgürlüğünün gelişi artık görüş mesafesindeydi.*

Bırakıp Gitmenizi Engelleyen Beş Büyük Yanılsama

Yaşamınızda mutluluğunuzu kısıtlayan yanılsama her ne ise ondan uyanıp o yanılsamanın ardındakini gördüğünüz her seferde, aynı hoş rahatlamayı deneyimleyeceksiniz. Şimdi, uzanıp bu yanılsama "perdesini" açmayı öğrenebileceğimiz bazı yollara bakalım.

Geride bırakıp gitmenin bu kadar zor görünmesinin nedenlerinden biri uyuyan zihnimizin yaşama bakış şeklidir: Neden ve sonucu ayrı etkinlikler olarak görür. Örneğin, bir ilişki bize sorun yarattığında, genellikle bununla ilgili istemediğimiz duyguları geride bırakmakta zorlanırız. Ancak bu olağan tepkimiz, sürekli mutsuzluğumuzun gerçek kaynağının, şu anki bilinç seviyemizin dışında aranmaması gerektiği gerçeğine bizi körleştirir.

Örneğin, kötü davranışların söz konusu olduğu tüm ilişkilerde, birey çekmekte oldukları acı için karşı tarafı suçlama eğilimindedir. Ama bu algı bir yanılsamadan doğar. Bu, şöyle bir bilinçaltı yanlış inanıştan doğan yanlış algıya dayanmaktadır: Benim için, bilinmeyen olasılıklarla dolu bir gelecekle yüzleşmektense şimdiki bilinen sorunumla yaşamam daha iyi. Şimdi, dosdoğru sorunun kalbine yönelelim.

Kendimizi kısıtlayan herhangi bir yanılsamanın olumsuz etkisiyle uğraşmadan –ve ortadan kaldırmadan– önce, bundan sorumlu yanlış algıyı görmemiz ve kendimizi bu algıdan kurtarmamız gereklidir. Bunu aklımızda tutarak, sizi geride bırakabilmekten ve özgürce yaşamaktan alıkoyan şu beş büyük yanılsamayı yakından inceleyin. Her birini, gerçek gibi görünenin, her zaman öyle olmadığını görmenizde size yardımcı olması için kullanın!

1. Aksi takdirde yaşamda kendini işe yaramaz ya da önemsiz hissetme yanılsaması –ve beraberinde getirdiği keder ve hüzün– değerinizin gerçek ölçüsünün, başkalarının da o değeri kabul etmesine bağlı olduğu yanlış algısından doğar.

2. Cesaretin kırılması yanılsaması –ve beraberinde getirdiği öfke ve suçlama– "başarısızlıklarınızdan" ders almadan, yaşamda başarılı olmanın olası olduğu yanlış algısından doğar.

3. Pişmanlık yanılsaması –ve beraberinde görünürdeki kaçınılmaz keder ve suçluluk duygusu– bazı geçmiş acılı anları yeniden yaşayarak, onları çözüme ulaştıracak güce kavuştuğunuz yanlış algısından doğar.

4. Kısıtlılık yanılsaması –ve beraberinde korku ve düş kırıklığı– bir güçlük anında, elinizde olan tek kaynağın, yapabileceğinizi zaten bildiğinizle kısıtlı olduğu yanlış algısından doğar.

5. Diğerlerinin sizden daha iyi, daha güçlü ve daha akıllı olduğu yanılsaması –ve beraberinde acı veren kendinden şüphe ve güvensizlik duygusu– bu dünyada başka biri gibi olmak için bulunduğunuz yanlış algısından doğar.

Yaşamöykünüze Mutlu Bir Son Koyun

Hepimiz filmlerde gemi yanarak batarken, kadınların ve çocukların ağladığı ve hep de gemide küçük bir altın ve mücevherat hazinesi saklamış olan ve vazgeçmek niyetinde olmayan bir adamın bulunduğu inanılmaz sahneler görmüşüzdür. Adam kamarasına geri koşar, ceplerine doldurabildiği bütün mücevherleri ve paraları alır, boynuna ağır altın zincirler asar ve ardından cankurtaran sandallarına binmekte geç kaldığı için suya atlamak zorunda kalır ve derhal taş gibi dibe batar çünkü kendini taşa çevirmiştir!

Bu öykü kendi kendini bozguna uğratan bir adamın klasik bir örneğini vermekte. Elbette bu bir film ve adam sudaki akıbetini hak etmiş bile olabilir; yine de hiç kimse bilinçli olarak kaybetmeyi seçmez, özellikle de kendi yaşamını. Böyle bir sahne seyrettiğimizde, kendimize birisinin nasıl bu kadar aptal olabildiğini sorarız. Neticede oturma odamızdaki kanepenin sıcaklığı ve güvenliğinde, batan bir gemideki biri için neyin daha önemli olduğu hakkında fikir yürütürüz: Havası bol bir cankurtaran sandalı mı yoksa ağır altın ve gümüş liralarla dolu bir ceket mi? Biz asla böyle bir hata yapmazdık, değil mi? Bakalım kendinden eminliğimiz dürüst bir kendini sorgulamanın ışığına dayanabilecek mi?

Peki o zaman, kendimizi mutsuz düşünce ve duygu dalgalarının altında dibe batarken bulduğumuz, endişe, depresyon ve kızgınlığın günlük yaşam kazaları nedir? Neden istenmedik bir olayla çarpıştıktan sonra bu kadar kolay dibe vuruyoruz? Öykümüzdeki adamın aleyhine çalışan aynı güçlerin, sizin de aleyhinize çalıştığını keşfettiğinizde şaşıracaksınız. Bununla birlikte, sizi enkaza çeviren bu güçlerin hiçbirinin asla yenemeyeceği bir güce sahip olduğunuzu keşfetmek üzeresiniz. Bir kez bu gücün idaresini ele aldınız mı, hiçbir içsel fırtına ya da sıkıntılı koşullar, bir daha denizin dibini boylamanıza neden olamayacaktır. Şimdi geriye dönelim ve bizim deniz kazasındaki adama bu yeni gücü verelim ve bakalım öykünün ve yaşamının sonunu nasıl değiştirecek.

Öyküyü kendi kendini yüzüstü bıraktığı ve hazinesini toplamak için kamarasına geri koşmaya başladığı yerden tekrar alalım. Acil durum lambalarının her yeri kırmızıya boyayan ışığı ve yoğunlaşan duman, kapı numaralarını görmeyi neredeyse olanaksız kılar. Korkusu ve umutsuzluğu her geçen saniye artar. Birden, yüzündeki derin acı ifadesi kalkar. Kararlı ve sakin bir şekilde döner ve kalan yolcularla birlikte cankurtaran sandallarına yönelerek hazinesini gemiyle dibe batmaya bırakır. Ne olmuştur? Öykümüzün sonunu bu kadar keskin bir şekilde ne değiştirebilir? Hangi iyiliksever güç gelmiştir de, yaşamına mal olacak bir eylemin eşiğindeki bu adamı kendini kurtarmak üzere harekete geçirmiştir?

Bu çok önemli anda, tüm yanlış seçimleri yapma sürecindeyken, öyküdeki adam uyanmıştır. Birden kendini ve nerede olduğunu tam olarak görmeye başlamıştır. Bu yaşam kurtaran bilinçlilik, tehlikeli durumunu anında anlamasını sağlamış ve kullanılması gereken acil ve akıllıca bir eylem planı vermiştir. Onu daha da hayretler içinde bırakan, bu yaşamını kurtaran artmış farkındalığını kısmen kendi düşüncelerinin aslında onu körleştirdiğini görmenin şokuna borçlu olmasıdır. Kendi düşünceleri onu değil, yalnızca kendi istediklerini umursamaktadırlar. Bir anlığına daha yüksek bir seviyeden bakmak, onun bu hipnotize olmuş benliğinden kendini kurtarmasında yardımcı olmuş, sonuçta o da batan gemiden güvenle atlayabilmiştir. Başka bir günü olabilsin ve belki de başka bir hazinesi olabilsin diye, yaşamıştır.

Öykümüzün bu yeni ve daha mutlu sonu, bize gerçek anlamda kendimizi kurtarmak için, yeni ve mutlaka gerekli bir aracın ilk görüntülerini de göstermiştir. Bu güçlü ilke ve kendine dönük yüksek düzeyli eylem *kendini gözlem* olarak adlandırılır.

Kendini Gözlem Yoluyla Daha Yüksek Farkındalık

Gerçek akıl hakkındaki düşünceleri ve eğer içimize karşı uyanıksak nasıl asla isteyerek kendimize acı çektirmeyeceğimizi tartıştığımızı hatırlıyor musunuz? Bu yüksek farkındalık basamağının anahtarı kendini gözlemdir; kendini gözlem, yalnızca içimizden geçip gitseler bile, kendi duygu ve düşüncelerimize karşı içsel olarak tetikte olmayı öğrenmemizin yoludur. Kendimizi bu yeni yolla gözlemlediğimizde, üstün benliğimiz, doğal olarak, bizi kendi aşağı dünyalarına sürüklemek isteyen rahatsız edici duygu ve düşüncelerin üzerinde egemenlik kurar.

Kendini gözlem, ona olan tepkimiz tarafından sürüklenip gitmek yerine, kendimizde şahit olduğumuz şeyi anlamamıza olanak sağlar. Bu yeni ve daha yüksel içsel "konum" –çevremizde ve içimizde gözümüzün önüne serilenlerin gözlemcisi olarak– hem olup bitenin bir parçasıdır, hem de aynı zamanda olup bitenler tarafından dokunulmazdır: "Dünyadan değil, dünyada olmak." Bu sözün anlamını içselleştirirseniz eşi benzer olmayan içsel bir mabet hakkında küçük bir fikriniz olur. Bu şekilde uyanık olduğumuzda, tüm durumlar ve olası sonuçlarına karşı, geçmişten getirilen hiçbir önyargı ya da önkoşulu olmayan bir bilinç seviyesinde eylemde bulunduğumuzdan, her zaman doğru seçimleri yaparız. Bunun anlamı *akıllı* olanı seçmekte *özgür* olduğunuzdur.

Üstün akıl, biriktirilmiş arzuların ivmesine bağlı olamaz. İçimizdeki sessiz gözlemci düşünmez; görür. Bu önemli bir noktadır, çünkü kendimizi gözlemlemek, bencil olamayacağımız anlamına gelir. Kendini gözlem yoluyla edinilen daha yüksek farkındalık, seçim alanımızı genişletir, çünkü bu yükseltilmiş içsel pozisyon, sizi oyunun üstünde bir yere yerleştirir ve oyuncuların tamamını görmenizi sağlar. Diğer yandan, bencillik sahada olmak gibidir. Tüm oyuncuları göremediğiniz gibi, görebildikleriniz de çoğunlukla, size çarpmakla kalmayıp, artık ne tarafa koşmanız gerektiğini bilemeyecek hale getirene kadar sizi çevrenizde döndürüp durur. İşte en önemli nokta da budur: Koşmayı ve çarpışmayı bırakın ve görmeye başlayın.

Kendini değiştirmek için, kendini gözlemden daha büyük bir güç yoktur, çünkü bu yeni içsel bakış tek başına kendinizi gerçekten tanımanızı sağlayabilir. Kendini kendinden özgürleştirmek, tümüyle üstün doğanıza göre yaşamakla aynıdır. Bu yüksek düşünsel durumda, Sahte Ben'inizi geride bırakmış olmaktan gelen özgürlüğün keyfini sürersiniz. Bu üstün benliğiniz sizin üstünüzde durmaktadır. Ona katılın. İzin verin, kendi içinizdeki gerçek evinize geri dönerken tüm yolda size rehberlik etsin.

Kendi içsel ışığınızı artırmak gibi önemli ve uygulamalı bir görevde ısrarcı olduğunuz –kendinizi sahadaki hırgürün dışında tutmak için yukarıda tribünde kalmayı amacınız yaparak– her gün, sahada, kendinizde gördüğünüz bazı olumsuzluklardan giderek daha fazla rahatsız olur hale geldiğinizi fark edebilirsiniz. Bu gerçekten ilerleme gösterdiğinizin güçlü bir belirtisidir. Bu tür bir rahatsızlık durumunda, öğrendiğiniz ilkeleri uygulamalısınız. Yaşadığınız bu velvele, sizi aşağıda, sahadaki mahalle kavgasına sokmak için elinden geleni ardına koymayan Sahte Ben'dir. Tribünde, gözetleme yerinizde kalın. Görebileceğiniz hiçbir şeyden endişeye kapılmayın. Unutmayın, ışığın hiçbir gölgeden korkması gerekmez ve içinizde keşfedebileceğiniz korkutucu şeyler gölgeler dünyasından gelir. Sizin tek göreviniz onları yeni anlayışınızın ışığına getirmek ve kalanını halletmeyi ona bırakmaktır.

Şimdi, bu temel ilkeyi inceleyelim: Kendinizi bu yeni yolla görmek, fiziksel varlığınızın farkındayken aynı zamanda duygularınızı ve düşüncelerinizi de gözlediğiniz anlamına gelir. Kendinize karşı bu yeni farkındalığınızda, eski içeri dalma ve kendinizi yargılama eğiliminiz de askıya alınır. Biraz farklı şekilde söylersek, kendini gözlemlemek kendinin tümüyle farkında olmanın bir yoludur ve kendinizde gördüğünüzün bir sonucu olarak ortaya çıkan, kendinizden duyduğunuz kaygıya karşı tetikte olmayı da kapsar. Bu benzersiz psikolojik duruşta, çaba göstermeksizin tüm bu yanlış kaygılardan uzak durursunuz çünkü eğer herhangi bir kaygı oluşursa, sizin *olduğunuz* bir şey gibi değil, gördüğünüz herhangi bir şeymiş gibi ele alınırlar.

Başlangıçta, bu genişletilmiş öz-farkındalık hali, bir anda fazla ileri gitmek gibi gelebilir. Öyle olmadığına size güvence veriyorum. Bir kez alıştığınızda, kendini gözlemlemek, sirkteki hokkabazı sakin sakin seyretmekten daha zor değildir. Aynı anda neredeyse altı yedi farklı nesneyi aynı anda çevirip döndürebilir ama bu sizin *derdiniz değildir*. Görmek için çaba gerekmez; yalnızca gösterinin keyfini sürersiniz! Ve hazır gösterilerden bahsetmişken, hiçbir şeyin Sahte Ben'in üzerindeki perdeyi, bu özel tür içsel dikkatten daha hızlı indiremeyeceğini bilmekten mutluluk duyacaksınız. Mağarada yaşayan yarasa için ışık ne ise, kendini gözlemlemenin aşağı benliğimiz için de aynı şey olduğunu göreceksiniz. Aynı yarasanın güneş ışınlarına dayanamaması gibi, Sahte Ben de bu yeni ve bizi iyileştiren öz-farkındalığın ışığında yaşayamaz.

İçsel Çalışma İçinizdeki Sizi Ödüllendiriyor

Her zaman hatırlamamız gerekir ki yaptığımız değeri azalmayacak tek çalışma, kendi içimizde, kendimiz için yaptığımız çalışmadır. Bir şeyi yalnızca başka birisi değerli olarak kabul ederse, uğraşmaya değer olduğunu düşünmeye kesinlikle koşullandırılmış bir bağımlılığımız var. Bu tür yorucu bir düşünme şekli yalnızca bizi başkalarını memnun etmeye çalışmak zorunda bırakmıyor, aynı zamanda kendimizi sorgulamanın heyecanlı yolculuğuna çıkmakta cesaretimizi de kırıyor.

Görünüşe dayalı düşünme şeklimizle, başka birisi içsel çabalarımızı görmediği ya da bir şekilde kendi hakkımızda yaptığımız keşifleri onaylamadığı sürece, çalışmamızın boşuna olduğu gibi yanlış bir inancımız var. Hiçbir şey gerçekten bu kadar uzak olamaz. İçsel çalışma içinizdeki sizi, Gerçek Ben'inizi ödüllendirir. Her zaman var olan ancak henüz fark edilmemiş Gerçek Ben'iniz kendinden hoşnuttur ve bu yüzden kendini başarılı hissetmek için, kendi yüksek durumu dışında bir şey hissetmeye gereksinimi yoktur. Gerçek özgürleşmenin kaynağı olan bu üstün içsel varlık, zaten sizin içinizde yaşıyor. Bu edinmeniz gereken bir şey değil, çünkü her zaman size aitti. Bu özel bilgi bize ödüllerin en büyüğünün bir şey edinmek değil, farkına varmak olduğunu öğretiyor.

"Peki, eğer kendinize bu içsel zaferi kazandıramıyorsanız, nasıl kazanabilirsiniz?"

"Başlangıçlar ve sonlar, başarısızlıklar ve başarılar gibi bir düşünme şeklini bırakmalı ve yaşamınızdaki her şeyi bir şeyin kanıtı olarak değil bir öğrenim deneyimi olarak görmeye başlamalısınız."

"Bu gerçekten başarılı benliğimi bulmamda bana nasıl yardımcı olacak?"

"Yaşama bu yeni yolla yaklaşınca, artık değerli enerjinizi, kendinize ve başkalarına kendinizi kanıtlamak için sürekli savaşmakla boşa harcamayacaksınız. Şimdi enerjinizi, öncelikle kendimize zarar veren duygu ve düşüncelere nasıl inatla sarıldığınızı görmenize olanak sağlayacak, daha yüce bir şey için kullanabilirsiniz."

"Bu görmek isteyeceğim bir şey gibi gelmiyor!"

"Büyük dağların en yüksek zirvelerinin her zaman hemen altlarında uzanan karabulut kümeleri olur. Yüksekleri fethetmek için bulutların içinden geçerek tırmanmanız gerekir. Ancak o zaman en yüksek görüşe sahip olursunuz."

"Korkarım bu kadar güçlü değilim."

"Güçlü olmanız değil, yalnızca görmeye istekli olmanız gerekiyor. Eğer kendi üzerinize düşeni yaparsanız –ki bu da kendinizi kendinize açmak– üstün benliğiniz size gereken tüm gücü sağlayacaktır. Yaşamınızı karartan ve kendinizi kötü hissetmenize neden olan kendinizi kısıtlayıcı ve korku üreten düşünce ve duyguları geride bırakmanıza olanak sağlayacak olan, bu yeni güçtür. Ruhunuzdan doğal olmayan ağırlıkları attıktan sonra, doğal olarak artık yükselmeye başlarsınız. Ne kadar yukarı giderseniz, yeni yaşamınız o kadar kolay akar gider. Artık yaşamda gitmek istediğiniz tek yön yukarısıdır!"

Kendini Düzeltmek Kendini Yükseltmektir

Kendine özgü bir varlık türüyüz. Bir yandan her birimiz ilerleme ve kendini geliştirme kaygısında olduğumuzu söyleriz, diğer yandan hiçbirimiz asla yanlış yapmış olmak istemeyiz. Bu insanı felç eden bir çelişkidir. Eğer her zaman doğru isek ya da en azından yanlış yapmaktan korkuyorsak, o zaman öğrenmemiz gereken ne var? Bu yaklaşımımızın altında, zaten her şeyi biliyor olduğumuza inanmamız gizlidir. Eğer hepimiz gerçekten kendimizi özgürleştirme arayışında ciddiysek, bu ciddi bir sorundur, çünkü daha fazla özgür olmamızın ölçüsü, kendimizi öğrenmekte ne kadar istekli olduğumuzdur.

Öğrenmek bir düzeltme sürecidir. Ne seviyede olursa olsun gerçek düzeltme her zaman maddeyi arındırır ve dolayısıyla karmaşıklığını azaltır ve daha üstün bir seviyeye taşır. Bu güzel düşünceyi bir adım öteye taşımak, bize kendini düzeltmenin ardından her zaman kendini yükseltmenin geldiğini gösterir. Bu güçlü İçsel Yasa'nın ne anlama geldiğini henüz tam olarak anlamıyor olabilirsiniz, ama içinde sonsuz yüksekliklerin vaadini barındırır.

Tüm bu kendimizi zaman içinde değiştirme, yavaş yavaş iyileştirme düşüncesi, yanlış yapmaktan çekinmemizden doğar. Belki de bu yüzden çok azımız gerçekten kendini incitmeyi bırakmayı öğrenir. Şimdi bir an duralım ve kendini geliştirme ve kendini düzeltme arasındaki farka bakalım.

Kendimizi geliştirirken, büyümek için öğrenmemiz gerektiğini düşündüğümüz şeye göre kendi seçtiğimiz dersleri *öğreniriz*. Kendini geliştirme, yeni bilgiler, davranışlar ve inanışlar edindiğimiz, kendine katma sürecini öğretir ve pekiştirir. Kendini düzeltmede ise, kendimize yanlış öğretmekte olduğumuzu, kendimiz için öğreniriz. Bunu görmek, doğru olmayan düşünme şeklini geride bırakmamıza olanak sağlar. Kendimizi geride bırakmanın yararlarını deneyimledikçe, genç bir bitkinin gölgeli bir yerden güneş ışınına doğru yönelmesi gibi, yeni, güçlü bir içsel büyüme doğal olarak gerçekleşir. Genç bir ağaç, yaşlı bir ağacın gölgesinde gelişemez. Öğrenmek yalnızca kibrin gölgesinin dışında olur. Düzeltmeye direnç gösteren her şey yanlışın bir parçasıdır.

Direnç konusuna gelmişken, şunu anlamalıyız: Kibir, Sahte Ben'in göbek adıdır. Bu sahte karakterimiz, ne zaman herhangi bir çeşit anlamlı düzeltmeyle karşı karşıya kalsa, kendini savunmaya davranır. Unutmayın, bu aşağı karakter, şu anki düzensiz varlığıyla mutludur. O kazandığında siz kaybedersiniz ve o, sizin hatanızı inkâr etmenizi ya da hatanıza sahip çıkmamanızı sağlayarak kazanır. Bir sorunu inkâr etmek sizi sorunun koruyucusu yapar ve hatalı olma durumuna zincirle bağlar.

Şimdi bu önemli ilkelerin üzerinden bir kez daha geçelim. Sorun hatalı olmak değildir. Hatalı olduğumuz şey, hatayı üreten yaşam seviyesini savunmaktır. Bir kez sorunu inkâr etmeye ya da savunmaya başladık mı, yalnızca geçici olması gereken bir durumu kalıcı bir duruma çeviriyoruz demektir. Hiçbir geçmiş hataya, siz kendinizi bağlamadığınız sürece, bağlı değilsiniz. Sahte benliğin yapmanızı istediği tam da budur. Bunu, sizi hatalı olduğunuza inandırarak yapar. Bir kez bunu başardı mı, size can yeleği gibi görünen çapalar satmaya devam edebilir. Şimdi, bir fırtınada yanlışlıkla tutunup kaldığımız içsel ağırlıkların birkaçının adlarını verelim.

Suçluluk ve endişe Sahte Ben'in favori kandırmacalarından ikisidir. Kendisine bir gün daha kazandırmak için tüm gerekenin, sizi umutsuzca sorununuza çare aramaya başlatmak ya da size ve başkalarına bir çözümünüz yokmuş gibi davranmak olduğunu bilir. Her iki yolla da, sizi tam olarak istediği noktaya getirir çünkü artık sorunun sizin sorununuz olduğunu sanırsınız. Tümüyle yanlış bir şey de olabilir, ancak nasıl görünürse görünsün, tüm kişisel zorluklar anlayamamaktan kaynaklanır. Sorunu kendinizden saklamaya çalışarak, gerçek düzeltmenin olabileceği tek dünyaya, şu anki yaşam seviyenizin içine bakma olanağınız olan pencereyi kapatırsınız. İşte bu yüzden kendimizden hiçbir şey saklamamalıyız. Hatırlayın, bir kez sorun görüşünüzün dışına çıktı mı, tek olası çözüm de görüş alanının dışına çıkar.

İşte size gerçek çözümleri fark etmek için dört temel ilke:

1. Amacınız daha yukarıya çıkmak olduğunda, içinizde neyin yanlış olduğunu belirlemek, düzeltmedir.

2. Eğer hatalı olduğunuzu görüyorsanız, o zaman o anda hatalı olmayı bırakabilirsiniz.

3. Acı veren, geçici bir kimlik olan hatalı olma kimliğinden vazgeçmek, aşağı karakterinizi, Sahte Ben'i geride bırakmakla aynıdır.

4. Doğruluk size asla ihanet etmez. Kendini kandırmak, kendine ihanet etmektir.

İşte zihnimizde tekrar ve tekrar dönmemiz için son bir özel düşünce: Eğer öğrenmeyi keyfimizin önüne koyabilirsek, bir gün öğrenmek acımızın da önüne geçer.

Yenilgiyi Yenen Güç

Yaşamın getireceği her tür güçlüğün üstesinden gelebilecek bir güce sahipsiniz. Bu büyük içsel kapasite, her kim onu kullanmak isterse, önündeki güçlüğün anında üstesinden gelmesini sağlar. Ne çeşit bir güçlük olursa olsun ya da ne kadar büyük görünürse görünsün fark etmez. Bu gizli gücünüz onu zararsız hale getirir ve sonunda yok eder.

Yaşamınızı bir dizi zafere çeviren bu dost güç, *yenilgiyi sorgulayacak güçtür*. Şimdi, siz sıkıntı ve gerginliklerinizi zaten sorgulamış olduğunuzu ısrarla söylemeye başlamadan önce, izin verin size doğru *niyet* ve doğru *yön* arasındaki farkı göstereyim. Küçük bir öykü bu önemli düşünceyi örneklemeye yardımcı olabilir.

Mutlu bir yolcu, kırsal bölgede küçük ama hoş bir yolun kenarında oturmuş yorgun görünüşlü bir adam gördü. Sanki ağacın serin gölgesi bile üzerinde ağırlık yapıyor gibiydi. Yolcu kısa bir süre oturup serinlemek için izin istedi. Bir parça ekmeği, bir elmayı ve mutsuz olduğu açık olan adamın çekinmeden konuştuğu kısa, saygılı bir muhabbeti paylaşmaları çok sürmedi. Yeni yoldaşının affını istedi ve yolcunun ona yardım edip edemeyeceğini sorarak devam etti.

Öyle görünüyordu ki haftalardır dolaşıyordu, her çeşit güçlükle karşılaşmıştı ancak bütün yoğun çabasına karşın, varmayı istediği yere hiç yaklaşamadığını söyleyebilirdi. Çocukluğunun geçtiği eve dönmek istiyordu. Yolcu adamın ricasını anlayışla karşıladı ve bu evin nerede olduğunu sordu. Adam ilk kez gülümseyerek doğduğu küçük şehrin ismini söyledi. Yolcu yumuşak bir biçimde ona baktı ve ardından konuştu. "Eve gitmek istemenin nasıl bir şey olduğunu biliyorum; ama doğru bir amaçtan başka, yönün de doğru olması gerekir. Yanlış yola yönelmişsin dostum."

Ardından iyi yürekli yolcu ona doğru yolu işaret etti ve gezgin kısa süre içinde gençliğinin geçtiği eve döndü.

Bu öyküye bir de yeni anlayışımızın gözüyle bakalım. Bu yolla biz de içimizdeki gerçek evimize, Gerçek Ben'imize giden yolu bulabiliriz. Şimdiye kadar sıkıntılı, acı dolu deneyimlerimizin kişilerden ve olaylardan değil bizim onlara *tepkilerimizden* kaynaklandığını öğrendik. Ve yine de, eğer şu anki yenilgilerimizi sorgulama şeklimizi dürüst bir şekilde incelersek, gördüğümüz şu olur: Hâlâ umutsuzluk içinde yalnızca yüzeyi ya da dış koşulları düzeltmeye yarayan yanıtları arıyoruz. Hâlâ bizi ezdikleri için çevreyi suçluyoruz. Sorularımızın yönü kanıtlıyor ki, hâlâ sorunlarımız hakkında doğru düşünemiyoruz. Eğer iç ve dış dünyamızı değiştirmek istiyorsak, bunu kavramamız son derece önemli. Doğaları gereği, önceki sorularımız bizi kurban haline getirme ve öyle kalmamızı sağlama eğiliminde. Bizim dışımızda bir şeyin ya da birinin bizi cezalandırdığını ima ediyorlar. Hiç kimse, kendi iç tepkilerinin dış saldırılarmış gibi göründüğü, gelişmemiş bir yaşam seviyesinin dışından gelen bir cezalandırmanın kurbanı değildir. İşte bu yüzden sorularımızın bizi yanlış yöne yönlendirmelerine izin vermek yerine, onları tam bir insan olmamıza katkıda bulunacak araçlar haline getirmeliyiz. Aslında, kafanızda tam şu anda yeni bir soru oluşuyor olmalı. Eğer isterseniz sizin için bunu ifade etmeme izin verin, çünkü bu soru doğru yöne yönelik. Şöyle bir şey olmalı:

"Kurban ve dünyayla kavgalı olarak kalmama neden olan bu yanlış soruları nereden buldum?"

"Bu doğru soruya yanıt vermeyi size bırakıyorum. Şu ana kadar keşfettiklerimize dayanarak, gölgelerle savaşınızın ve nafile uğraşınızın devam etmesinden en çok kimin kazancı olur?"

"Sahte Ben!"

"Doğru. Sahte Ben kazanmak için her zaman önce böler. Şu andan itibaren, kendi sorularımızı *–içimizde* olup her zaman sanki cezalandırılıyormuş gibi hisseden ne ise ona ve onu aydınlatmaya yönelik sorular– sormayı öğreneceğiz."

Bu yeni sorular yenilgiyi yenenin gücüdür. Tek başlarına tam bir zaferin güvencesidirler. İçinizde duyduğunuz bir acı hakkında doğru soruyu sorduğunuz her seferde varacağınız yeni ve doğru sonuç, yaşamla kavgalı olmanızı isteyen sahte benliğin karanlık kandırmacalarından kurtulmuş olmaktır. Şu on yeni soru sizi içsel bütünlüğe götürecektir. Onları *daha evvelki* düşünme şekliniz ile *şu andan itibaren* yenilgiyi nasıl sorgulayacağınız arasındaki farkı görmek için kullanın. Kazanacaksınız!

İçsel Bütünlük İçin Sorular

1. Kendinize sürekli niye böyle şeylerin hep sizin başınıza geldiğini sormak yerine, "*Bende bu sıkıntıları çeken ne var?*" diye sormayı öğrenin.

2. Sürekli kendinize niye bir şeylerin o şekilde ya da bu şekilde olmak zorunda olduğunu sormak yerine, "*Niye benim kendimi nasıl hissettiğim dış koşullar tarafından belirleniyor?*" diye sormayı öğrenin.

3. Kendinize sürekli güç durumlardan nasıl sakınabileceğinizi sormak yerine, "*İçimde sürekli savunulması gereken ne var?*" diye sormayı öğrenin.

4. Sürekli kendinize kafanızdaki karışıklığı nasıl netleştireceğinizi sormak yerine, "*Kafa karışıklığından netlik çıkabilir mi?*" diye sormayı öğrenin.

5. Kendinize sürekli yarın (ya da bir sonraki dakika) için ne yapmanız gerektiğini sormak yerine, "*Korku ya da endişede mantık olabilir mi?*" diye sormayı öğrenin.

6. Sürekli kendinize niye filan kişi şu ya da bu şekilde davranıyor diye sormak yerine, "*İçimde başka birinin davranışı nedeniyle kendisini üzmek isteyen ne var?*" diye sormayı öğrenin.

7. Sürekli "*Niye ben?*" diye sızlanmak yerine, "*Sürekli kendini böyle hisseden bu 'ben' kim?*" diye sormayı öğrenin.

8. Sürekli kendinize doğru seçimi yaptım mı diye sormak yerine, "*Korku güvenli bir seçim yapmayı hiç sağlar mı?*" diye sormayı öğrenin.

9. Sürekli kendinize niye bilmem kim ne kadar hatalı olduğunu görmüyor diye sormak yerine, "*Bu kişi hakkında şu anda hissettiğim şeyin kime yararı var, bana mı yoksa ona mı?*" diye sormayı öğrenin.

10. Sürekli kendinize başkalarının sizi onaylamasını nasıl sağlayacağınızı sormak yerine, "*Gerçekte ben ne istiyorum, kalabalıkların alkışını mı yoksa sakin ama bana ait bir yaşam mı?*" diye sormayı öğrenin.

Sürücü Koltuğuna Kendiniz Oturun

Lüks tur otobüsüne bindiğinde, Jessica gerçekten bir günlük izin yapacağına inanamıyordu. Yeni görevini kabul ettiğinden ve bu küçük sahil şehrine taşındığından beri, dolu dolu bir altı ayın akıp gittiğine inanmak zordu. Gezi broşüründe vaat edilen harika manzaralarla şımartıldığı bir günlük kaçamaktan hoşlanacağını biliyordu. Tur pahalıydı ama bu keyfi hak etmişti ve bu keyfi yaşayacaktı. Otobüs garajdan ayrılırken koltuğuna oturdu.

Yirmi dakika sonra, diğer yirmi beş yolcunun "Ooo!" "Vavvv!" sesleri arasında, sürücü altlarında sonsuz bir şekilde uzanan nefes kesici mavi-yeşil deniz manzarasının doğal güzelliğini anlatıyordu. Güzel bir gün vaadi, içini bir keyif dalgasının kaplamasına neden oldu. Yüksek arkalıklı koltuğunda rahattı. Tam o anda, önündeki yolculardan biri koltuğundan fırladı, sürücünün yanına gitti ve kısa bir süre arabayı kullanmak istediğini söyledi. Sürücü kalktı, yolcu oturdu ve otobüs ileri fırladı. Sürücü dahil çevresinde hiç kimsenin bu garip değiş tokuşu umursamaması Jessica'yı şaşkına çevirmişti.

Göz açıp kapayıncaya kadar güzel okyanus görüntüsü kaybolup gitti ve şimdi eski, terk edilmiş binalara ve çöp dolu sokaklara bakıyordu. Yeni sürücü otobüsü varoşlara getirmişti. Başka kimse şaşırmış görünmüyordu ve bu yüzden o da elinden geldiğince rahatlamaya çalıştı. Bunun turun bir parçası olabileceğini düşündü ancak böyle bir şey okuduğunu hatırlamıyordu.

Düşünceleri bir başka yolcunun sürücü koltuğuna geçip direksiyonu ele almasıyla bölündü. Şimdi otobüs dik ve bozuk yollarda aşağı yukarı inip çıkıyordu ve tehlikeli bir şekilde dar olan köprülerden geçiyordu. Kesinlikle yanlış bir şey vardı. Yolcular birer birer direksiyonu ele alıp otobüsü nereye isterlerse oraya götürürken, korkudan donakalmıştı, koltuğunun derinliklerine gömüldü ve ne sesini çıkartabildi ne de kıpırdayabildi. Keyif gezisi bir korku tüneline dönüşmüştü.

Neredeyse umutsuz, âciz bir öfkeye kapılmıştı ki, aniden, giderek artan kafa karışıklığının derinlerinden yükselen bir düşünce şok etkisiyle onu uyandırdı, içini daha önce hiç yaşamadığı yeni bir duygu kaplamıştı.

Korkmuş ama kararlı bir şekilde yerinden kalktı, sürücü koltuğuna doğru gitti ve titrek ama sert bir sesle "Şimdi otobüsü kullanma sırası bende" dedi.

Yolcu-sürücü onu şaşırtarak kalktı ve yerini ona bıraktı. Oturdu, direksiyonu ele aldı ve otobüsü evine sürdü.

Bu öykü, her zaman güzel bir yaşam için tüm o yolu gitmeye istekliysek, içinde anlamamız gereken önemli dersler barındırıyor. Nereye gittiğimizi ya da arabayı kimin kullandığını bilmiyorsak, şu anın güzel olması imkânsızdır. Yaşamda böyle bir geziden alabileceğimiz tek keyif, nereye gittiğimizi hayal etmektir. Direksiyonda başkası varken hayal etmek zorundayız çünkü eğer gözlerimizi açarsak, götürüldüğümüz yere asla katlanamayabiliriz.

Güzel bir mola yerine rastlasak ya da hoş bir olay olsa bile, bunun keyfi kalıcı değildir çünkü orada ne kadar kalacağımız hakkında gerçekte söz hakkımız yoktur. Bu geçici zevkler, genellikle gerçek zevkin tadını henüz bilmediğimizden, yutmayı öğrendiğimiz, garip bir beklenti ve güvensizlik karışımıdır.

Gerçek Doğanızın Keyfini Sürün

Bu yaşamdaki gerçek keyif, *artık* kendi dizginlerinizin kendi elinizde olduğunu bilmektir. Kendimize direksiyonda olduğumuzu söylemekten hoşlanırız, ancak önceki öyküden öğrendiğimiz gibi, kimse varoşlarda ya da uçurum kenarında kendi isteğiyle araba kullanmaz. Eğer kendimizi, kendimize acırken, kızarken ya da endişeli ya da korkmuş hissederken buluyorsak, bu yanlış koltukta oturduğumuz ve başka birinin ya da başka bir şeyin direksiyona geçerek bizi yanlış bir yoldan aşağı götürmekle meşgul olduğunun kesin bir belirtisidir.

İlk başta bunu görmek aşağılayıcı gelir ama sonra sürücü koltuğunda kendinizin olduğunu *sandığınızı* kabul edersiniz. Direksiyonumuzda ne olduğunu tam olarak belirlemek istiyorsak, bu şok gereklidir. Bununla birlikte, sizi sonunda, onsuz bir yaşama götüren yolda, kendinizin yönetimine geçiren bu geçici aşağılanmayı, yakın benzerlik gösterdiği Disneyland'da Mr. Toad'un karanlık tünelinde yapılan gezintiyle karşılaştırın. Artık kaldırılmış olan bu gezi programı, *Söğütlükteki Rüzgâr* kitabının Disney uyarlamasıydı ve çılgın ve kaotik gezide –çoğunlukla karanlıkta geçen– yolcular bir trenle kafa kafaya çarpışmaktan tutun da cehennemi ziyarete kadar her şeyi yaşıyordu. Biraz da eğlenelim!

Bizi delilik dahil her yere götüren sonsuz isteklerimizin dipsiz kuyusunda yaşıyoruz! İsteklerinizde huzur ve yaşamın yönünü bulmayı ummak, bir sivrisinek sürüsünün altında gölge bulmaya çalışmak gibi bir şey – daha serin olabilir ama koşmaya devam etmeniz de gerekir. Zevkiniz acınızdır.

Gerçek haz acının *karşıtı* değildir, acının *olmamasıdır*. Bunu düşünün. Gerçekte istediğiniz, isteklerinizden kurtulmak. Öylece oturup kendi seçimimiz olmayan bir şeye boyun eğmek zorunda olmadığımızı fark ettikçe, bu yüksek istek karşılanabilir bir gereksinime dönüşür. Kimse parçalanmayı seçmez, mutluluk hakkındaki düşünceleri paramparça olmadığı sürece.

Hepimizin, isteklerimizin her birinin bizi belli bir yöne doğru çektiği ve bu yüzden istediğimizi elde edeceğimizi düşündüğümüz zamanlar olmuştur. Yalnız şimdi, bu isteklerin kendileri peşimizi bırakmazlar. Artık çok geçtir, *aslında* kazandığımızı *düşündüğümüz* şeyi kazanmamış olduğumuzu fark ederiz ve şimdi de keyfimiz olmaktan çok cezamız olan bir "ödülle" daha yaşamayı öğrenmek zorundayızdır.

Her daim hoş bir yaşamın anahtarı şudur: İsteklerimiz daha parlak, daha güzel bir gelecek vaadi taşır gibi görünürken işin aslı, şu anı bozan şeyin onların doğaları olduğudur. *Şu an* her şey güzeldir. Bir göletin yüzeyinin durgunlaşmasını sağlamak için çakıl taşı atmazdınız. Kendi haline bırakıldığında, gölet üstündeki gökleri yansıtır. Kendimizi, kendi halimize bırakmayı öğrendikçe, bu yolla daha mutlu olduğumuz daha net bir şekilde ortaya çıkar. Kimse bir dırdırcıdan hoşlanmaz, ondan yani kendimizden hoşlanmıyor olmamızın çok da şaşılası bir tarafı yoktur.

İnatçı bir isteğe direksiyonu devraldığınızı söylemekten çekinmeyin. Bırakın bağırıp dursun. Tüm bu içsel yolcular amacınızın bundan böyle kendiniz sürmek olduğunu anlamaya başladıkça, otobüsten inmeye başlayacaklardır. Bu noktada, yalnızlığa benzer garip bir duygu dikkatinizi çekebilir. İnanın bana, bu yalnızca dikkate alınmamaktan hoşlanmayan son isteklerden biri. Tam orada, sürücü koltuğunda kalmaya devam edin. Şu an için size öyle gelmese de, kaybedeceğiniz bir şey yok. Gerçek bu. Eğer nereye gitmek istediğinizden emin değilseniz, korkmayın. Bu yeni içsel konumunuza sadık kalın ve bir gün korkunun bile bir başka isteğin hayaleti olduğunu görmekten mutluluk duyacaksınız. Yavaş yavaş, aslında hiçbir zaman nereye gittiğinizi bilmeye gereksiniminizin olmadığını keşfedeceksiniz. Artık sizin için, her nerede iseniz orada olmak güzeldir, çünkü haz amacınız değil, doğanız haline gelmiştir.

Aşağıdaki beş özet başlığını, kendini bozguna uğratmaktan uzak bir yaşama giden yolda birer dost olarak hoş karşılayın, çünkü gerçekten öyleler.

1. Bize karanlık düşünce ve duygular içinde yuvarlanmamızda sorun olmadığını söyleyen taraflarımıza daha fazla ışık tuttukça, acıyı gerekçe göstererek bizi kandırma becerileri azalacaktır.

2. Korkulu duygulara yanıt olarak endişeli düşüncelere başvurmak, taş atarak, heyelanı engellemeye çalışmak gibidir!

3. Dingin bir mutluluğun bizim gerçek doğal ruh halimiz olduğunun bilincine vardıkça, zaten sahip olduğumuz bir şeyi aramaya göndererek bizi tehlikeye atanın ne olduğunu en kısa zamanda anlayacak ve ondan kurtulacağız.

4. Hiçbir şey kendi düşüncelerimizi ve duygularımızı gözlemek kadar üretken değildir; kendini gözlem, yalnızca bireyin bilinçdışı olarak kendine zarar verdiği durumların gerçekte ne olduklarını ortaya koymaz, bu yüksek farkındalık basamağı, aynı zamanda bizi onların tüketici, olumsuz etkilerinden de korur.

5. Yalnızca düşünsel bütünlükle gelebilecek olan daha büyük bir mutluluğu kendi dışımızda aramak, atlıkarıncanın dönme dolaba dönüşmesini ummak gibidir.

4. Bölüm

Kendinizi Yepyeni Bir Dünyaya Yükseltin

"Yepyeni bir dünya gerçekten var mı?"

"Yalnızca nereye bakmak gerektiğini biliyorsanız."

"Ne yöne bakmalıyım?"

"Kendinize bakın."

Her birimizin içinde, genişlemekte olan bir düşünce ve duygu dünyası var ve bu dünyanın hareketleri dışımızdaki dünyayı nasıl algıladığımızı ve deneyimlediğimizi belirliyor. Bu duygu ve düşünceler içdünyası, gördüğümüz şeyin *ne* olduğunu belki doğrudan belirlemez ama ilişkiler dünyamızı ve olayları *nasıl* gördüğümüzü derinden etkiler. Bu, içsel olanın dışsal olanı nasıl belirlediğine dair önceki bir bölümde tartıştığımız düşüncenin derin yönlerinden biridir. Bir başka deyişle, dışarıyı görüyoruz ancak içeriyi deneyimliyoruz. Bunun nasıl işlediğini görmek için basit bir örnek, sıkıntı ve bunalımda olduğumuz zamanlardır. Ne zaman kendimizi böyle hissetsek, çevremizdeki başka her şey aynı derecede karanlık görünür. Ancak bu önemli düşünce, kavradığımızın da ötesinde derin anlamlar taşır. Sabırlı bir kendini incelemeyle, bunu bizi yepyeni bir dünyaya taşıyabilecek, en özgürleştirici türden kişisel bir keşfe dönüştürebiliriz. Hadi başlayalım.

Hepimizin kendimizi kapana kısılmış hissettiğimiz bir zaman olmuştur. Mutsuzluğun yükseldiği böyle dönemlerde, bir şey açık gibidir: Büyük potansiyelimizi fark etmememizin tek nedeni, engellenmemizdir. Sevimsiz bir kişi vardır, kaçınılamayan bir durum vardır, yaşamda "sıkışıp kaldığımız" istenmeyen bir yer vardır. Böylelikle tekrar tekrar büyük kaçışımızı planlarız. Ve tekrar ve tekrar kendimizi hiçbir yere gitmezken buluruz ya da başladığımız yere geri döneriz, her iki sonuç da aynı kapıya çıkar. Tüm çabalarımıza karşın hiçbir şey değişmez. Yeni aşklar, yeni işler, hatta yeni evler yalnızca bizi çevreleyen duvarları değiştirirler – hapsedilmişlik duygularımızı değil. Sanki tüm yaptığımız bir hücreden bir başkasına geçmekmiş gibi gelir! Bu sarsıcı sonuçla savaşmamalı ya da hiçbir şekilde korkmamalıyız. Niye? Çünkü mevcut durumumuz hakkında yaptığımız bu geçici, rahatsızlık veren keşif aynı zamanda önemli bir şeyi kavramamızı sağlar. Güneşle aramıza giren asla bir kişi ya da durum değildir. Hayır! Her şey bize nasıl görünürse görünsün, tuzağa düşmemizin nedeni hiçbir zaman olduğumuz *yer* değildir. Tuzak her zaman bizim *kim* olduğumuzdur.

İşte size kendimiz hakkında yaptığımız bu yeni ve sıra dışı keşfimizin bir kısa özeti: Kişisel bir engelle karşılaştığınızda, karşılaştığınız, mutluluğunuzu engelleyen bir dış koşul değildir. Karşılaştığınız şu anki yaşam seviyenizdir.

Gücünüz Kendi Kendinizle Bağlarınızı Koparmakta Gizli

İnsan olarak seviyeniz belli bir zamanda *nerede* olduğunuzu belirler çünkü *kim* olduğunuzu belirleyen her zaman deneyimimizdir. İzin verin şunu tekrarlayayım: İyi ya da kötü, olduğunuz kişiyi yaşarsınız, yaşadığınız *yeri* değil.

Bu önemli düşünceyi anlayabilmeniz için size birkaç örnek daha…

Bunu hepimiz hissetmişizdir:

1. Kalabalıkta yalnız.
2. Aile toplantılarında yersiz.
3. Sevdiğinizin kollarında korkmuş.
4. Bir partide depresyonda.
5. Kalabalık olsa da bir başına.

Birisinin "Bundan bıktım usandım artık" dediğini duyduğunuzda, aslında farkında olmadan söyledikleri, anlayamamaları nedeniyle acı çekmekten bıkıp usandıklarıdır. Mutluluğun *bize* gelmediğini, *bizden* geldiğini bir kez anladık mı her şey açıklığa kavuşur. Örneğin, gerçekte tahammül edemediğimiz anlama seviyemiz, anlama seviyemize olan tahammülsüzlüğümüzün kendisidir. Bu düşünsel ilkenin anlaşılması, kendimizi kendi tahammülsüzlüğümüzden kurtarmamıza olanak sağlar. Yaşam, anında daha iyi bir hale gelir. Tek bir şeyle, hayal kırıklığı duygusu soluklaşmaya başlar. Yerine bilgi çiçekleri açar. Ve içsel olarak ne kadar büyürsek, tüm yaşamımız o kadar kolay akar.

Bu yeni, bizi engellediğine inandığımız her ne varsa aramızdaki bağlantıyı koparma kastıyla harekete geçme düşüncesi, gerçekten özgürleşmemizi sağlar çünkü bizi tuzağa düşüren aslında hiçbir zaman kendi kavrayış eksikliğimizden başka bir şey değildir. İşte bu yüzden kendimizi mevcut yaşam seviyemizin kısıtlılıklarından koparma girişimi bile, daha yüksek bir anlayış seviyesine aittir. Kendi adımıza bu bilinçli eylem, çözüm için sorunun ne olduğunu arayarak tekrar tekrar oluşturduğumuz acı veren "Ben" dairesini aşamalı olarak kırarak *işe yarar*. Engeller ufalanmaya ve ortadan kaybolmaya başlar, çünkü onları yaratmaktan vazgeçmişsinizdir. Kelimenin tam anlamıyla kendi yolunuzdan çekilmektesiniz! Olabildiğince sık olarak kendinizle bağlantınızı kesme antrenmanı yapın. Bu özel geride bırakma türünü ne kadar çok çalışırsanız, günleriniz o kadar özgürce akar ve yaşamınız o kadar yükselir.

Kendi içsel çalışmanızda sebat etmek her şeydir. Sanki tek isteğiniz sebat etmekmiş gibi sebat etmelisiniz. Yeni benliğinize ulaşma isteğinize karşıt gibi görünen tüm güçlere rağmen, sebat etmelisiniz. İnanın bana, özlemini duyduğunuz yepyeni bir yaşamla aranızda gerçek engeller yok. Bu anlayış ve gerektirdiği eylemle başlayarak, kendinize böyle bir özgürlük olduğunu kanıtlayabilirsiniz (kanıtlamalısınız).

Ne kadar büyük bir şüpheye adım atmaya cesaret ederseniz, kendinizi aşma olasılığınız o kadar yüksek olacaktır. Bu temel önermenin hep doğru çıkmasının nedeni şu: Kendinizle sınırsız bir yaşam arasındaki gerçek engeller, korkularınıza ve şüphelerinize yanlışlıkla verdiğiniz güçtür. Diğer yandan bu sahte güçlerin yanından her geçip gittiğinizde –bu çeşit sahte kaygılarla bağlantınızı kestiğiniz anda ayaklarınıza kapanırlar– bilin bakalım ne olur: Düşünsel gücünüz artar.

Düşünsel Gücünüzü Artırmanın Yedi Yolu

"Düşünsel güç" nedir? Birçok şekilde söylenebilir ama şimdilik şöyle söyleyelim: Kendinizden emin, yaşamınızdan hoşnut ve güven içinde olmak için hiçbir şekilde –hiç kimseye, hiçbir şey için– kendinizden ödün vermeniz gerekmediğini bilmenizdir.

Sırada, böyle bir düşünsel gücü artırmanın yedi kanıtlanmış yolu var. Bu güçlendirici yönergelerin ardındaki gizli sırları açığa çıkarma isteğiyle inceleyin onları. Her birini –ya da hepsini– her gün deneyin. Yaşamınızı zorlaştıran korku ve şüphelerle bağlantınızı kesmek için gerçekten eyleme geçmenizle birlikte, gerektiğinde sizi asla yalnız bırakmayacak yeni bir çeşit güce bağlandığınızı göreceksiniz.

1. Şu an yüzleştiğiniz bir sorundan kaçmak için geçmişinize dönmeyi reddedin.

2. Hayır demekten korktuğunuz biri ya da bir şey varsa, hayır deyin.

3. Hiç kimseye sizi yanlış tanırlar korkusuyla kendinizi açıklamaya çalışmayın.

4. Başkalarına karşı savunmaya geçmenizi, kendi korkusuz yaşama hakkınıza bir saldırı olarak görmeyi öğrenin.

5. Eğer öyle bir durum olursa, tartışmaya hazırlandığınız kişinin de sizin kadar sıkıntı içinde olduğunu görün.

6. Şu an yaşadığınız güçlüğe gösterdiğiniz olumsuz tepkinin verilebilecek tek yanıt olduğunu asla kabul etmeyin.

7. Unutmayın ki onları istemediğinizi ne kadar düşünürseniz, yaşamda karşı koyduğunuz her şey ağırlığını o kadar artırır, bu nedenle kabul edebildiğiniz kadarını kabul edin, kalanını da sakince bırakın.

Bu düşünsel çalışmalarda sebat edin ve göreceksiniz ki eski şüpheleriniz yeni kesinliklere dönüşecek, karanlık korkular yerlerini aydınlık bir korkusuzluğa bırakacaktır.

Umarsız Duygular Nasıl Geride Bırakılır?

Sıradan ruhsal acı yaşamı boşa harcamaktır. Amacı yoktur, acımasızdır ve hepsinin üstünde, aldatıcıdır. Aldatıcı diyorum çünkü ruhsal acı şu an için yalnızca gerekli değil, aynı zamanda kaçınılmaz "gerçek yaşamın" bir parçası olduğundan emin olduğumuz, gereksiz bir acı. Her gün zihinsel ve duygusal acılarla yıpranmak gerçek yaşamın bir parçası değildir. Sizi aksine ikna etmeye çalışan çığlıkları ne kadar kışkırtıcı olursa olsun, size işkence çektiren hiçbir duygu ya da düşünceyle yaşamak zorunda değilsiniz. Sıra ruhsal acıya gelince, her zaman bir seçenek vardır. Hiçbir şekilde sizi yaşadığınıza pişman edecek bir çaresizlik dalgasına teslim olmanız gerekmez.

"Söylediğinize katılmak isterdim ama korkarım benim ne yönü seçtiğim, gerçeğin pek umurundaymış gibi görünmüyor – sonunda karşıma çıkan hep bir çeşit çatışma ya da mutsuzluk oluyor."

"Doğru."

"Ama bir seçenek var dediğinizi sanmıştım."

"Var, ama yalnızca hangi kaçış yolunu seçsem acaba diye düşünmekten vazgeçtiğiniz zaman!"

"Peki, o zaman acılarım hakkında başka nasıl düşünebilirim ki?"

"Mesele de bu zaten. Acılarınızın kaynağı, öncelikle kendiniz hakkında düşünme şekliniz. Kendi içinize hapsolmuşluğunuzdan kendinizi nasıl kurtaracağınızı söyleyen düşüncelerinizin size gösterdiği yön ya da rehberlik sadece ve sadece kendinizi hapsolmuş hissetmenize devam etmeye götürür. Umutsuzca mutluluğu aramak mutsuzluğun devamıdır. Mutluluğun kendini araması asla gerekmez. O kendisidir. Kendine güvenen birisi olma güdüsü, kendinden kuşku duymanın devamıdır. Daha parlak bir gelecek umudu, titrek ışığıyla loş geçmişin devamıdır. Kızgınlık duyduğunuz için suçluluk hissetmeniz bile içinizdeki öfkenin devamıdır. Acıdan uzaklaşmak için yöneldiğiniz yön, aramıza ne kadar mesafe ve zaman koyarsak koyalım o sıkıntının devamıdır. Seçimimizi bu sıkıntılı yaşam seviyesinde yaptığımız sürece, çözümlerimizin kökleri sorunun içinde olacaktır. Bu anlayış bize şu atasözünün derin anlamında yardımcı olur: Ektiğinizi biçersiniz."

"Evet, yaşamımdaki olaylar söylediğinizi doğruluyor. O zaman ne yapmalıyım? Yeni yönüm ne olacak?"

"Sorun, sorunuzun en baştan bir yere gitmeniz ya da bir şey yapmanız gerektiğini varsayması. Size gereken, olduğunuzu düşündüğünüz kişi olmayı bırakmak."

"Ama bunu nasıl yapabilirim ki?"

"Tüm bu konuştuklarımızdaki gerçeği görmekte istekli olun. Kendinizi eylemlerinizde gözlemlemeye başlayın. İşte size bir örnek: Kendinizi, güvenli bir gelecek için en iyi planların nasıl yapılacağını söyleyen o bildik endişeli ruh halinizi dinlerken yakalayın ve ardından kendinize okyanustan nasıl çıkılacağını bir köpekbalığına sormanın bir anlamı var mı diye sorun. Açıkça görünüyor ki yok! Kendi içinizdeki bu kurnazca konuşmaları yeterince yakaladığınızda, çok geçmeden gerçek bir mucize olur. Kendinize yön sormayı bırakırsınız, çünkü kaybolduğunuzu söylemekte olan o size artık inanamıyorsunuzdur."

Korkunun Yok Olup Gitmesini Sağlayacak Bir Teknik

Televizyon yönetmeni olarak çalıştığı stüdyodan eve geldiği bir akşamüstü, küçük oğlu Timothy'nin arka verandada tek başına oturuyor olması, Steven'ın dikkatini çekti. Eğer Tim'in en sevdiği televizyon programının yayın saati olmasaydı, bu o kadar da sıra dışı bir durum olmazdı. Geçmişte hiçbir şey, onun bu saatte televizyon önündeki yerini almasını engelleyememişti.

Steve yavaşça tel örgülü kapıyı açarak verandaya çıktı ve oğlunun yanına giderek oturdu. Timmy'nin bir şeye üzülmüş olduğunu açıkça görebiliyordu ve bu yüzden koluyla onu sarmalayarak oğluna neyi olduğunu sordu. Birkaç dakika sonra üzücü hikâyenin ne olduğu ortaya çıktı. Tim üzülmüş ve korkmuştu, çünkü o gün okulda bütün çocuklar sınıfın önünde ayağa kalkmış ve büyüdüklerinde ne olmak istediklerini söylemişlerdi. Timmy açıklamasına herkesin büyüyünce ne olmak istediklerini biliyormuş gibi göründüklerini söyleyerek devam etti. Arkadaşlarının hepsi büyüyüp itfaiyeci, doktor ya da sporcu olacaklarına dair coşkulu açıklamalarda bulunmuşlardı. Sınıfta ne olmak istediğini bilmeyen tek oydu ve sınıf arkadaşları bu yüzden bütün gün ona sataşmışlardı.

Sessiz geçen birkaç dakikanın ardından babası ona baktı ve özel bir yere gitmek ister mi diye sordu. Yirmi dakika sonra, Timothy kendini sesli çekim stüdyolarından birinde, babasının en son filmini çektiği yerde buldu. Bir an sonra, babası onu, bir kameranın, yüksek arkalı, parlak siyah sandalyesine çıkartmıştı bile. Birkaç şalteri indirip mercekle ilgili bazı ayarlamalar yaptıktan sonra, Tim'e kameranın vizörüne bakmasını söyledi. Tim öne eğildi ve sağ gözünü, göz parçasını kaplayan yumuşak lastiğe dayadı ve bunu yapar yapmaz, yüksek perdeden bir çığlık attı. Tüm görebildiği ona bakan bir canavardı! Babası gülümsedi ve tekrar bakmasını söyledi – ama bu kez ne kadar korkarsa korksun gözünü oradan ayırmayarak.

Korkmuştu, ama babasına güveniyordu, bu yüzden kendisine söyleneni yaptı. Canavar hâlâ oradaydı ve eskisi kadar korkutucuydu. Ama bu kez, kameranın vizöründen bakarken, babasının kamerayı geriye ve canavardan uzağa hareket ettirdiğini hissetti. Kamera ve Tim geri çekildikçe, Timmy'nin kameradan gördüğü sahne değişmeye başladı. Başlangıçta yalnızca canavar vardı, ama şimdi, Timmy setin daha büyük bir kısmını görmeye başlamıştı. Tuhaf eski pencereler, kadife perdeler, meşe masalar ve sandalyeler ve başka pek çok sahne donanımı sadece bir an önce, içinde yalnızca çirkin canavarın olduğu resmi doldurdu.

Tim'in şaşkın bakışları arasında babası, canavarın bulunduğu özenle hazırlanmış setin üstünden sarkan her çeşit ışık ve mikrofonu Timmy görebilene kadar, ağır kamerayı geriye çekti. Daha da geriye gittiğinde, Timothy stüdyodaki başka setleri ve sayısız kablonun geçtiği tavanı da görebildi. Canavar uzaklarda kalmıştı. Timmy babasının ona önemli bir şey öğretmekte olduğunu biliyordu.

Niye öyle olduğundan tam olarak emin olamasa da, daha şimdiden kendini çok daha iyi hissediyordu. Eve dönüş yolunda bir şeyler atıştırmak için durdular ve babası ona dersin ne olduğunu açıkladı. Dinleyelim.

"Bazen kameraya bakıp tüm gördüğünün canavar olması gibi, başımıza hoş olmayan ya da ürkütücü şeyler gelebilir. Bu ne zaman olsa, tüm yapabildiğimiz, gördüğümüz şeyi ve tehditten nasıl uzaklaşabileceğimizi ve kendimizi koruyabileceğimizi düşünmektir. Aynı canavarla olduğu gibi, tekrar bakmak istemedin, çünkü onu tekrar görmek istemedin. Sorun bu seçimde Timmy, yeniden bakmasan bile, hâlâ içinde, ilk korkutucu anda yaşamaya devam edersin, ama bu kez, korku senin içinde, bir anı olarak sabit bir nokta haline gelmiştir ve nereye gidersen onu da götürürsün. Daha da şaşırtıcı olan, içinde olan bu sevimsiz sabit nokta –bu korkutucu anı– çok büyük olasılıkla, farkında bile olmadan ondan uzaklaşmaya çalıştığından, gideceğin yeri ve yapacağın seçimleri belirler."

Oğlunun bu önemli dersi anlayıp anlamadığını görmek için bir anlığına duraksadı. Timmy'nin gözleri ışıl ışıldı ve olumlu belirtiler vardı. Yumuşak bir sesle devam etti. "Eve geldiğimde, dışarda arka verandadaydın. Günün olaylarından uzaklaşmaya çalıştıkça kendini daha da kötü hissediyordun. Herhangi bir hoş olmayan düşünce ya da duygudan uzaklaşmaya çalışmak, yalnızca onlara sabitlenmene neden olur. Bunu anlamaya çalış. İşte bu yüzden ben kamerayı çekerken sana tekrar ve tekrar canavara baktırdım. Kameranın vizöründeki görüntü genişledikçe, baktığın şey daha az korkutucu hale geldi. Nihayetinde, tümüyle geriye çekildiğimizde, korkacak bir şey olmadığını gördün, çünkü resmin tamamını görebiliyordun. Yaşamda yolunun kesiştiği her olayda, duygu ve düşüncede yapman gereken bu.

"Ne zaman kendini korkmuş ya da endişeli hissetsen, şu önemli dersi hatırla: Zihinsel ya da duygusal acılar yalnızca bütünün bir parçasına sabitlendiğinde olur. Geçici yanlış odağını aş ve *kendinden geriye çekil*. İçsel bakışını ne kadar genişletirsen, gördüğün şeyden o kadar az rahatsız olursun."

Timmy babasına baktı ve sordu: "Peki ya büyüdüğüm zaman ne olmak istediğimi bilmem gerekmiyor mu?"

"Dikkatle dinle oğlum. Kameranın vizöründen daha fazla şey gördükçe, her şey daha az korkutucu hale geldi değil mi?"

"Evet baba."

"Tamam, bu büyüdüğün zaman ne isteyeceğin için de geçerli. Bu yaşamda, keşfetmenin zaman alacağı büyük olanaklar var. Yaşam kendisini sana gösterecek ve gösterdiği zaman ne yapacağını ve kim olacağını bileceksin. Hiçbir şeyden korkman için önemli bir neden yok. Bu çeşit korkutucu duygulara, canavara davrandığımız gibi davran ve sakin bir şekilde kendini onlardan geri çek. Onları resmin bütünü içinde görene kadar sahneyi genişlet. O zaman bileceksin ki, gerçekten korkman gereken hiçbir şey yok. Bir dahaki sefere kendini kötü hissettiğin zaman bunu hatırlamayı dener misin?"

"Elimden gelenin en iyisini yaparım."

"Tüm gereken de bu."

Yalnızlığı ve Hoşnutsuzluğu Geride Bırakın

Hiçbir şey aşağı benliğimizden, Sahte Ben'den daha hoşnutsuz olamaz. O ya da bu nedenle her zaman mutsuzdur. Eğer bir gül bahçesinde tek bir yabani ot varsa, bahse girebilirsiniz ki göreceği şey o ot olacaktır. Kendine ait gerçek bir yaşamı olmadığından, yaşıyormuş gibi hissedebilmek için, sürekli her ne olursa olsun uyarıcı düşünce ve duygular yaratmak zorundadır. Hades'te tekrar tekrar aşağı yuvarlanması için sonsuza kadar dev bir kayayı bir tepeye itmeye mahkûm edilen Korint Kralı Sisifos gibi, Sahte Ben de yaşamını tekrar tekrar yeniden yaratmak zorundadır. Bir adım sonrasında yapacağı bir şey olmamasından umutsuzca korkar, hatta yalnızca acı çekmek bile artık yapacak bir şeyi olmamasından iyidir. Bu sahte benlikten gerçekte hiçbir şey olamayacağından, var olduğunu *hissetmek* için, içerde ya da dışarda, hiç durmaksızın bir şeyler yapmak zorundadır.

Sahte Ben'in bitmek bilmeyen ikilemi, tüm bu kendi ürettiği duyguların "anlık" olmasıdır. Bunun anlamı bu kendini uyarmak için yarattığı duyguların, ister haz, ister acı olsun, er ya da geç bir sonu olduğudur. Tüm fiziksel şeyler geçip gitmek zorundadır, bu evrensel bir kanundur. Tüm duygular gücünü kaybeder, çünkü bunlar yalnızca bir çeşit yankıdırlar; tek başlarına, kendilerine yol açan nedenden bağımsız. Her nerede geçici olarak bulunurlarsa bulunsunlar, yankılar, bir çeşit hayalettirler. Görüntüleri vardır ancak gerçek bir maddeleri yoktur. Yankı bir gölgedir; sadece sanki oradaymış gibi görünür. Hoşnutsuzluk bir çeşit ruhsal yankıdır. Aslında ne olursa olsun, mutsuzluk yalnızca içimizde "duyulan" içsel bir yankıdır. Şu an için bunu anlamak zor olsa da, acı yalnızca gerçekmiş gibi görünür. Gerçek bir yaşamı yoktur. Bu nasıl olabilir?

İçsel sıkıntımız, gerginliğimiz ve acımız bize gerçek gibi görünür, orası kesin; ama bir kâbusun ortasında hissettiğimiz tüm korkular da öyle görünür. Fakat bir kez uyanırsak, korku nerede kalır? Artık mevcut değildir çünkü yalnızca bu kötü rüyaya katıldığımız sürece gerçektir. Buradaki önemli düşünceyi görmeyi deneyin. Sıkıntılı bir olay, ister yirmi dört saatlik, ister yirmi dört yıllık olsun, içimizde bir çeşit anı olarak, yankılanır. Onun duygusal yankısı hatırlandığı zaman, bizi rahatsız ve hoşnutsuz hissettirir. Böylelikle, kendimize bu acıdan bir kurtulsak duyacağımızı söylediğimiz hoşnutluğu yeniden kazanmak için, bu rahatsızlığı izole etmeye, belirlemeye ve çözmeye çalışırız.

Tüm bunlar akla yakın geliyor, değil mi? Yanlış! Buradaki bit yeniği ve her zaman yanlış dönüş yaptığımız yer şu: Hoşnutsuzluğu hoşnutluğa çevirmeye çalışan kişi olan "siz" gerçekte hiç de siz değilsiniz! Şimdi bu şaşırtıcı yeni düşünceyi, derin ve karanlık bir mağara sisteminde kaybolmuş bir adamı hayal ederek anlamaya çalışalım. Endişe içinde "Hey!" diye bağırır ve ardından bir yanıt duymak için kıvranır. Sadece bir an sonrası uzaktan "Hey! Hey!" dendiğini duyar. İçini bir heyecan kaplar ve seslenen kişiye doğru koşar. Bunun sadece bir yankı olduğunu anlamaz. Kendi sesinin –onu giderek mağaralarda daha da derine çeken ve kendisini tekrar gün ışığına çıkartabilecek gerçek yardımdan daha da uzaklaştıran sesinin– yankısını takip ettiğini bilmez.

Böyle bir örnekte, bizim için mağarada kaybolan adamın kendi sesini dinlediğini bilmediğini görmek kolaydır. Eğer öyle olmadığını bilseydi, kendi yankılanan sesine güvenip onu takip etmezdi. Onun hatası, duyduğu sesin sahibinin kendisi gibi kaybolmamış birisi olduğunu varsaymaktı. Sıra hoşnutsuzluğa ya da başka bir mutsuzluğuna geldiğinde, buna benzer şekilde, bizi gerçek kurtuluştan giderek daha da uzaklaştıran, acı verici hataları yapıyoruz. Mağaradaki adama benzer şekilde, aynı derecede yanlış bir varsayıma göre yaşıyor ve ona göre davranıyoruz. Bu kadar seve seve yaşamımızdaki hoşnutsuzlukları işaret eden o içimizdeki seslerin, bunu kendi güvenli hoşnutluk limanlarından yaptıklarına ve o limanlara yalnızca onların yönlerini izleyerek erişebileceğimize inanıyoruz. İnatçı ve çoğunlukla sesi yüksek perdeden çıkan bu düşünce ve duygular, bize sağlıklı ve mutlu bir gelecek ve güvenli bir liman –ancak, aynı düşünce ve duygular en başta fırtınayı şiddetlendirmeseler, aslında gerekmeyecek bir liman– resmeder. Bunu görün. Sahte benlik, yaşamınızda bir şeyin eksik olduğunu göstermek için, hiç durmaksızın dikkatinizi çekmeye uğraşıyor. Her gece uyuyor musun diye sormak için sizi uyandıran bir dosta kimin gereksinimi var?

Siz, olduğunuzu düşündüğünüz kişi değilsiniz. Şu anki düşünme seviyeniz sizin hoşnutsuzluğunuzdur, çünkü şu an için, sizin adınıza düşünme işini üstlenen Bay Hoşnutsuz'un ta kendisi, Sahte Ben'dir. Bunu çok açık olarak anlamanızı istiyorum. Siz hoşnutsuz değilsiniz. Hiçbir zaman mutsuz değildiniz, ne şimdi ne de daha önce. Acınızın kökenindeki kendinden menkul durum, sizde olan ya da sizde olmayan bir şey değil. Hoşnutsuzluk ve mutsuzluk duygularınız, tüm bu içi boş yankılar, bilmeden kendinizi özdeşleştirdiğiniz Sahte Ben'in kendi öz doğasıdır.

Gerçekte istediğiniz şeyin yalnızca farklı hissetmek olmadığını unutmamaya çalışın. Hayır, farklı olmak istiyorsunuz. Duyguların istisnasız olarak yanıldığı yerde, olmak hep kazanır.

Gerçekten olduğunuz kişi, yaşamının kendi gerçek nedeninden ayrılmaz. Bu mutlak Kaynak'ı tanımlamak için başka kelimeler de kullanabiliriz, ama yine de adını ne koyduğumuzun hiçbir önemi yok. Önemli olan, içinizde bir şey size yapayalnız olduğunuzu söylemeye başladığında, duyduğunuzun kendi doğanız değil, kaynaktan ayrılığın kendisi olduğunu unutmamanız. İşte bu yüzden hoşnutsuzluğunuz konusunda hiçbir şey yapmamanız gerekiyor – çünkü bu *sizin hoşnutsuzluğunuz değil.*

Yapacak bir şeyinizin olmamasından korkmayın. Eğer içsel yankılanmanın kaybolup gitmesine izin verirseniz, kaybolacaktır – ve onunla birlikte Sahte Ben de. Olmayı yapmaya tercih edin ve bir gün artık gerçek olduğunuzu kanıtlamak için bir şey yapmanız gerekmeyeceğinden, yaptığınızdan ya da yapmadığınızdan ötürü acı çekmezsiniz. Gerçeksiniz ve bunu biliyor olacaksınız.

Tüm Kederlerden Daha Güçlü Bir Gizli Güç

Bir zamanlar yaşadığım yerde –batıda, "high desert" denilen çöl manzaralı bir yer– evimin bulunduğu bölge zengin bir vahşi yaşam alanıydı. Ülkenin bu bölgesinde geyikler, tavşanlar, sincaplar, tilkiler ve her şekil, renk ve boyutta sayısız kuşlar vardır. Kuşlar özellikle şanslılardır, çünkü Kaliforniya'nın ılımlı ikliminde böcekler ve tohumlar azalacak gibi değildir. Bu kanatlı yaratıklar için yaşam muhteşemdir ve sonu gelmez şarkıları da bunu gösterir.

Sonra bir de kedi vardı. Kimsenin kedisi değildi. Evimin çevresindeki arazi ben taşınmadan çok önce onun alanıydı. Özgür geçirdiği yıllar avlanma becerilerini keskinleştirmişti. Yine de başarısı tümüyle yüksek hızına ya da gücüne bağlı değildi.

Bu kedi –ve bu konuda genel olarak kediler– bölgede hüküm sürüyordu, çünkü avının içgüdüsüne üstün gelen bir çeşit yırtıcı kurnazlığına sahipti. Bu "vahşi yaşam" öyküsünün nedeni kedinin avlanma yollarından birinin bize, kendimiz ve can yakıcı hatalarımızı tekrar tekrar yapma nedenimiz hakkında önemli bir ders vermesi. Gözlemim şu: Bir kedi kuşların unuttuğunu anlar. Derse gelince…

Evimin dışında avlanan bu vahşi tekir, kuşların yiyecek bulmak için tam olarak nerede toplandığını biliyordu. Her gün sürünerek bu küçük alana gelir ve kuşları ürkütse bile, sadece biraz hareketsiz kalır ve ardından sürünerek ilerlemeye devam ederdi. Ardından sadece onun tarafından bilinen, her anlamda neredeyse görünmez hale geldiği o belli noktada, tamamen hareketsiz kalırdı. Birkaç dakika sonra kuşlar geri döner, kedinin orada olmasına karşın neşe içinde işlerine devam ederlerdi. Kedi tek bir kasını bile oynatmaz, ancak yaşam koşullarından bozulmuş kürkünün altında öyle bir kurulurdu ki, en sonunda kuşların uçuş hızından daha büyük bir hızla atlardı.

Doğada işler böyle yürür. Bir kuş yalnızca gördüğüne tepki gösterebilir ve genellikle yalnızca hareket eden bir şey varsa görür. Görmediğini ise az ya da çok *unutur*. Hayvan krallığında, bu ölümcül bir hata olabilir. Oturma odamızın güvenliliğinde dışarıya, bu uzlaşmaz avcı-av dünyasına bakıldığında, sadece hareket etmemesinin yırtıcının orada olmadığı anlamına gelmediği bizim için açıktır. Peki ya kendimizi bir korkunun ya da krizin pençesine yakalanmış ve boğuşurken bulduğumuz kendi içdünyamız? Zaten öğrenmiştik ki her ne çeşit olursa olsun, bir olumsuzluk bizi sımsıkı yakalıyorsa, kendimiz dışında hiç kimse suçlanamaz, suçlanmamalıdır. Bu, kendimize şu soruyu sormamız gerektiği anlamına gelir: Ruhsal sistemimize sinsi sinsi yaklaşmakta oldukları açık olan bu görünmez içsel yırtıcıları nasıl ortaya çıkartacağız? Hepimiz kendinden şüphe ve endişenin azgın bir şekilde üstümüze çullanmasının nasıl bir şey olduğunu biliriz, diğer karanlık duygu ve düşüncelerin ev sahibi de cabası. İzin verin, şu sorular ve yanıtları, kendimizi daha iyi anlama ve mutlak güvenlilik arayışımızda bizi karşılayarak yolumuza biraz ışık tutsunlar.

S: Bu yeni düşüncelerin yardımıyla, her zaman şüphelendiğim şeylerin doğru olduğunu görmeye başlıyorum. Zamanımı tüm bu dünyevi kaçış planlarıyla boşuna harcamışım. Bana gereken beni kendimden uzaklaştıracak bir kaçış yolu. Önerisi olan?

Y: Bu sizi şaşırtabilir ama kendinizden kaçmak için öncelikle endişelerinizi, şüphelerinizi ve korkularınızı unutmaya çalışmayı bırakmalısınız.

S: Ama acılarımızı arkamızda bırakmaya çalışmamız gerektiğini söylediğinizi sanıyorum?

Y: Benim söylediğim onları anlamayı öğrenmeniz gerektiği. Anlamaya başlamanız kendinize kurduğunuz tuzaklardan sizi kurtarabilecek tek güçtür, çünkü en başta bu tuzakları inşa eden, destekleyen ve yükselten anlayamamanızdır.

S: Bu her zaman düşündüğümden o kadar farklı ki. Aynı özdeyişin dediği gibi: "Görmezsen düşünmezsin."

Y: Fiziksel bir boyutta, bu düşünce doğru olabilir, ancak düşünsel anlamda konuşulduğunda, içdünyalarda, hiçbir şey gerçekten bu kadar uzak olamaz. Büyük sufi Meister Eckhart bunu anlamıştı. Öğrencilerini "Yerin altındaki bir taş da yüzeyde olan kadar ağırdır" diyerek sahte davranış ve kendini kandırmanın tehlikelerine karşı sevecenlikle uyarmıştı.

S: Söylediğiniz şeyin doğru olduğunu biliyorum ama size doğruyu söylemem gerekirse, ben güçsüzlüğümü unutmak istiyorum. Bunun nesi yanlış?

Y: Bir korkuyu unutmaya çalışmak, şişirilmiş bir topu suyun altında tutmaya çalışmaya benzer, tüm gücünüzü ve dikkatinizi alır ve zamanı geldiğinde yüzeye çıkmak zorundadır.

Hiçbir şey unutmaya uğraşmamızı gerektirecek kadar bir sorunun farkında olmaya devam etmemize neden olmaz. Size saklanacağınız yeri söyleyen güçsüzlüğünüz yerine, gerçeğin güçlü yanlarınız hakkında ne söylediğini dinleyin. İnsanın gerçekten kendini kurtarması için dünyadaki en büyük güç sizin öz-farkındalık durumunuzdur. Mekanik ve bilinçdışı kendine ket vuran davranışların bu yüksek öz-farkındalık durumuyla başa çıkmalarına olanak yoktur, çünkü öz-farkındalığın gücü içinizdeki ışıktan gelir. Işık *her zaman* karanlığı ortadan kaldırır.

Yalnızca sizde yanlış olan şey, sizde yanlış olan şeyi unutmanızı ister. Sizde doğru olan şey, sizde yanlış olan tek şeyin neyin yanlış olduğunu bilmemeniz olduğunu –ve bu yüzden de canınızın yanmaya devam ettiğini– bilir.

Ne zaman bir mutsuzluğu gömsek, onun nedenini de görüş alanı dışına çıkartırız. Eğer ki sınıfta kalmaya devam edersek, her bir kriz bize, içinde bir ders olduğunu öğretmeye çalışır. İşte size, içinizdeki her şeyi unutmanızı ve kaçmanızı isterken, kendinize hatırlatmaya cesaret ederseniz, sizi bekleyen özgürlüğün bir anlık görüntüsü.

Bilinçli olarak mutsuzluğunuz her ne ise, farkında olmaya devam ettiğinizde, bir gün büyük bir şaşkınlıkla fark edeceksiniz ki, içinizde bu yaşamın acıları ve sızıları artık yok. Bu doğru. Tüm mutsuzluğumuz, kim olduğumuz ve yaşamın bize nasıl davrandığına dair düşüncelerimizin içinde gizli. Herhangi bir acı veren duygusal çarpışmanın vereceği ders, her ne kadar biz öyle olduğuna inanmak istesek de, çarpışmanın kendisi değildir. Hepimiz kolayına kaçarız, tüm yapmamız gereken, psikolojik anlamda konuşursak, diğer sürücüyü suçlamak, yeni bir araba almak ve farklı bir yolda kullanmaktır. Böyle bir düşünme şekli, yaşamla çarpışmaya devam etmemize neden olur. Her bir çarpışmanın bize öğretmeye çalıştığı şey, yaşamımızda yanlış olan tek şeyin, bilmediği açıkça ortadayken, eve giden yolu bildiğini söyleyen şu anki sürücümüz olduğudur.

Kendinize Verdiğiniz Yaşamı Nasıl Değiştirirsiniz?

Yaşamla, tüm karmaşık ilişkileriyle bildiklerimiz yoluyla yüzleşiriz. Günlük yaşamdaki her bir olay, onlarca umulmadık ayrıntısıyla, en iyi yanıtlarımızı bulmamız için bize meydan okur. Bir kez en uygun yanıtımızı bulduk mu onu ortaya sürerek eyleme geçer ve ardından ne olacağına bakarız. Her bir yeni durumda, bu meydan okuyuş ve yanıt süreci, durum –iyi ya da kötü– bizim için çözümlenene kadar, tekrar ve tekrar yaşanır.

Burada vurgulamaya çalıştığım nokta şu: Ne zaman olursa olsun neyi biliyorsak ancak onu yaparız. Bu son derece açıkmış gibi görünebilir, ancak, özellikle bu yaşamdan elde ettiğimizi üst seviyeye taşımak istediğimiz gerçeğinin ışığı altında kendimize daha yakından baktığımızda, çok şaşırtıcı bir şeyi keşfedeceğiz. Bir sonraki üç cümleyi dikkatle okuyun. Kolay okunması için bu önemli düşünceler üçlemesini ayırdım, ancak, birbiriyle yakından bağlantılıdırlar. Her bir yüksek düşünce bir sonrakine bağlıdır ve hepsi birbirine karıştığında, size büyük bir sır söyleyeceklerdir.

Bu yaşamdan farklı bir şey elde edebilmek için, önce sizin farklı bir şey yapmanız gerekir.

Yaşamınızla farklı bir şey yapabilmeniz için, öncelikle sizin farklı bir şey bilmeniz gerekir.

Farklı bir şey bilebilmeniz için, önce şüphelenmeniz, ardından artık değiştirme arzusunda olduğunuz şeyi size getirenin şu anki anlama seviyeniz olduğunu kabul etmeniz gerekir.

Şimdi bu doğru düşüncelerin sıralamasını tersine çevirelim ki diğer yönden nasıl işe yaradıklarını görebilelim.

Farklı bir şey bilene kadar, farklı hiçbir şey yapamazsınız.

Farklı bir şey yapana kadar, elinize farklı bir şey geçmez.

Ve yaşamdan gerçekten farklı bir şey alana kadar neyi atladığınızı ve anlaşılması gereken daha ne kadar çok şey olduğunu bilemezseniz.

Mesele şu: Önce yaşam hakkında bildiklerinizi değiştirmeden, yaşamdan aldığınızı değiştirmeye çalışmak, kuru giysileri yaş giysilerin üstüne giyip ardından niye hâlâ titrediğinizi anlamamaya benziyor. Size verileni değiştirmeye çalışmayı artık bırakıp, kendinize kendi verdiğiniz şeyi değiştirmek üzerinde çalışmaya başlamalısınız.

Şunu anlamanız yaşamsal önemde: Yaşamın, zenginliklerini sizden sakladığı falan yok. Bilinmesi gereken şey –öğreneceğiniz gibi– sizi gerçek bir yaşamdan alıkoyanın, yaşamın acı çekmek anlamına geldiğine ve acımasız bir dünyadan kendini izole etmenin, kendi adına kazanılabilecek ve sahip olunabilecek tek şey olduğuna inanan sahte benliktir. Dünyamızın giderek daha da acımaz hale geldiğini yadsımamakla birlikte, şunu da yadsımamak gerekir ki dünya biziz. *Ne yaşadığımızla kim olduğumuz* arasındaki bağlantıyı yadsımaktan vazgeçmediğimiz sürece, ne kendi bireysel dünyamız ne de küresel olan değişebilir. İşte bu yüzden yeni bir bilgiye gereksiniminiz var. Manevi bilgi ne gizemli bir şeydir ne de bu dünyanın dışından gelir. Aslında manevi anlayış, bir insanın sahip olabileceği en önemli ve kullanılabilir bilgidir. Sonuçta kendi hakkımızda, gerçekte kim olduğumuz hakkında, ne bildiğimizdir ve yaşam kalitemizi belirler.

Gerçek şu ki, yanıtlarımızı eylemlerimizden ve eylemlerimizi sonuçlarından ayıramayız. Her biri kendi içinde bireyselmiş gibi görünebilir çünkü çoğunlukla farklı zamanlarda olurlar, ama aslında tek bir şeydirler. Düşünen varlıklar olarak bu önemli kavramı zaten biliyoruz, derin anlamı ise henüz açıklığa kavuşmadı. Buna daha evvel değinmiştik. Eski deyişi bir kez daha hatırlayalım: "Ne ekersen onu biçersin." Burada yine, bu öğretide yeni bir anlam görebiliriz. Ektiğiniz tohumdur ve bu mecazi anlamda sizin bilginizdir. Biçtiğiniz ekindir ya da sizin sonuçlarınızdır. Bu manevi bilgi bize bildiğimize inandığımız şeyi yeniden düşünmemizin ne kadar önemli olduğunu gösterir. Yaşam, bize ulaşmaya ve yeni ve gerçek yanıtlara gereksinimimiz olduğunu deneyimlerimiz yoluyla öğretmeye çalışır. Bu yüksek yanıtlar, kolaylıkla kötülüğü bizden uzak tutarken, sağlıklı ve hayat veren ne varsa içerde tutan, özel bir tür kişisel kalkan işlevi görürler. Bu onların doğasıdır.

Beş Heyecan Verici Yeni Yanıt, Eylem ve Sonuçlar

Aynı eğer güneş ışığı varsa, ardından sıcaklığın da gelmek zorunda olması gibi, eğer içimizdeki ışığın parlamasına izin verirsek, ardından daha yüksek seviyeli, daha mutlu bir yaşam gelecektir. Burada yeni ve yüksek seviyeli yanıtlarınızın, nasıl her gününüzü daha iyi ve daha aydınlık yapabileceğinin beş örneği var. Beş bölümden her birinin, tam bir eylemi temsil ettiğini unutmayın.

1. Eskiden vereceğiniz yanıt: Şüphede kaldığınızda bazı bildik olumsuz hallerden destek ummak.

Yeni yanıtınız: Gerçek güç, zayıflıktan kaynaklanan eylemlerde bulunmayı reddetmektir.

Yeni eyleminiz: Nerede bir içsel güçsüzlüğü, içsel güçlülük olarak adlandırmış olduğunuzu görmek; endişe içinde olmayı kaygı, öfkeyi doğruluk olarak adlandırmak gibi. Bu sahte güçler olmaksızın yaşamaya cesaret etmek.

Elde ettiğiniz yeni sonuç: Niye gücünüzün sizi bu kadar sık yarı yolda bıraktığı hakkındaki kafa karışıklığınızın ve acınızın sona ermesi. Aynı zamanda, asla zayıf karşıtına dönüşmeyecek, yeni ve gerçek bir gücün doğduğunu fark edeceksiniz.

2. Eskiden vereceğiniz yanıt: Başarıyla üstesinden gelmeniz için çok fazla gibi görünen güç koşullardan kaçınmak.

Yeni yanıtınız: Korktuğunuzu bildiğiniz halde, devam edecek cesareti olmak.

Yeni eyleminiz: Titrek de olsa birbiri ardından adımlarınızı atmak.

Elde ettiğiniz yeni sonuç: Korku dolu bir yaşamdan kurtulmak, çünkü içgörüye korkmaktan daha fazla değer verilen bir yerde artık korku barınamaz.

3. Eskiden vereceğiniz yanıt: Acı çekmenize yol açan herkese, kendi ilaçlarının tadına baktırmak.

Yeni yanıtınız: Affedici olmak kişisel anlayışınızdır. Bunun tek istisnası size saldıranla sizin aranızda gerçek bir fark olmamasıdır.

Yeni eyleminiz: İçinizde aksini haykıran çığlıklara karşın, kendinize nasıl davranılmasını istiyorsanız, tacizcinize de öyle davranın.

Elde ettiğiniz yeni sonuç: Başkalarını zayıflıkları nedeniyle cezalandırmaktan vazgeçtiğinizde, kendi zayıflıklarınız nedeniyle kendinizi cezalandırmaktan da vazgeçeceksiniz.

4. Eskiden vereceğiniz yanıt: Kim olursa olsun sorunlarınızı üstüne yıkmanıza izin verecek birisini aramak.

Yeni yanıtınız: Sevgi, bunu yapmak sizinkini artırıyor olsa bile, başkalarının acısına acı katmayı bilinçli olarak reddetmektir.

Yeni eyleminiz: Taşıyabileceğinizi düşündüğünüz zihinsel ve duygusal yükün yüz katını omuzlamaya cesaret etmek.

Elde ettiniz yeni sonuç: Acının tam içine bakıldığında, acı çeken birisi görülmez.

5. Eskiden vereceğiniz yanıt: Rüyanız karabasana döndüğünde, rahatlama düşüncesiyle, hangi karanlık ruh hali koşup gelirse onun kollarına düşmek.

Yeni yanıtınız: Gerçek umut, daha yüksek bir çözümün her zaman olduğu gerçeğidir.

Yeni eyleminiz: Ne zaman canınız yansa ya da kendinizi yenilgiye uğramış hissetseniz, bunun yalnızca artık işe yaramayan şeylere sarılmakta ısrar etmenizden kaynakladığını görmek. Geride bırakmaya cesaret edin, yorucu bir düşünceden başka bir şey kaybetmeyeceksiniz.

Elde edeceğiniz yeni sonuç: İç ya da dış meydan okumalardan korkmayan yeni bir yaşam; çünkü yalnızca öğrenme isteğiniz yoksa yenilgi söz konusudur.

Şimdi bu beş yeni ve gerçek yanıtı gözden geçirdiğinize göre, kendi bazı yanıtlarınızı da yazmak isteyebilirsiniz. Bu içsel gelişiminizi hızlandırmak için de son derece yararlı olur. Eğer başlangıçta yeni hiçbir fikir bulamazsanız cesaretiniz kırılmasın. Çaba göstermeniz büyük bir kazançtır, çünkü yeni bir yanıt bulmaya yönelik en küçük girişiminiz bile yeni bir yanıttır! Doğru ilkeler için ne kadar çaba gösterirseniz, onlar da o kadar sizin için çalışırlar.

Böyle güçlü yüksek düşüncelerle çalıştığınızda, şu an için bilmediğiniz kendi bazı parçalarınızın, sizi yanlış yönlendirmeyi deneyebileceklerini hiç unutmayın. Biliyorlar ki sizi onların kötü etkilerinden uzaklaştıracak ve gerçek güvenlilik duygusu verebilecek olan, gerçek bir düşünsel içgörü geliştirmektesiniz. Kötücül içsesler ne söylerse söylesin, her kim gerçeği her şeyin önüne koyarsa, aslında hiçbir zaman gerçek olmayan bir şey dışında, bir kaybı olmayacaktır.

Kalıcı Hazzın Sırrı

İncilerin yanında çakıl taşları nasıl görünüyorsa, tüm diğer hazları öyle gösteren daha büyük bir haz vardır, ancak bu zengin hazine üzerinde kendiniz için hak iddia etmeden önce, başkalarının, orada kenarından hiçliğe düşmekten başka hiçbir şey olmadığını iddia ettiği yere yelken açmaya cesaret etmeniz gerekir. Tüm önemli keşif yolculuğu girişimlerinde olduğu gibi, düzgün bir şekilde hazırlanmamız gerekir, dolayısıyla, bu içsel yolculuğumuz için gerekli ön hazırlıkları belirlemek adına biraz zamana gereksinimimiz vardır. Bu yeni bilgi, arayışınızda başarılı olma isteğinizle bir araya geldiğinde, sizi ileriye, eski sınırlı yaşamınızın dışına ve daha yüksek bir haz barındıran bu yepyeni dünyaya taşıyacaktır. Fiziksel olarak, bu yeni düşüncelerin önemini size aktarmak olası değil. Bununla birlikte, yüksek fikirleri hayata geçirmekte hiçbir şey, onları anlamaya olan samimi isteğiniz kadar güçlü değildir. Eğer bunu yani kendi üstünüze düşeni yaparsanız, kalanı sizin adınıza gerçek yapacaktır. Bir kitap, tomurcuklarla dolup taşan kırlara giden yolu gösteren haritalarla dolu olabilir, ama eğer tüm o renkli çiçeklerin içinde durmak istiyorsanız, işin yürüme kısmını yerine getirmelisiniz.

Bir an için, çok üşüdüğünüzü düşünelim. Birisine ne kadar üşüdüğünüzü söylüyorsunuz ve size cayır cayır yanan bir şöminenin resminin bulunduğu bir posta kartı vererek sizi şaşkınlık içinde bırakıyor. Hiç şüphesiz ki afallamış durumdasınız, ama yine de kesinlikle daha az üşüyor değilsiniz. Niye? Çünkü alevlerin resminin –ateşin *görüntüsünün*– kendisi sıcak değil. Yine, bir bardak su düşüncesi, suyun kendisi değildir ve böyle bir düşünce susuzluğunuzu gidermez, aynı bir fırtınada "cankurtaran salı" kelimesine tutunursanız su üstünde kalmanızı sağlayamayacağı gibi.

Tüm bunlar sizin için çok açık olabilir ve nereye varacağımı merak ediyor olabilirsiniz. Varacağımız nokta şu: Daha önce basit nesneler aracılığıyla yaptığımız örneklemelerden anladığımız, bir nesnenin *düşüncesinin, nesnenin* kendisi olmadığıdır. Ama bu önemli gerçeği kavramış olmak, sıra kendi hakkımızdaki düşünce ve duyularımıza gelince birdenbire işe yaramaz hale geliyor. İçimizdeki bu hareketler kendilerini ne olarak adlandırıyorlarsa, gerçekten o olduklarına inanıyoruz.

Örneğin biri kendini üzgün hissetmezken, "üzgünüm" diye düşünür. Tabii ki gerçek bir hüzün duygusu olabilir, ancak gerçekte orada üzgün hiç kimse yoktur.

Daha önce üzerinde anlaştığımız gibi, düşüncesi nesnenin kendisi değildir, dolayısıyla, aynı yüksek ilke, sıra sizin duygularınıza geldiğinde de geçerlidir. Bu bir sonraki cümle, size neden bahsettiğimizi anlamanızda yardımcı olacaktır. Birkaç kez okuyun, böylelikle anlamı yerine oturacaktır. Hüzün ya da mutluluk sizin *hissettiğimiz bir şeydir, olduğunuz bir şey değildir.*

Bir duygu yalnızca o kadardır – bir duygu. Bizim için, onu oluşturan anlık ilişki dışında bağımsız bir varlığı yoktur. Bir duygu haz verdiği zaman sürüp gitsin istersiniz, çünkü hatalı olarak, verdiği haz duygusuyla kendinizi özdeşleştirirsiniz. Kendinizin o duygu olduğunuzu düşünürsünüz. Bu yanlış konumlanmış ben duygusu bir sorun olmayabilirdi, ne çare ki tüm duygular azalır ve kaybolur, sizin haz duygularınız da azalır, sonuç olarak da haz duyan o "siz" kaybolup gider. Artık tüm yapabildiğiniz hoşnutsuz hissetmektir ve böylelikle haz arama döngüsüne yeniden başlarsınız.

"Bu niye bazen kendimi iyi hissetmek için yaptığım kendi tasarılarım tarafından kendimi tuzağa düşürülmüş hissettiğimi açıklıyor. Sanki yolculuk gerçekte hiç sona ermediğinden, asla inmenize izin vermeyecek olan bir lunapark treninde olmak gibi. Bu zevk ve acı döngüsünden nasıl kendimi kurtarabilirim?"

"Bir sonraki yüksek düşünce üzerine derin derin düşünün. Bu çevresinde dolaşmak yerine yukarı doğru gitmeye başlamanız için size yardımcı olacaktır. Aradığınız şeyin haz olduğunu düşünüyorsunuz ama aslında aradığınız şey kalıcılık."

"Ne kadar etkileyici bir düşünce, ama kalıcılık da sadece bir duygudur, değil mi?"

"Hayır, kalıcılıktan gelen bir haz vardır ama bir duygu değil bir varoluş seviyesidir. Bu yüksek farkındalık seviyesi hoş ya da değil, değişkenlik gösteren her çeşit farklı duyguyu barındırabilir ancak duygusal gelgitlerden kolaylıkla etkilenmez, seviyesi azalmaz. Sizin hazzınız, sizin kim olduğunuzdur – ne hissettiğiniz değil."

"Bu üstün duruma erişebilmek için ne yapmalıyım?"

"Hazlarınızın farkında kalma isteğiniz, onların duyguları içinde kaybolma isteğinizden daha güçlü ise, kendi yolunuzda mutlu olursunuz."

"Bana bu tür özel bir farkındalığın niye bu kadar önemli olduğunu açıklayabilir misiniz?"

"Tabii ki. Yalnızca hazlarınızın farkında olmak, onlar olmazsa siz de kaybolacakmışsınız gibi hissetmeden keyiflerini sürmenizi sağlar."

"Bu çok anlamlı görünüyor. Bu nasıl oluyor?"

"Size bir yanıt vermeden önce, bunun kendinizde nasıl olduğunu bulmanın önemini anlamalısınız. Bu böyle gerçek bir kalıcılık durumuna ulaşmanın mümkün olabileceğinden emin olmanızın tek yolu. Bu yeni farkındalık, çevresinde kabaran tüm fırtınaların içinde ama aynı zamanda dışında dimdik duran güçlü bir deniz feneri gibi. Parlak ışınları kendiliğinden ve istikrarlı bir şekilde devam eder, her çeşit fırtınalı havada ışık saçar. Hiçbir şey özünü bozmaz ya da değiştirmez, çünkü ışığın doğası, denizde karşılaşılabilecek tüm diğer güçlerden tamamen farklıdır. Benzer şekilde sizin gerçek doğanız da ayartılamaz. İster duygusal denizlerinizde öfkeli fırtınalar kopsun, ister ufuk tablo gibi görünsün, siz yine de hoşnut kalırsınız çünkü artık gerçek hazzınız, kim olduğunuzun farkında olmanızdadır ve bu değişmez."

"İzin verin geriye dönüp *Kendini Gözlem Yoluyla Daha Yüksek Farkındalık* başlıklı bölüme bir göz atmanızı önereyim. Bunu yapmak, sizi kalıcı olarak daha yüksek bir haz durumuna taşıyacak bu yeni farkındalığı daha iyi kavramanızı sağlayacaktır. Bu beş noktanın üzerinde düşünün; yeni bir tür kalıcı haz durumuna ulaşmanızda size yardımcı olabilirler:

1. Eğer hazlarınız bir duygu olarak başlarsa, öyle de sonlanırlar... Yalnız, bir hazzın kaybedilmekte olduğu duygusu her zaman hoş olmayabilir.

2. Sahte Ben, kendi hakkındaki en son düşüncesi kadar memnundur, Gerçek Ben'iniz ise kendi içinde memnundur.

3. Bir acıyı azaltmak için haz aramak, sizi serinletmesi için bir meltemin peşinde koşmak gibidir.

4. Yalnızca duygularınızda hazzı bulmaya çalışmak, yıldızlara, gökkuşağına tırmanmak için merdiven aramaya benzer.

5. Dünyanın sunabileceklerini kazanmak size geçici hazlar sunar, ancak içinizdeki dünyanın üstesinden gelmekle, sonsuza kadar kalıcı bir hazine kazanırsınız.

5. Bölüm

Kendini Gücün Akışına Bırakmak

Süper otoyollar, süpermarketler ve dev gıda üreticileri çağından önce, 1900'lerin başında, her şey çok farklıydı ve birçok anlamda daha iyiydi. Küçük çiftçi aileleri mevsimin hasadını kamyonlarla ya da at arabalarıyla bölgelerinde kurulan küçük merkezi pazarlara götürürlerdi. Diğerlerinden daha uzakta yaşayan bazı çiftçilerin, sadece ekinlerini satmak için çok uzun mesafeler gitmeleri gerekirdi. Merkezden uzaktaki çiftliklerde yaşayıp çalışan bu yürekli insanlar için, aileleri dışında birilerini gördükleri neredeyse tek zaman buydu. Herkes bu büyük açık pazarlara gitmeyi sabırsızlıkla beklerdi. Değiş tokuş edilecek el emeği ürünler, mağazalardan satın alınması gereken mallar, bakılacak yepyeni kataloglar ve en az bin kişiye selam vermenin sıcaklığı olurdu. Bunların hepsi, ayrıca biten bir başka mevsimin bıraktığı, zor kazanılmış parasal ödül, katılan herkes için, ürünlerini pazara çıkarma zamanının heyecan verici, mutlu bir zaman olmasını sağlardı.

İşte bu nedenle, tüm bu festival havasını içine çeken yaşlı çiftçi, niye birinin orada durmuş bezmiş ve sıkıntılı bakışlarla çevresine baktığını anlayamadı. Ama kesin olan şuydu ki, üstü tenteyle kaplı geniş alanın bir kenarına dayanmış duran genç çiftçi çok mutsuz görünüyordu.

"Bu gencin nasıl bir sorunu olabilir?" diye düşündü yaşlı adam kendi kendine. Hava son zamanlarda oldukça iyi gitmişti ve pazardaki tüm çiftçiler –bu genç adam dahil– rekor seviyede mahsul getirmişti. Bunu bir an için düşündü ve biraz komşuluk yapmaya karar verdi. Genç adama doğru gitti, "Size yardımcı olabileceğim bir şey var mı?" diye sordu, bildiği en kibar tavırla.

Bir yanıt gelmeyince, başka bir yaklaşım denedi. "Umarım bunu sormam sizi rahatsız etmez. Ama sanki bir yardım eline gereksiniminiz varmış gibi görünüyorsunuz."

Genç çiftçi başını kaldırmadan büyüğüne baktı. "Teşekkürler, ama yardım edebileceğiniz bir şey yok."

"Nereden biliyorsunuz?" diye sordu yaşlı adam.

Uzun bir an geçtikten sonra genç çiftçi konuştu. "Anlamıyorsunuz" dedi. "Sorun benim işe yaramaz traktörüm. Lanet olası şeyin yararından çok zararı var."

"Öyle mi? Peki sorunu ne?"

"Gerçekten bilmiyorum. Kullanmak bazı günlerde diğer günlere göre daha zor oluyor. Lanet olası şey bazen beni öyle bezdiriyor ki, ben de ailem de artık çiftçilik yapmak istemiyoruz."

Genç adamın konuşmasını dinlerken yaşlı adam bir türlü bir anlam veremiyordu. "Kullanması daha zor mu oluyor dediniz? Belki bir ara ben bakmalıyım. Bu yeni zamazingolarla fena değilimdir."

"Elbette." Bir an için genç adamın gözleri parladı. "Ama yapılabilecek pek fazla bir şey olduğunu sanmıyorum. Yine de gelmenizden memnun oluruz ve zahmetinize karşılık size güzel bir yemek hazırlarız."

Böylece yolu tarif ettikten sonra ayrıldılar.

Yalnızca birkaç hafta sonra, yarım günlük bir yolculuğun ardından, yaşlı adam genç çiftçinin arazisinde, içinde birçok aletin bulunduğu at arabasından iniyordu. Dümdüz önünde, uzak bir tarlada genç çiftçi ve karısı ile beraberlerindeki iki oğullarını görebiliyordu. Küçük bir traktörü kabarık ekin yataklarından itmek için uğraşıyorlardı. At arabasını duyabilecekleri bir mesafeye sürerek "Selam!" diye bağırdı. "Gördüğüm kadarıyla hâlâ düzgün çalışmıyor."

Genç çiftçi gülümseyerek ona baktı ve "Ne demek istiyorsunuz? Bugün oldukça iyi gidiyor!" dedi.

Yaşlı adam büyük bir şaşkınlık içinde, bir an için oturduğu yerde kalakaldı. Böyle bir şey olamazdı. Sorması gereken soruyu biliyordu ama sormaya çekiniyordu.

"Yani siz bana..." Yaşlı adam doğru ses tonunu bulabilmek için duraksadı. "Çalışsın diye traktörü hep ittiğinizi mi söylemek istiyorsunuz?"

Genç adam ona bu kadar aptalca bir sorudan biraz rahatsız olmuş gibi baktı. "Peki ona istediğinizi yaptırmak için başka ne yapabilirsiniz ki?"

Genç adamın daha önceki, köylü pazarındaki sonsuz bezgin ve pes etmiş görünümü hakkında her şeyi bir anda kavrayan yaşlı çiftçi, olabildiğince sakin davranmaya çalışarak, "Oğlum, traktör itmen değil, sürmen gereken bir şeydir" dedi.

Açıklamak biraz zaman aldı, şehre birkaç kere gitmeleri gerekti, epeyce motoryağına bulandılar, ama sonunda, yaşlı adam genç çiftçi ve ailesine veda ederken, küçük traktör çalışıyordu ve tam gaz gidiyordu. Tabii herkes mutluydu. Sonunda her şey olması gerektiği gibiydi. Yaşam güzeldi.

Bana öyle geliyor ki –ve eminim size de öyle gelmiştir– böyle bir öykü hiç yaşanmadı ve hiç yaşanmayacak. Bununla birlikte, bu yanlış anlaşılan traktör öyküsü, yaşamı itmekten gerçekten yorulmuş olan herkes için oldukça değerli bir ders içermektedir. Bakalım bu ders, bize günlük yaşam deneyimimiz hakkında ne öğretiyor: *Sıkıntı varsa bu bizim ayak dirememizdendir!* Gerçekten bu kadar basit.

Yaşamı bizim istediğimiz yönde itmek zorunda olduğumuza olan yanlış inancımız, yaşamla zorlu ve mutsuz bir ilişki içinde olmamıza neden oluyor. Yaşam üzerinde egemenlik kurma isteğimiz, yaşamla olan yanlış ilişkimizden kaynaklanmakta. Gerçeğin kendiliğinden bir seyri vardır ve ya onun yoluyla barışırız ya da sonsuza kadar kendi yaşamımızla boğuşuruz. *Akmak için güce gereksinimimiz yok.* Başka bir deyişle, sürmeyi öğrenebilecekken, itmek niye? Yeni bir çeşit güçle, dışarda, gökleri her zaman açık ve rüzgârı arkasına almış, tümüyle yeni bir çeşit yaşama ulaşabiliriz. Şaşırtıcı kitabı *Üst Aklınızın Gücü*'nde (Prentice Hall, 1967) Vernon Howard bu özel, kendiliğinden akan yaşam olasılığından bahsediyor:

İnsanlar, kendi paylarına düşen çabayı göstermeden, bir şeylerin onlar için yapılmasına çabalayarak yaşamlarını boşa harcıyorlar. Böyle bir yol var, ancak doğru türde kişisel çaba gösterildikten sonra geliyor. Aynı uçurtma uçurmak gibi. Eğer uçurtmayı, yukarıda, esen rüzgârlara göre doğru bir şekilde tutarsanız, doğal olarak kendiliğinden uçacaktır. Aslında, yaşamın kendisi bizim için destektir, bunun anlamı, yaşar gibi yapmayıp, Üst Akıl'ın gerçek yaşamını bulmak gerektiğidir.

Doğu'nun bilge kitabı *Tao Teh King* bunun üzerine bir yorum yapar. İnsan yola sadık kaldığında, hoşnutluğunun sonu gelmez der.

Uçurtma uçurmak isteyen ama rüzgârlar hakkında hiçbir şey bilmeyen küçük bir çocuk düşünün. Uçurtmayı yere yerleştirir ve tüm gücüyle üfleyerek uçurmayı dener. Uğradığı hayal kırıklığı daha büyük bir çocuktan rüzgâr hakkında bilgi almasıyla sonlanır. Daha sonra, yanlış değil doğru çaba gösterdiğinde, uçurtma zahmetsizce uçar.

Sizi Rahatsız Eden Her Şeyin Kesin Çaresi

Şık bir restoranın şık bir masasında oturan güzel giyimli bir çifti hayal edin. Her ikisini de çok kaygılandıran bir durum üzerinde konuşuyorlar. Konuşmalarının başlangıcında adam samimi ve rahat, kadın sıcak bir şekilde gülümsüyor. Gece ilerledikçe ve bireysel eğilimler yüzeye çıktıkça, adam sandalyesinde sinirli ve gergin bir şekilde oturmaya başlıyor, davranışları da sinirli ve gergin bir hal alıyor. Başta kadının yüzünde olan çekici gülümseme, yerini kuru ve gergin bir ifadeye bırakıyor. Artık her ikisi de birbirlerine sürekli özel sinyaller gönderiyor. Bu görülmeyen, konuşulmayan mesajlar, "Beni bu kadar zorlama" demekte.

Ve bu sessiz mesajların gerçekte satır aralarında ne yazdığını her ikisi de biliyor: "Beni güç kullanmaya zorlama." Birkaç istisna dışında, insanların büyük kısmı, herhangi bir durumda güç kullanmanın en son çare olduğu görüşüne gönülden katılacaktır. Bununla birlikte, bu örnek canlandırma, dikkatle koruduğumuz görüntülerimizin hemen altında neler olduğu hakkında, görünmeyen ve önemli bir psikolojik gerçeğe işaret etmektedir: İşler bizim istediğimiz gibi gitmeyince, güç konusunda hepimiz ilkel halimize döneriz. Öyle olmasaydı niye bir insan bu yaşamda güç arayışında olsun? Öncelikle kendisi için iyi olduğuna inandığı bir şey için olmadığı sürece, kimse gücü iyilik yapmak için aramıyor. Bu egemen ve popüler güç sahibi olma felsefesi şu tür düşüncelerle haklı gösterilmeye çalışılıyor: "Kendim için yeterli gücüm olduğunda, fazlasını başkalarına verebilirim." Bu çeşit bir düşünme şekliyle ilgili tek sorun, bir yalanı başka bir yalanla sürdürmekten başka bir şey olmaması. Her şeyden önce, Sahte Ben için hiçbir şey, hiçbir zaman yeterli değildir ve üstüne üstlük, iyi bir şey yapmak için güce gereksinimimiz yoktur. İyinin kendi gücü vardır. Güç ararız çünkü işlerin bizim istediğimiz gibi gitmesini sağlayacak gücü isteriz – her nerede çıkarsa çıksın, ister evde ister işyerinde, küçük büyük bütün kalkışmaları ve karışıklıkları bastırmak için.

Güç bu dünyada kimin itekledi̇ğini ve kimin iteklendiğini belirler. Ve tercihimiz dikkate alındığında, eğer birini seçmemiz gerekse, itekleyen olmayı tercih ederdik. Tek sorun bu seçim alanı seviyesinde. İster itekleyelim ister iteklenelim herkes kaybeder çünkü birileri itekliyorsa sıra zor kullanmaya da gelir. Tüm bunların gerçekten inanılmaz tarafı ise, kendi içimizde yaptığımız incelemelerin sonucunda gerçek bir dünyevi ya da kişisel güç olmadığını öğrenmek üzere oluşumuzdur. Daha da şaşırtıcı olanı, sıra gerçek güvenlik ve hoşnutluğa geldiğinde, büyük bir rahatlamayla fark edeceğiz ki, güce hiç gerek yok. Bu doğru. Bunun nedeni üçüncü bir seçeneğin olması. Bu üçüncü ve daha üstün seçenek, *kendi haline bırakılma* seçeneği. Aşağıdaki paragraf bu yeni ve gerçekten güçlü düşünceyi anlamanıza yardımcı olacaktır:

Yeryüzünde, kendinizi güvende ve emin hissetmenizi sağlayacak bir güç yok, çünkü sizi tehdit eden ya da rahatsız eden bu dünya değil. Dünyevi ve kişisel güç arıyorsunuz, çünkü kendi duygu ve düşünceleriniz üzerinizde egemenlik kurmuş durumda. Sizi cezalandıran kendi gelişmemiş benliğiniz, çünkü kendi dışındaymış gibi algıladığı rahatsızlığın kendisi olduğunu henüz anlamıyor. Ve böylelikle, bu bilinçsiz benlik, eğer yeterince güç ve yetkiniz olursa, sonunda kendi yaşamınızı kontrol altına alabileceğiniz umuduyla, sürekli güç ve yetki arayışında olmanıza neden oluyor. Bu bir göletin dalgalanmasını durdurmak için taş atmaya benziyor. Ne kadar taş atarsanız o kadar dalga oluşur. Gerçekten kendi kendinizi rahat bırakmak istemenizin nedeni işte bu.

"Sanırım ne demek istediğinizi anlıyorum, ancak eğer sosyal ve ekonomik güç bana kendimi güvende ve emin hissettirmeyecekse, ne hissettirebilir ki?"

"Öncelikle biraz önce incelediklerimizin üzerinden kısaca geçelim. Kendimiz için güç arayışındayız, çünkü kendi duygularımız tarafından yönetiliyoruz. Kendi tepkilerimiz tarafından teslim alınmışız. Bu bizim için acı verici, çünkü asıl karakterimiz, Gerçek Ben, özgür olmanın ve kendini kendine ket vuran, baltalayan, zorlayan düşünce ve duyguların ipoteği altına almamanın özlemi içinde. Sorun şu ki, şu anki gelişmemiş seviyemizde, mutsuz duygularımıza başka bir kişinin ya da olayın neden olduğuna inanıyoruz. Bu kişi ya da olayın üzerinde bir gücümüz olsun istiyoruz, çünkü bunun bize eziyet eden duygularımızın üstesinden gelmek için güç vereceğini umut ediyoruz. Kendi üzerinde hâkimiyet kurmaya böyle bir yaklaşımın sonunun iyi olmayacağının daha başından belli olduğunu, çünkü en başından yanlış düşünüldüğünü görebiliyor musunuz?"

"Evet, kesinlikle, yalnız şimdi korkarım ki, buradan çıkış yok gibi görünüyor. Mutlu olmamız için gereken gücü nereden bulacağız?"

"Gücü bir insanda, yerde, mülkte, düşüncede ya da inançta değil, bu yeni, daha üstün, değişmez karakterinizin iç ya da dış saldırganlara karşı görevi başında olmak için kendisi dışında bir güce gereksinimi olmadığı anlayışıyla arayın. Ben onun gücüne Sessiz Güç diyorum. O tek başına, kendiniz için yapamadığınız her şeyi sizin için yapabilir."

"Sessiz Güç nedir? Bende işe yaramasını nasıl sağlayabilirim?"

"Eğer gerçekten sorunuzun yanıtını bilmek istiyorsanız, bu dünyada hiçbir şey sizi bilmekten alıkoyamaz. İzin verin size bundan biraz bahsedeyim. Sessiz Güç, *içinizdeki hiçbir sıkıntı için bir yanıta gereksiniminiz olmadığı* anlayışıdır. Olumsuz bir duruma, sessizce gözlemlemek dışında herhangi bir çeşit yanıt, her zaman ona karşı bir direnç şeklidir. Ve direnç gösterdiğimiz şey de var olmaya devam eder. Yanlış örnekler ve göstermelik geleneklerle size korku, kızgınlık ve nefret gibi olumsuz düşünce ve duygulardan sorumlu olduğunuz, onların size ait olduğu öğretildi. Bu da bizi çok önemli bir düşünceye getirmekte: Gerçekten onlardan sorumlusunuz ama onlara karşı sorumlu değilsiniz. İçsel acılar ve karanlık duygular size ait değil. İçinizdeki bu düzenbazlar sizi ne kadar aksine ikna etmeye çalışırsa çalışsın, hiçbir zaman size ait değildi ve hiçbir zaman da olmayacaklar."

"Söyledikleriniz hoşuma gitti. Biraz daha açıklayabilir misiniz? Korkularımdan sorumlu olduğumu ama onlara karşı sorumlu olmadığımı söyleyerek ne demek istiyorsunuz?"

"Hiçbir insan için, herhangi bir şeyin egemenliği altında olmak doğal değildir. Tek gerçek sorumluluğunuz bu önemli gerçeği anlamaktır. Ve düzelttiğiniz anlayışınız, sizi tüm kasvetli düşüncelerle ve yenilmişlik duygularıyla doğru bir ilişkiye taşır ve bu da basitçe söylemek gerekirse, onlarla hiçbir işiniz olmadığıdır. Karanlık duygular yokmuş gibi davranın demiyorum. Bunu anlamanız çok önemli, çünkü öfkeli fil yokmuş ya da sevimli bir tavşanmış gibi davranmak, geçici olarak iyi hissetmenizi sağlayabilir ancak sizi tehlikeye açık bırakır. Fili görmek ve ne olduğunu anlamak, sizi olmanız gereken yere götürecek akla olanak sağlar – o yer de ormanın dışıdır.

Hiçbir çeşit keder ya da sıkıntı size ait değildir. Bu uluyup duran devasa içsel gölgeler var olabilirler, ama size ait oldukları nerede yazıyor? Bir hayvanat bahçesinde yürürken kendimizi hayvanların çığlıkları, iniltileriyle özdeşleştirmiyoruz, o zaman niye, karanlık olanı aydınlık yapmaya çalışmanın kafesine düşerek kendimizi kısıtlayalım? Hiç gevezelik eden bir grup şempanzeye ya da ciyaklayan kuşlara onları sakinleştirmek için bağırmayı denediniz mi? Sakinleşmelerindeki ısrarınız onları daha da huzursuz edecektir. İçimizde de aynı yasalar geçerlidir. *Ne zaman bir korkudan kurtulmak için güç arayışına girsek tüm yaptığımız, korkuyu daha da güçlendirmektir.* Karanlıktan aydınlık elde edebilecek bir güç yoktur. Bir daha sefere kendinizi karanlık bir düşünce ya da duygudan uzaklaşmak zorunda hissederseniz, bu dersi hatırlayın, Sessiz Güç'ü düşünün. Sessiz olun! Bu sessizlik ve içsel ışık, kendiniz için yapamadığınızı, sizin için yapacaktır. İçinizdeki karanlık gökleri güzel mavi olanlarla değiştirecektir. Sessiz olun ve karanlık düşünce ve duygu bulutlarının içinizden geçip gitmesini seyredin. Onların ardında güneş var.

Hiç Kimse Olmaktan Korkmayı Geride Bırakın

Görüşleri bizi kaygılandırdığında, neden tüm dünyaya meydan okur ve hatta değiştirmeye çalışırız da kendi görüşlerimizi –içimizde ne kadar sıkıntı ve endişe oluştururlarsa oluştursunlar– neredeyse asla sorgulamayız? Örneğin, banyo küvetimizdeki batık hazineyi bulmak için dalış yapmayı hayal etmeyiz, çünkü biliriz ki en fazla birkaç tane plastik boncuk bulmayı umabiliriz. Ama yine de her gün bu dünyaya balıklama dalarak özel "birisi" olmaya çalışırız. Bize, kendimizi daha fazla doğrulamak için umut veren yeni planlara dalarak tekrar tekrar dibe batarız. Ve çabalarımıza karşılık elde edebildiğimiz en iyi şeyin, şaşmaz bir şekilde dünyaya geri düşmekle sonlanan geçici bir yükseliş olduğunu fark etsek de, sürekli aynı şeyi yapmaya devam ederiz. Mesele şu: Bizi cezalandıran şey düşüncelerimizi doğrulamayacak olan dünya değil, özel birisi olmak zorunda olduğumuza inanmamızdır.

Sabırlı bir kendimizi tanıma çalışması ve doğru düşüncelerin yardımıyla, tümüyle yeni bir yaşam sürmeyi öğrenebiliriz. Defalarca vurguladığımı biliyorum ancak bunu anlamamız çok önemli. Her zaman geçerli ve doğru olan, bizim için yapılamaz ya da bizden umutsuzca uzak bir şey değildir. Niye kendimizi ve başkalarını hırpalamaya devam edip durduğumuzu anlama isteğimiz ölçüsünde yakın ve dolaysızdır. Hepimiz "birisi" olmalıyızdır şeklindeki bu dileğe, bu doğru niyetin rehberliğinde bakalım. Ve araştırmamız boyunca, bizim gerçek güvenliliğimizin bu dünyadan neyi kazanabileceğimiz olmadığını, bu dünya hakkında neyi görebildiğimiz olduğunu, aklımızda tutmaya çalışalım.

Herkes birisi olmak ister. Niye? Kime sorarsanız sorun, size öyle çok kelimeyle ifade edebilirler ki; özel birisi olmak güç sahibi birisi olmaktır. Güç arayan Ben'in seviyesi bunu bir zorunluluk olarak görür; onsuz, kimse rahatça kendini başkalarının –bedeli ne olursa olsun bizim istediğimizi, "birisi" olmayı isteyen diğerlerinin dünyasından– ezici dünyasından soyutlayamaz, koruyamaz.

Kısaca, birisi olmak düşüncesi, bu yaşamda ulaşabileceğimiz güvenliliğin, güvendeliğin ve mutluluğun ölçüsünün, doğrudan ne kadar "özel" olabildiğimize bağlı olduğu gibi sorgulanmamış ve yaygın bir inanışı içerir. İster söylensin ister söylenmesin, yeryüzünde neredeyse herkesin düşüncesi budur. Ve bu düşüncenin özü, bu banyo küvetinde hazine avı, tüm insanoğlu için hüzün tohumlarını barındırır.

Pamuk Prenses'e kötü kalpli kraliçenin sunduğu, fazlasıyla baştan çıkarıcı görünüşlü zehirli elmadan pek de farklı olmayan bir şekilde, bu yanlış inancın içine karşıtı olan bir inanç titizlikle saklanmıştır; hiçbir şeyden şüphelenmeyen inanç sahibinin taşıdığı mesajı görebilme ve duyabilme becerilerini aşan, ama yine de varlığını hissedebildiği, psişik sisteminde sinsice dolanan bir karşıt. Ve güç arayan Ben'i gizlice izleyen nedir – onu yaşam boyunca itip kakan? Korkudur. Ve işte, önce bu karşıtları üreten ve ardından onları farkında olmaksızın kullanan bilinçsiz zihniyet: Yaygın inanış, eğer "birisi" olamazsak o zaman güvenli olmanın ve güvende olmanın ne olduğunu hiçbir zaman bilmeyeceğimizdir. Korkunun güçlü, neredeyse sarsılmaz bir şekilde, sessizce ima ettiği şey eğer kendi gözümüzde ya da başkalarının gözünde özel bir kişi olamazsak, gücümüzün olmayacağı ve gücümüz olmazsa, yok olup gideceğimizdir. Pek çok kadını ve erkeği çöküş noktasına getiren budur. Özel birisi –güçlü birisi– olma vaadi, denklemin yalnızca yarısıdır. Görünmeyen yarısı, bizi kişisel ya da genel maliyeti ne olursa olsun başarmaya zorlayan, biteviye mutsuzluk tehdididir. Şu şekilde söyleyelim: Bir şeye –o hedef ya da şu hayal– *doğru* koşmuyoruz, *bir şeyden* kaçıyoruz. Hiç kimse olma korkusundan kaçıyoruz.

Göreceğimiz gibi, bu çeşit bir yarışın başarılı bir sonucu yoktur; çünkü kaçındığımız ne olursa olsun, aynı zamanda ona bağlıyız. Doğrusu bu. Şimdiye kadar, yarışın seyrini ve hızını korku belirledi. Bu yüzden, çabamızın meyvelerinin keyfini sakin bir şekilde sürme sırası bize gelmiş olsa bile bizim için rahatlamak bu kadar zor. Gerçek şu ki, ne kadar özel birisi olmaya çalışırsak –ve görevi başarmış görünsek bile– kendimizi o kadar tehlikede hissederiz. İyi haber şu ki, ne sorunun kendisi, ne de gerçek çözümü yeni. Geçmişte bazı özel kadınlar ve erkekler, insanın kendisini engellemesine yol açan bu içsel tuzakları anlamışlar ve anladıklarında da kalıcı özgürlüklerini kazanmışlardır. Siz de aynısını yapabilirsiniz.

Altmış yıldan uzun bir süre önce, dünya çapında parlak bir felsefeci ve öğretmen olan J. Krişnamurti, Ojai Kaliforniya'da bir öğrenci topluluğu önünde konuşurken bu görünmez mutsuzluktan bahsetmişti (bu konuşma, kitabı *İlk Yazılar*'da [Chetana, 1971] yayımlanmıştır). Bu konuşmada, insanın kendine karşı zaferinin sırrını da ortaya koymuştur.

Eğer düşünsel ya da duygusal veya fiziksel olarak fakirseniz, zengin olmak istersiniz, değil mi? Zengin bir akıl, güçlü duygularınız olsun istersiniz. Ama yaptığınız, bu karşıtı takip etmekten başka bir şey değil ve karşıt kaçtığınız şeyi içeriyor. Ardından gittiğiniz şeyde, kaçtığınız şey saklı. Fakir olduğunuzda zengin olmayı istiyorsunuz ve zenginliğin ne olduğunu tezat yoluyla biliyorsunuz. Zihninizde zenginliğin ardından gidiyorsunuz ve böylelikle, istekleriniz aracılığıyla karşıtını yaratıyorsunuz. Oysa fakir olduğunuz gerçeğini kabul etmek ve kendinizi fakirlik düşüncesinde kurtarmaya çalışmakla, karşıtını yok ediyorsunuz.

Eğer birisinden hoşlanmıyorsanız, sizin için onu sevmeniz gerektiğini söylemenin yararı yoktur. Bu ikiyüzlülük olur. Ancak eğer hoşlanmama düşüncesinden kurtulmaya çalışırsanız, aradaki ayrım –hoşlanmak ve hoşlanmamak– düşüncesinden de kurtulursunuz. Bunu düşünsel olarak yapamazsınız, "Hoşlanmama düşüncesinden kurtulmalıyım" diyemezsiniz ve kendinizi zihinsel olarak kandıramazsınız. Ne olduğunuz gerçeğini, ondan kaçmaya çalışmadan kabul etmek, sizi karşıtlardan da kurtarır.

Korkularınızın Geçip Gitmesini Nasıl Sağlarsınız?

Yıllar önce başrolünde bir grup çocuğun olduğu bir TV dizisi vardı. Programın adı "Spanky ve Bizim Çete" idi. Her bir bölümde, yaşamın bir araya getirdiği bu çocukların masum ilişkileri ve yürek ısıtan maskaralıkları canlandırılırdı. Belki karakterlerden bazılarını hatırlardınız: Alfalfa, Spanky, Froggy, Darla, Buckwheat ve daha birçokları. Size anlatmak istediğim bölüm hiç aklımdan çıkmaz. Birazdan niye öyle olduğunu anlayacaksınız. Kısaca özetlersek:

Çocukların başı büyük bir belaya girmek üzeredir çünkü öğretmen onlara bir sonraki gün sürpriz bir sınav yapacağını söylemiştir. Bu nedenle, o aysız gecede, sınav sorularını çalıp yanıtlarını öğrenmek için gece geç saatte gizlice sınıflarına girerler. Tüm bu hengâmenin tam ortasında çocuklardan biri, Buckwheat, bir ipe dolanır ve kendini kurtarmaya çalışırken büyük bir curcunaya neden olur. Gürültünün ardından, fark edileceklerinden korkarak hepsi kaçmaya karar verir. Çocukların her biri faklı bir yönde koşmaktadır. Buckwheat'in de tüm bildiği bu korkutucu durumdan kurtulmak istediğidir. Ne yazık ki, kendisinin de henüz bilmediği, ipin hâlâ ayak bileğine dolanmış duruyor olduğudur. Ve komedi bu ya, ipin serbest kalan ucu, sınıftaki model iskeletin tekerlekli kaidesine dolanır. Zavallı Buckwheat arkadaşlarıyla koşarken, bir anda kendini korkunç bir yaratık tarafından kovalanırken bulur. Ve kendisine doğru uzanan kemik ellerden kaçmak içine yöne dönerse dönsün, bu takırdayan şekilden daha hızlı koşamamaktadır.

Bu, gariban Buckwheat dışında herkes için acayip eğlencelidir. O ne kadar hızlı koşarsa, en kötü kâbusu da aynı hızda koşar. Elbette, biz, TV seyircileri, tam olarak neler olduğunu anlıyorduk: Peşinden sürüklenen iskeletten kurtulamıyordu çünkü ona bağlıydı! Bağlantıyı görüyor musunuz? Eğer Buckwheat bir şekilde durumunu anlayabilseydi, tüm yapması gerekenin koşmayı bırakmak olduğunu da anlardı. Onun peşine düşen ürkütücü hayalet hemen yanından geçip gider ve ipin uzunluğu artık elvermediğinde, tepetaklak yuvarlanırdı. Tüm gücü korku içindeki Buckwheat'in ona verdiği güçtü. Ve Buckwheat de yalnızca anlamadığı için korkuyordu. Siz anlayabilirsiniz.

Tüm endişe ve korkularınızla aranızdaki bağı kesip kendinizi kurtarabilirsiniz. Şüphesiz ki kendi üzerinizde yapacağınız bu yeni çalışma, özel bir çaba göstermenizi gerektirecek, ama yalnız değilsiniz. Gerçek, başarılı olmanızı istiyor. Bir kez sizi tehdit eden bir şeyin gerçek olmadığını anladığınızda, endişe içinde kendinizi korumaya çalışmanızın ne gereği kalır ki? Bir kez zaten size bağımsız ve ebedi bir kimlik verilmiş olduğunu anladınız mı –ve anlayacaksınız– bir daha kendinizi "birisi" yapmakla ilgili endişe duymayacaksınız. Bu gerçek bir başarıdır.

Bir Daha Asla Kendini Yaşam Tarafından Tuzağa Düşürülmüş Gibi Hissetme

Roy biliyordu ki başı büyük beladaydı. Kurabiye kavanozuna o kadar kolayca giriveren minik eli, içerde sıkışmıştı. Elini dışarı çıkaramıyordu. Kâbus gibiydi. Annesi erkek kardeşini okuldan almak için evden çıkmadan hemen önce ona açık bir şekilde "Akşam yemeğinden önce tatlı yok" demişti. Şimdi geri dönmüşler ve ön kapıdan giriyorlardı. Bir saniye sonra annesi içeride olacaktı. Üzerinde düşünüp taşınmak için artık çok geçti, küçük kavanozun içindeki elini sallayarak annesine koştu. "Anne! Kurtar beni! Mutfakta uslu uslu otururken, kurabiye kavanozu birden yukarı sıçradı ve elimi yutmaya çalıştı!"

Zaman değişti ama mücadelemiz değişmedi. Hâlâ ellerimizi kaptırıyoruz ve hâlâ çeşitli kurabiye kavanozlarını suçluyoruz. Yalnız, artık bizi tuzağa düşüren şeyler gençliğimizdeki masum olaylardan çok daha fazla acı veriyor. Gerçek şu ki, yıllar boyunca dökülen gözyaşına karşın, hâlâ pek dersimizi almışa benzemiyoruz. Kendi ayaklarınızla içine düştüğünüz tuzağı suçlamak, ağzınıza attığınız kızarmış patatese fazla sıcak olduğu için kızmak gibi bir şey. Yaşamda bizi içine hapseden tuzağın sahip olduğu tek güç, en başta bizi kapana kısılmaya götüren kavrayış eksikliği. Tam anlamıyla ve olasılıkla en şiirsel şekilde, hep kendi kendimizi tuzağa düşürüyoruz. Bu, benim güç tuzağı dediğim şey için doğru olduğu kadar başka hiçbir şey için geçerli değil.

Tüm diğer görünmez iç tuzaklarda olduğu gibi, güç tuzağı da bir umut gibi görünür ama cezadan başka bir şey değildir. Bundan ya da başka bir içsel tuzaktan kurtulmanın *tek* yolu, tuzağı yapan ustadan –daha iyi bilinen adıyla Sahte Ben– daha bilge olmaktır. Bu düzenbaz aşağı karakterin kara heybesinde, bizi pençeleri arasında tutmak için tasarlanmış pek çok numarası vardır. En kurnazca hilelerinden biri, bu mutsuz deneyimin, kendimizi tuzağa düşmüş hissetmemizin tuzağın kendisi olduğuna bizi inandırmasıdır. Sahte Ben bilir ki eğer bizi deneyimi değiştirmeye çalışmak için ikna edebilirse, o zaman gerçek tuzak, acının nedeni, gözden saklanmaya devam edecektir. Gerçek şu ki, hiçbir zaman deneyimler tarafından tuzağa düşürülmüyoruz. Kendini kapana kısılmış hissetmenin acılı deneyimi, tuzağın etkisidir, tuzağın kendisi değildir. Ne kadar deneyimi değiştirmeye çalışırsak, bilmeden görünmeyen gerçek içsel tuzağın dişlerini o kadar sıkıştırırız.

İşte bu yüzden tüm çağlarda, bilge insanlar, bizim "görmek" olarak adlandırdığımız öz-farkındalığa bu kadar vurgu yapmışlardır. Herhangi bir psikolojik tuzağın sahip olduğu tek güç, bizim onun varlığının farkında olmamamızdır. Deneyimle savaşmak yerine içsel aydınlanmayı seçerseniz tuzağı çözersiniz. Bir kez tuzak ortadan kaybolduğunda, o zaman acı ya da savaşma veya kaçma gereği kalır mı? Bu son derece önemli düşünceyi örneklemek için, izin verin size başımdan geçmiş gerçek bir öyküyü anlatayım. Zorunluluk nedeni ile karakterleri ve bunun yanı sıra öykünün geçtiği yeri değiştireceğim ama bundan daha gerçek bir masal anlatılmamıştır. Bakın bakalım, aslında zaten yüreğinizde bildiğiniz bir şeyi anlatmıyor mu?

Dünyanın En İyi Saklanan Sırrı

Hafifçe aydınlatılmış açık hava barında, güçlü ve şık insanlarla çevrelenmiş otururken, Alexis bu gecenin tüm yaşamı boyunca beklediği gece olduğunu hissediyordu. Şirketin en yeni genç ortağı olarak, sonunda icra kurulu başkanının saray yavrusu mülkündeki yarıyıl partisine davet edilmişti. Tüm dünyadan dev şirketler bu partilere katılmayı önemli kabul ederdi ve yalnızca en önemli kişiler davet almıştı. Önemli anlaşmaların burada kotarıldığını duymuştu. Bu kadınlar ve erkekler güç simsarlarıydı ve o da her şeyin bir parçası olmak istiyordu.

Alexis'in bilmediği şey o akşamın kendisi için asla tahmin edemeyeceği bir şekilde önemli olacağıydı. Bugün bile yaşamını derin bir şekilde değiştiren olayları canlı bir şekilde hatırlar. Her şey bölümünün başkan yardımcısının yanına gitmesi ve samimi ancak derin bir sohbete girmesiyle başlamıştı. Nihayetinde kendisi de yakın geleceğin parlak yöneticilerinden biriydi ve bu yüzden de gelecekte onu neyin beklediğini sorması doğal görünmüştü. Ayrıca, herkes biliyordu ki, başkan yardımcısı kendi çapında güçlü biriydi ve yalnızca onunla konuşuyor olmak bile sizin önemli bir kişi olduğunuzu gösteriyordu. Sonraki yarım saat boyunca adeta cennette gibiydi. Başkan yardımcısı ona, uzun bir konuşmayla, sektörde fırtına gibi eseceğini –bir güç timsali olacağını– söylemişti.

Konuşmanın sonuna doğru, Alexis âmirinin dikkatinin görünür bir şekilde dağıldığını fark etti. Bu onu bir şekilde huzursuz etti. Acaba onu sıkmış mıydı? Bununla birlikte, çok geçmeden onun böyle garip davranmasının nedeninin, odaya henüz giren ve ona doğru yönelen patronu, icra kurulu başkanı olduğunu anlayarak rahatladı. Bir an sonra, odada bir köşeye giderek konuşmaya başlayan, yaşamındaki en önemli iki insanı izliyordu. Hangi önemli konuyu tartıştıklarını hayal etmeye çalıştı. Belki de konuşma konusu kendisiydi. Bu heyecan verici olmaz mıydı?

Yanlış olduğunu bile bile, ama giderilemez merakına uygun olarak, Alexis onların yakınında, kendisini göremeyecekleri ancak konuşmalarını duyabileceği mesafede kuytu bir yer buldu. Sonraki birkaç dakika içinde duydukları, bir okyanus dalgasının kumdan bir kalenin üstünden geçmesi gibi, onu yerle bir etti. Sanki yaşamının koca bir bölümü dev bir dalganın içine düşmüştü, dalga onu alıp götürmüştü. Bir şekilde anlamakta güçlük çekiyordu. Onun canını sıkan hemen şimdi kulak misafiri olduğu konuşmanın içeriğinden çok, konuşmalarına kendi tepkisiydi. Sonuç olarak, anladığı tek şey, kendi âmirinin son birkaç dakikayı, kendi patronuna, sakin ancak gergin bir şekilde, on dakika evvel kendisinin geleceği hakkında sorduğu aynı soruları sormakla harcadığıydı. Burada neler oluyordu? Tüm kartların masaya açılmasını istiyordu, kendisinin de birkaç kartı saklıyor olduğunun ortaya çıkması anlamına gelse bile. Bilmek istiyordu ve hiçbir şey onu engelleyemezdi.

O andan itibaren, parti boyunca gizli bir gölge gibi patronunun patronunu takip etti. Bu adam şirketlerinin icra kurulu başkanıydı ve kimlerle konuştuğunu ve ne konuştuğunu görmek istiyordu. Akşam sona ererken, bir anlığına onun izini kaybettiğini düşünüyordu ki, verandanın kenarında durmuş bir başka beyefendiyle konuştuğunu fark etti. Konuştuğu bu adamı tanıması bir saniye sürmemişti. Adam Amerika'nın en büyük sekizinci şirketinin yönetim kurulu başkanıydı.

İkisi de onu sürgülü cam kapılardan kolaylıkla süzülürken görmedi ve partide çevresinde dans eden hiç kimse ne yaptığını fark etmedi. Ama o ne yaptığını biliyordu. Eğer duyacağı şeye zaten kendini hazırlamamış olsaydı, Alexis büyük olasılıkla o noktada çöker kalırdı. Ancak, aklının gerilerinde bir yerde, şu an önünde oynanmakta olan oyundan uzun süredir şüpheleniyordu.

Alçak sesli konuşmalarını dinlemeye çabaladı; patronunun patronu bu güçlü kurul başkanına kendisini gelecekte neyin beklediğini soruyordu! İşte o anda Alexis anlamıştı ki yanlışlıkla dünyanın iyi saklanan sırrını bulmuştu. Bu iki adam arasında geçen 30 saniyelik bir diyalog ona her şeyi anlatıyordu. Uzun süredir devam eden, derinlerde yerleşmiş güvensizliğinin kökeni buradaydı. Artık verilen ama asla yerine getirilmeyen büyük sözlere karşı şüphelerinin nedenini anlıyordu. Herkesin –bu dünyanın sözüm ona güç timsallerinin bile– beklenmedik olaylar karşısında titremeye başlamasında şaşılacak bir şey yoktu. Bir anda Alexis tüm bunları ve daha fazlasını anlamıştı. Gözleri açılmıştı. Peşine düştüğü güç, onu öylesine körleştirmişti ki, bu kadar can acıtıcı bir şekilde ortada olan bir şey üzerinde düşünmek için, o ana kadar kendisine izin vermemişti.

O, küresel inandırmaca oyununun bilinçsiz, her şeyden bihaber bir oyuncusuydu ve katılan tüm oyuncular kendisinden daha güçsüz birisinin geleceğini güvenceye almasında yardımcı olmaya yetecek gücü varmış gibi yapıyordu. Bununla birlikte, bu sözüm ona güç oyuncularının kendi korkularını ve şüphelerini yatıştıracak gücü dahi yoktu. Ve bu yüzden her biri, bir şekilde kendisine yardımcı olacağını umut ettiği bir başka oyuncuyu aramak zorunda kalıyordu.

Herkes onlara bu gücü verecek birisini ya da bir şeyi aramakla o kadar meşguldü ki, *hiç kimsede* o gücün olmadığını göremiyordu! Niye bunu daha evvel görememişti? Günbegün yaşamını onu kaldırmaya gücü olmayan bir güç merdivenine tırmanmaya çabalamakla harcamıştı. Tek ödülün kazanma umudu olduğu bir oyunda kapana kısılmıştı. Bu güç basamağının sözde en alt basamağından sözde en üstüne kadar tüm o yolda, herkesin konumu tam olarak aynıydı. Hepsi korkuyordu. Bunu görmekten korkmuştu ama artık biliyordu. Bu yüzden bu bir inandırmaca oyunuydu. Oynayanlar, kendi kendisine yardımcı olamayacak birilerinin yardımına bağımlı olmanın, sadece bir korku, endişe ve hüsran reçetesi olduğu gerçeğine gözlerini kapatmak zorundaydı. Rastlantısal olarak karşılaştıklarında, her biri sanki suyu varmış da diğer kişiyle paylaşabilirmiş gibi davranan, çölde kaybolmuş, susuz dolaşan iki adam gibi. Her ikisi de susuz kalmaya devam ederler. *Hayali şölene katılmayı kaç kişi kabul etmiş olursa olsun, hepsi şölenden aç olarak kalkacaktır.*

O akşama kadar, Alexis, başkaları üzerinde gücü olsun istediğini düşünmüştü. Artık biliyordu ki, her zaman istediği sadece kendinden sorumlu olmaktı. Başından beri başkalarının onayını ve desteğini almak zorunda olduğundan o kadar emindi ki. Artık onun için önemli olan tek zaferin, bağımsızlığını gerçekten kazanmak olduğunu biliyordu.

Bu bölümdeki bazı önemli noktaları özetleyelim:

1. Bizi aramaya gönderenin içsel güçsüzlüğümüz olduğunu kendimize itiraf etmek varken gücü dışarıda aramaya gittiğimiz her seferde, bir güç tuzağına düşüyoruz.

2. Eski zayıflığa çare olsun diye yeni bir güç aramak, zaman kaybından başka bir şey değildir ve yalnızca bizi daha güçsüz yapar. Bize gereken, yeni bir bakıştan doğan yeni bir anlayıştır.

3. Gerçek güç asla güç arayışında olmaz. Gerçek Ben'inizin bilincine varmanızla ortaya çıkacak güç dışında, bir güce gereksiniminiz yok.

4. Eğer güç arayışında iseniz, aslında güç olmayan bir gücün egemenliği altındasınız demektir ve görünüş ne olursa olsun, giderek daha güçsüz olacaksınız.

5. Yalnızca feda ettiğinizi görmeye can attığınız parçalarınıza sahip çıkacak kadar gücünüz var.

6. Başkalarına bel bağlayarak gerçek bağımsızlığa ulaşmak, bir çukura girerek yıldızlara ulaşmaya çalışmak gibi bir şey.

7. Güce gereksinimi olduğu sürece hiç kimse güçlü değildir.

8. Gerçeğin gücü öyle bir şeydir ki, ışığıyla güç dediğimiz şeyin güçsüzlük olduğunu görecek güce kavuşuruz. Gerçek güç, zayıflıktan doğan davranışları bıraktığınızda kendiliğinden ortaya çıkar.

Bu Yaşam Değiştiren Anı Kaçırmayın

Her ne kadar gerçeğin bizden uzaklığı, onun bize sağladığı uyandıran ve iyileştiren içgörüye olan isteğimize göre belirlenirse de, yaşamda bize daha yakın olduğu bazı ayrıcalıklı anlar vardır. Ne yazık ki, bu önemli, yaşamı değiştirebilecek anların neredeyse hepsi kaçırılır çünkü bizim yanlış olan tarafımız, Sahte Ben'imiz, gerçeği saldırıya geçmiş bir düşman olarak görür. İzin verin ne demek istediğimi size göstereyim, böylece bir dahaki sefere, beklenmedik bir anda, yaşamınızda gerçek belirdiğinde, onun ne olduğunu anlayabilirsiniz: Sizden yana dostça ve yararlı bir güç. Gerçeğin yapmayı hedeflediği şeyi yapmasına izin vermek, sizin de olmak istediğiniz kişi olmanıza olanak sağlayacaktır ki bu da mutlu bir insan olmaktır.

Gerçeğin iyileştirici güçleri, hiçbir zaman, bir kriz kapıdayken olduğu kadar yakında değildir. Tüm gerçek ruhsal gelişimlerin öncesinde kriz vardır, çünkü gerçek düşünsel büyüme, kişinin kendi önünü tıkayan duygu ve düşüncelerinden kurtulma sürecidir. Gerçek içsel bütünlüğün her bir yeni seviyesinin öncesinde bir kriz olma zorunluluğunun nedeni, ne olursa olsun krizin belli bir inanışa, şüpheli bir iddiaya ya da bizi pohpohlayan ancak gerçekle çelişen ve aldatıcı *kendi görüntümüze* tutunup kaldığımıza işaret etmesidir. Eğer bir yerde çatışma varsa, orada acı da vardır ve bu bilinçdışı psikolojik ve duygusal acı, bilinç seviyemize ulaştığı andan itibaren, genellikle onu bir tür kriz olarak yaşarız. Bu niye bir krizin gerçek türle yakın karşılaşma olduğunu açıklıyor. Yani bizim kişisel "kriz" olarak adlandırdığımız şey, gerçekte, içimizde daha önce görünmez olan çatışmanın geçici olarak görünür hale geldiği andır. Bu aynı düşünceyi başka bir şekilde de ifade edebiliriz. Bir kriz, kendimizi kandırdığımız bir yalanın ne olduğu ortaya çıktığında oluşur: Bir yalan. Bir iki örnek verelim.

Belki bir adam kendisini, yaşamı her zaman kendi kontrolü altındaymış gibi betimler, ancak birden fark eder ki, içmesinin –ya da konuşmasının– veya sonsuz derecede korkmasının önüne geçememektedir. Bir dönüm noktasına varmıştır.

Bir kadın her zaman kendisini sevgi dolu ve iyi biri olarak düşünmüştür ancak birdenbire başkaları hakkındaki düşüncelerinin ne kadar eleştirel ve acımasız olduğunu fark eder. Yaptığı şeyleri yalnızca başkaları onun iyi birisi olduğunu düşünsün diye yaptığını anlar ve bu, gününü kızgınlık içinde geçirmesine yol açar.

Her iki durumda da kendini pohpohlayan öz imgelerle bir yalanı yaşamanın korkunç maliyeti artık bilinç alanına taşınmıştır ve bu kendini kandırma yalanlarının yazarı olan Sahte Ben'e kalan tek alternatif, mutsuzlukları için herkesi ve her şeyi suçlamaya başlamaktır. Bu manevra Sahte Ben için neredeyse her zaman işe yarar. Sürekli onun dışındaki her şeyi suçlayarak, onu fark etmek yerine, yaşamla sürekli kavga etmemizi sağladığını görmüştür. Gerçekten çok kurnazdır. Ne kadar bu yanlış yanımızla taraf olup onu savunursak, bu bilinçdışı yanlışlığı bize gösteren gerçek bize o kadar düşman görünür. Bunu görmeye çalışın. Bu önemli içgörüyü, henüz öğrendiğimiz içsel tuzaklarla bağlantılandırın ve ardından da şunu giderek artan keşiflerinize ekleyin:

Gerçek asla acı vermez. Bir krizdeki tek acı, Sahte Ben'in gerçeğe gösterdiği dirençtir. *Bir krizi bir dönüm noktası olarak kullanmayı başaramadığımızda, yalnızca bir kırılma noktası haline gelir.* Bir krizi yaşamınızda kişisel bir dönüm noktası haline getirmek için, sizi tüm dünyanın size karşı olduğuna ikna etmesine izin vermek yerine, içinde taşıdığı dersi size öğretmesini istemeniz gerekir. Bu üstün istek ve ardından gelen *yeni bir çeşit acıya* dayanmakta gösterdiğiniz isteklilik, gerçek karakterinize ait, daha yüksek bir bilinçlilik halinin doğumuna yol açar. Bu yüksek bilinçlilik seviyesinde, asla bir krizin çözülmesi gerekmez, çünkü çözülmesi gereken bir krizi zaten yoktur.

"Size yeni bir çeşit acı diyene kadar tamamen katılıyordum. Yaşamımda acı olsun istemiyorum, yeni bir çeşit acı için endişelenmek istemiyorum!"

"Bu yeni acı türü, bilinçli olarak acınızı sonlandırmak için ne gerekiyorsa ona katlanmanın verdiği geçici acıdır. Bunu iki farklı şekilde söyleyebiliriz. İkisi de aynı yola çıkar. Bu yeni acı, sizin yaşadığınız çatışma her ne ise, geldiği yeraltına geri dönmesine izin vermeyi cesurca reddetmeniz ya da bu iç çatışmayı nedenini görebilecek kadar uzun süre bilinç alanında ya da görünür şekilde tutmayı kabulünüzdür."

"Bu neye yarayacak? Niye yalnızca unutmayalım ve oynamaya devam etmeyelim veya sadece şiddeti azalana kadar beklemeyelim?"

"Hepimiz benzer yaklaşımları denedik. Acı sona ermiş gibi davranmak yalnızca geri döndüğünde kestiği cezayı katmerlendiriyor – zaten nedeni ortadan kaldırılmazsa, her zaman yapacağı budur. Geçici rahatlama işte böyledir, özellikle sıra iç çatışmaya geldiğinde. Bazen ruhsal sessizlik savaş meydanında, topçu ateşine verilen araların gergin sessizliğine benzer; orada bekleyen hiç kimse için gerçekte rahat huzur yoktur. Öte yandan, çatışmayı bilinç alanımızda tutarsak, olacakların nasıl bir yarar sağlayacağına bir bakalım. Mesela bir örnekle; varsayın ki bir adamın iç çatışması bilgili ve güçlü bir adammış gibi davranmak. Başkalarının kendisini bir güç ve dengelilik kaynağı sanmasını istemektedir – kriz anlarında güvenilecek birisi. Elbette, başkalarının kendisini böyle görmesini istemesinin kısmi nedeni başkaları öyle düşünürse, kendisinin de bunu doğruymuş gibi hissedecek olmasıdır. Ama yine de, başkalarına sorunlarını nasıl aşıp uçup gidecekleri hakkında verdiği sonsuz öğütlere karşın bilmektedir ki, buna en çok kendisinin gereksinimi olmasına karşın, kendini yerden bir parmak havalandıramamaktadır. Bir kriz durumundadır. Aslında kendisinde olmayan bir güce sahipmiş gibi davranmaya devam etmeyi seçebilir –krizden kaçınmak için– ya da krize girmeyi seçer ve orada numara yaptığının daha fazla bilincine varması, yalnızca numaranın kendisini ortadan kaldırmaz, aynı zamanda şüphesiz ki numara yapmasıyla ilişkili tüm korkuları ve kendinden şüpheyi de ortadan kaldırır."

"Yalnızca numara yaptığımın farkında olmak, nasıl onu yok edebilir ki?"

"Çünkü kimsenin acı çekmeye gereksinimi yoktur! Bu yeni ve daha yüksek farkındalığın ışığı sizin için her şeyi aydınlatmadan önce, Sahte Ben kendinizi iyi hissetmek için rol yapmanız gerektiğine sizi ikna etmişti! *Öyleymiş gibi davranmaktaki acı sizi endişeli yapıyordu, mutlu değil.* Siz yalnızca iyiymiş ya da nazikmiş veya güçlüymüş ya da bilgeymiş gibi davranmanız gerektiğini düşünüyordunuz. Aslında gereksiniminiz olan şey, numara yapma gereksiniminizin arkasında ne olduğunu görmekti. Size gereken tek şey gerçek karakteriniz. İzin verin neye gereksiniminiz olmadığını size o göstersin.

Kozmik Güce Giden Gizemli Yol (Prentice Hall, 1967) adlı kitabında Vernon Howard, bu yeni daha yüksek farkındalığın korkularımızı ve kafa karışıklığımızı nasıl silip attığını şu diyalogla örnekler:

"Anlamıyorum. Endişenin farkında olmanın, onu giderdiğini söylüyorsunuz. Ben ne kadar endişeli olduğumu biliyorum ve endişem hâlâ orada duruyor."

"Kendini endişeli hissetmekle, farkındalık aynı şey değil. Yalnızca kendinizi endişeli hissettiğinizde, onunla özdeşleşirsiniz; göremeyeceğiniz kadar yakınsınızdır. Eğer gözlerinizi kapatırsanız ve parmaklarınızla yuvarlak bir nesneye dokunduğunuzu hissederseniz, bunun bir bomba olduğundan korkabilirsiniz. Gözlerinizi açın, bunun zararsız bir top olduğunu göreceksiniz. Benzer şekilde, eğer uykudan uyanır da her şeyi gerçekte oldukları gibi görürsek, acılarımız kaybolur gider."

İstediğiniz Her Şeye Sahip Olmanın Sırrı

Herkes gerçekten başarılı bir yaşamın büyük bir sırrı olup olmadığını merak eder. Vardır. Ve bu bir sır değil. O en başından beri tam önümüzde sessizce duruyor ve sürekli kendini anlatıyor. Sadece kendi gizli isteklerimizin gürültü patırtısından onu duyamıyoruz. Bir an sessizce durun ve dinleyin: Tam şu anda her şey değişebilir. Bu en büyük sırrı dinlemeyi öğrenmek, akıntıya karşı yüzmek ya da akıntının sizi güvenli bir şekilde sahile çıkarmasına izin vermek arasında seçim yapmaktan daha güç değil. İzin verin, sahip olduğu bilgiyi sizin, yalnızca ne söylediğini dinlemekle kalmayıp sesini gerçekten duyan gizli yanınıza anlatsın. Onu tam şu anda dinleyin. "Yaşam ne istiyorsa onu isteyin" diyor. Bir düşünün. Bu beş kelimede kolay bir yaşam için gereken yenilmez gücün sırrı saklı – her durumda, hep kazanan tarafta olmanızı sağlayan yeni bir çeşit güç. Niye? Çünkü yaşam ne istiyorsa onu istediğinizde, yaşamın kendisini istemiş olursunuz.

"Ya yaşamın bana getirdiğinden hoşlanmazsam?"

"Hoşlanmadığınız şeyin, yaşamın size getirdiği şey olmadığını görmeyi deneyin. Yaşamın hediyesini kırgınlığa çeviren sizin tepkilerinizdir."

"Nankörlük ediyormuş gibi görünmek istemem ama dürüstçe konuşmak gerekirse, mutsuz olmaktan yoruldum. Kendimi niye böyle hissettiğim neyi değiştirir?"

Çünkü bu mutsuz duygular, sizin mutlu olmanız için gerektiğini düşündüklerinizle, yaşamın uyumlu olmamasından kaynaklanıyor. Eğer görmek isterseniz, bu sizi mutluluktan yoksun bırakanın yaşamın kendisi olmadığını gösterecektir. *Sizi yolda bırakan, sizin yaşam hakkındaki düşüncelerinizdir.* Yaşamdan vazgeçmek yerine, bu yanlış düşüncelerden vazgeçin. Bunların sürekli bir çatışma kaynağından başka bir şey olmadığını görmekte daha istekli olun. Sahte benliğiniz size kendinizi korumak için bu düşüncelere sahip olmanız gerektiğini söyleyecektir – onlar olmadan yaşayamayacağınızı ya da değerli bir şeyi kaybedeceğinizi. Yapmak zorunda olduğunuz şey, aksi yöndeki tüm itirazlara karşın, onlarla birlikte yaşayamayacağınızı görmektir. Kaybedeceğiniz yalnızca mutsuzluğunuz olacaktır.

Burada iki liste var. Bu yaşamı iyileştiren düşünceleri yalnızca benimsemekle kalmayacaksanız, sıra yaşamdan gerçekten ne istediğinize geldiğinde, size üstün seçimler yapmakta yardımcı olacaklardır. Bu listeleri incelemek ve sonra da birbiriyle karşılaştırmak değerli bir çalışma olacaktır. Her iki listeye de kendi içgörünüzü de katabilirsiniz, bunu yapmanızı şiddetle öneririm.

Bakalım *kendi* istediğinizi istediğiniz zaman ne oluyor:

1. Sıklıkla sinirli ve endişelisiniz çünkü yaşam, planlarınızda sizinle işbirliği yapmayabilir.
2. İstediğinizi elde etmek için ne gerekiyorsa feda etmeye hazırsınız ve buna kendi bütünlüğünüz de dahil.
3. Genellikle bir sonraki zaferinizi nasıl kazanacağınızı tasarlamakla meşgulsünüz.
4. Ya bir savaştasınız ya da bir diğerinin yaralarını sarıyorsunuz.
5. Gerek duyduğunuzda durup sakin sakin dinlenemezsiniz.
6. Biri ya da bir şey yolunuza çıktığında kolayca kızıyorsunuz.

7. Sonsuza kadar başka bir şeyi istemeye güdümlüsünüz.

8. Sizinle aynı şeyi isteyen başka herkese karşısınız.

9. Sahip olduğunuz tek şeyin olduğunuz kişi olduğundan eminsiniz.

10. Sürekli kendinizi istediğiniz şeye sahip olduğunuza inandırmaya çalışıyorsunuz.

Şimdi şunu dikkatle düşünün. Eğer *yaşamın* istediğini isterseniz:

1. Olan hiçbir şey sizi hayal kırıklığına uğratmaz.

2. Her zaman doğru zamanda doğru yerdesinizdir.

3. Koşullar ne olursa olsun, sakinsiniz ve kendinize güvenirsiniz.

4. Öfke ve endişe size ulaşamaz.

5. Çevrenizde olan bitenin farkındasınız ve duyarlısınız.

6. Kendinizi bir şey kaçırıyormuş gibi hissetmeyi bilmezsiniz.

7. Hiçbir zaman bir şeyi kaybetmekle yıkılmazsınız.

8. Tüm olaylara hâkimsiniz.

9. Düşünsel olarak dinginlik içindesiniz.

10. Daimi olarak şükredersiniz.

"Yaşamın ne istediği ile benim ne istediğim arasında bir ayrım yapmak gerektiğinde, takip edilecek basit bir rehber gibi bir şey yok mu? Neyin ne olduğunu nasıl kolayca söyleyebilirim?"

"Her zaman şunu hatırlayın: Eğer bir istek endişe ve hüzün kaynağı ise, o istek sizindir, yaşamın değil. Eğer bir istekte acı varsa, boşunadır. Gerçek yaşamın sel olup akmasını istiyorsanız, kendinizi gelecek için haz vaat edip bugün acıdan başka bir şey vermeyen kendi isteklerinizin selinden kurtarın."

"Kendimi kendi isteklerimin selinden nasıl çekip çıkarabilirim?"

"Onlar tarafından sürüklenip götürüldüğünüzü görün, o zaman selin içinde batıp çıkmaktan yorulmaya başlarsınız. İşin püf noktası şu: Bu düzenbazlar özellikle güçlü bir isteği ne kadar önemliymiş gibi gösterseler de, acı veren bir düşünce ya da duygunun varlığının gerekli olduğunu asla kabul etmeyin. Karanlık varlıklarını reddederek, size, sözlerle anlatılamaz varlığını vermesi için şu ana yer açmış olursunuz. İstediğiniz –ve sizi isteyen– yaşamın sizi beklediği yer burası."

"Söylediğiniz her şey oldukça anlamlı. Doğruyu söylemek gerekirse, her şeyi geride bırakmak ve yaşamın götürdüğü yere gitmek isterdim, ama korkuyorum. Eğer isteklerimden vazgeçersem bana ne olacak? Yaşamımın kontrolünü kaybetmez miyim?"

"Zaten en başından beri kontrolünüz altında olmayan bir şeyin kontrolünü kaybedemezsiniz. Hiç kimse yaşamı kontrolü altında tutamaz – ne kendisinin yaşamını, ne de başkasının. Eğer gelip vücudunuzu dolduran ve can veren daha büyük kozmik enerjiler olmasaydı, elinizde bu kitabı tutuyor ve kelimelerini okuyor olamazdınız. Bir kişinin stres seviyesini ölçmek istiyorsanız, yaşamın o ne isterse onu yaptığını söylemekte ne kadar ısrarcı olduğuna bakın. Yaşamın istediğini istemeyi öğrenmekle kaybedeceğiniz tek şey, kontrolü elinizden kaçırmaktan olan korkunuz, o da en başından beri kontrolünüzde değildi ama yaşamın istediğini yorucu karşıtıyla yaşadığınızdan, öyle sanıyordunuz."

İşte en önemli nokta bu: Hiçbir insanın yaşamı kontrolü altında tutmaya gereksinimi yok, gerçekte kimse yaşamın dışında değil. Gerçekte kim olduğunuz, gerçek benliğiniz, yaşamın kendisinden farklı bir yerde değil. Bırakın yaşam sizi taşısın. Onu hoş karşılayın. Her bir anı yenidir ve dopdoludur – kendinden önceki bir an tarafından dokunulmamış ve azaltılmamış. Yaşamla tam bir ilişkiye girmek, kendinizi daha üstün olan bir benliğe vermek demek. Yaşamın gerçek amacını gerçekleştirmek, kendinizi gerçekleştirmektir; bu ikisi birdir ve aynıdır. Burada yaşamın istediğini istemenize yardımcı olmak için beş önemli ders var:

1. Hiçbir şey aynı anda hem serbest bırakılıp hem de ona karşı konulamaz, bunun anlamı kendi içimizde taşıdığımız bir güçsüzlüğü reddetmek, onu korumakla aynıdır.

2. Gerçek soyluluk doğuştan kazanılan bir hak ya da toplumsal statü değildir, her bir ruhun doğal halidir ve bu kutsal mirasın varlığının farkına vardığında, bu ikiz gerçeğin gücünü düşünmesine gerek olmaksızın bilir: Adalet ve merhamet birdir, aynı sevgi ve korkusuzluk gibi.

3. Sizi yargılayan bir şey yok; size eziyet eden de, gerek duyduğunuzda yanınızda olan da sevdiğinizdir – ve yalnızca o sevgidir.

4. Korktuğu şeye hizmet edenler, hizmetlerine karşılık aldıkları tek şeyin daha fazla korkmak olduğunu görmeyi başaramazlar.

5. Zamanımızı başkalarını, onların olmasını istediğimiz kişilere dönüştürmeye çalışmakla boşuna harcayabiliriz ya da böyle bir düşüncenin doğasında olan kusuru görürüz ve –bizim gereksinimlerimize uysunlar diye başkalarını değiştirmeye çalışmak yerine– bizim yapmamız gerekenden başkasının sorumlu olduğu düşüncesindeki yanlışlığı görürüz.

6. Bölüm

Yepyeni Birine Dönüşmek

Yeni biri olmanızın anahtarı yaşama tekrar başlamak. Size bunun olanaksız olduğunu söyleyip duran tüm bu düşünce ve duygulara –hem yeni bir benliğe olan gereksinimini yadsıyan, hem de olabilirliğine dudak büken şu içinizdeki fısıltılar– aldırmayın. Size yardımcı olacak şu anlayışla, süpürün gitsinler: Geçmişte içinizde uğradığınız bozgun, içsel bir zafere ulaşamayacağınız anlamına gelmez. Yaşamda uğradığınız herhangi bir yenilgi, yalnızca meydan okumaya yanlış yaklaştığınızı gösterir. Yaşamınıza yeniden başlamayı bin kere deneyip başarısız olmanızın kanıtladığı tek şey, bin kere yanlış yerden başladığınızdır.

Gerçek şu ki, yeni bir yaşam yok. Size gereken yalnızca doğru yerden bakmak. Eğer gömülü bir hazinenin üzerinde duruyorsanız, tüm yapmanız gereken bulana kadar kazmaktır. Eğer doğru yerde değilseniz, ne kadar çok çalıştığınızın ve ne kadar derin kazdığınızın bir anlamı yoktur, hazine diye bir şeyin olmadığına ikna olmanız dışında, karşınıza çıkacak bir şey yoktur. Gerçek öğretileri, burada bizim için son derece önemli hale geliyor. Eğer istekli isek, gerçek öğretilerinin şu anki anlayış seviyemize tam bir içgörü sağlamaları, bizim için iki şey birden yapar. Birincisi aynen korku dolu duygularımızı yatıştırmak için, endişe düşüncelerini yardıma çağırmak gibi, başarısızlığa mahkûm yöntemlerle başarılı olmaya çalıştığımızı, onların ışığıyla görmeye başlarız. İkincisi, yanlış yönlendirildiğimizi anladığımız anda –bir çaba göstermeksizin– o bilinçsiz ilişkiden kurtuluruz. Artık kandırılabilmemiz söz konusu değildir ve bunun anlamı yaşamımızda gerçekten yeni bir başlangıç yapmaya yakın olduğumuzdur.

Daha Büyük Olguların Sizi Acılı Geçmişten Kurtarmasına İzin Verin

Yaşama yeniden başlamak her an yapmamız gereken bir şeydir. Yeniden başlama isteğinin gelmesini beklememeliyiz, çünkü o noktada yaşama yeniden başlamayı istemek, zaten olmuş bir şeyden kurtulmak için nafile bir istekten başka bir şey değildir. Önceki bölümlerden birindeki derslerde, kaçındığımız ne varsa ona bağlandığımızı öğrendiğimizi hatırlıyor musunuz? Dertli Ben'imizden –ya da onun yarattığı dertli durumlardan– kaçmak için yaşama yeniden başlamaya çalışmak, çöken limandan kurtulmak için batan gemiye atlamaya benzer. Açıkça bu, baştan başlamanın değil sadece dibi boylamanın bir yoludur. Ancak taze bir başlangıç yapmanın bir yolu var!

Bir daha asla bizi aşağı çeken bir pişmanlık ya da hüzün anı olmasın diye, geçmişteki acı veren bir durumu geride bırakmak için, her hareketin, karşılaştığımız her beklenmedik olayın, her düşünce ve duygunun –niteliği ne olursa olsun– *kendi yaşamı olmasına* izin vermek zorundayız. Yaşamı bu yeni ve daha yüksek bir anlayışla –düşünceden gök gürültüsüne gökyüzü altındaki her şeyin, kendi doğumu, yaşamı ve ölümü olduğu anlayışıyla– görmeyi denersek, o zaman bir gün bu güzel huzur dolu gerçeği fark etme noktasına geliriz: *Geçmişimizden gelen bir acının geçmemesinin tek nedeni, bizim içimizde onun doğal seyriyle tükenip gitmesine engel olan bir şeyin bulunmasıdır.* Oyalanıp kalan her hüzün, Sahte Ben'in onu geride bırakmaktaki isteksizliği nedeniyle nefes almaya devam eden, doğal olmayan bir yaşam formudur. Bunu kendimize kanıtlayabiliriz ve bu yol boyunca bizi cesaretlendirmesi için şu gerçeklerden başlayarak, kanıtlayacağız.

Fizikçiler, din adamlarının, bilge insanların ve sufilerin uzun süreden beri bildikleri şeyi yeni doğruladılar: *Her bir şu an yenidir ve yeni her zaman tam şimdidir*. Şimdi her zaman eskiyi söker atar. Yeni, sonsuz yaşam kutlamasında yerini daha yeniye bırakmak için ölür. Bu felsefe ya da daha sevecen ve yumuşak bir evren için dilenen yersiz bir dilek değil. Yaşam bu süreçle işler. Yeniden başlamanın –tekrar, tekrar ve tekrar– güzelliğini ve önemini görmek için, yalnızca herhangi bir canlıyı gözlemlemeniz gerekiyor. Eğer yaşamda herhangi bir şey, eskiyi söküp atmayı başaramıyorsa, hızla gelişimi durur. Bir pınar artık yeni sularla beslenemiyorsa, suları kısa sürede pis ve zehirli olur. Bu güçlü ilke, başka hiçbir zaman, insan yaşamı söz konusu olduğunda doğru olduğu kadar doğru olmamıştır. Şu anda bu cümleyi okuyan siz ile cümleyi bitiren sizin aynı kişi olmayacağı bilimsel bir gerçek!

Yani kanıt kesindir. Bize söylediği şey, yaşamlarımızın hep aynı ve boş olduğunu düşünmemizi gerektiren gerçek bir nedenin bulunmadığıdır, çünkü bizim de bir parçası olduğumuz gerçek yaşam, tam şu anda yenidir. Onun olayı budur. Bizim görevimiz, yaşamımızda bu gerçeğin gücünü serbest bırakmaktadır. Şöyle düşünüyor olabilirsiniz: "Sadece bu anı yaşayan bir canlıya dönüştüğümde, bu bana neye mal olacak? Sürekli yeniden başlamayı nasıl öğrenebilirim?" Aynı yorgun bir kaya tırmanıcısının, dinlenmek için zaman zaman ulaşması güç bir çıkıntıya tırmanmak zorunda kalması gibi, bu daimi güvenliği bulmak için sizin de bazen kendinizi aşmaya cesaret etmeniz gerekir. Kendi içimizdeki gerçek yükselişte tehlike yoktur. Tek gerçek tehlike bulunduğunuz yerde kalmaktır. Bunu bir düşünün. Her anında yeni bir sizin bulunduğu o gerçek yaşam kalitesini fark edip içine girerseniz, bu kalbinizin her atışında, tüm önceki olası kalp kırıklıklarından kurtulmanız anlamına gelir. Bu yeni yaşamda her ilişki hem ilk kez hem de tekrar tekrar başlar. Tam şimdi, tüm o cesaretsizlik sona erer. Her meydan okuyuş, her güçlük yalnızca zamanında sırtlanılır ve asla ileri taşınmaz ya da geriye pişmanlıkla bakılmaz. Hepimizin gerçekte istediği bu değil mi? Evet, öyle!

Neler olduğunu görüyor musunuz? Daha şimdiden harika bir şey oldu. "Bu her daim yeni yaşam gerçekten olası mı?" diye sormuyoruz artık. "İçimde, yaşamı bu yeni yolla yaşamaktan beni alıkoyan ne?" diye soruyoruz. Ne büyük fark! Eğer kendinizi cesurca böyle sorgulamaya devam ederseniz, acılı geçmişi geride bırakmaktan ve yepyeni bir kişi olarak doğmaktan sizi evrende hiçbir şey alıkoyamaz. Gerçeğin mükemmel vaadi budur.

Siz Düşünebileceğinizden Çok Daha Fazlasısınız

Yeni yaşamın gerçekten yeni deneyiminin arayışında, çoğunlukla heyecanı gerçek öz-yenilikle karıştırırız. Bir şey isteriz ve elimize başka bir şey geçer. Yaşamda darbelere uğramakla destek almak ne kadar aynı ise, heyecan da ancak o kadar yeniliktir. İçimizde bir yerde, yeni yaşam için siparişimiz karıştırılmaktadır. Bu sanki dondurma istemek ve garsonun yerine bir greyfurt getirmesi gibidir; bir noktadan sonra mutfakta, tatlı bir yaşamın ne olduğuna dair kendine ait düşünceleri olan birisi olduğundan şüphelenmeye başlarsınız.

Dizginleri elinize almanız gerekecektir. Olasılıkla buna karşı çıkılacağının ve fazladan sıkıntıya girmek istemediğinizin farkındasınızdır. Ancak bir noktadan sonra –çünkü nadiren size istediğiniz şey getirilmektedir– arkaya, yaşamın büyük "mutfağına" gitmeniz ve niye mutfaktan çıkanların doğru olmadığını kendiniz görmeniz gerekecektir. Yapın! Çabanız, en yüksek beklentilerinizin ötesinde ödüllendirilecektir. Şu kısa öykü bu özel düşünceyi örnekliyor.

Bir adam yeni bir çift ayakkabı istemekteydi ve bu nedenle, yeni açılan büyük bir çok katlı mağazanın büyük açılışına gitmeye karar verdi. Gittiğinde, içeri girmek için bekleyen büyük bir kalabalık vardı. Saat dokuzda kapılar açıldı ve kendini bu çılgın kalabalıkla içeriye doğru sürüklenirken buldu. Şansına, birkaç dakika sonra bu alışverişçiler dalgası onu ayakkabı bölümü gibi görünen bir yere getirdi. Çevresine baktı ve bir satış görevlisi göremediğinden, denemek için kendisi bir çift ayakkabı kaptı.

Ayakkabıları ayağına geçirdiğinde "Bunda bir yanlışlık olmalı" diye düşündü. Ayağına giydiği ayakkabılar dengesizlik hissi veriyordu. Ayakkabıları çıkarıp yakından incelediğinde her iki ayakkabının topuklarının bir yanlarının aşınmış olduğunu gördü. Bir başka çift aldı ve onları denedi. Bunların görünüşleri çok hoştu ama ayağa kalktığında tabanlarından yukarı doğru yer karolarının soğukluğunu hissedebiliyordu. Ayakkabıları çıkardı ve yakından inceledi. Hiç şüphe yoktu, bu ayakkabıların kösele tabanları neredeyse tamamen yıpranmıştı. Bu kadarı fazlaydı. Ayakkabıları eline aldı ve ayağında çoraplarla yakındaki bir kasaya yürüdü, böyle yepyeni bir mağazanın nasıl olup da böyle tapon mallar sattığını sordu.

Kasadaki görevli ona baktı ve sabırla gülümseyerek "Beyefendi mağazanın bu bölümünde yalnızca ikinci el giyim eşyası satıyoruz. Eğer yeni bir çift ayakkabı almak istiyorsanız, sizi yeni ayakkabı bölümüne yönlendirmemi ister misiniz? Bir kat yukarıda. Aradığınızı orada bulacağınızdan eminim" dedi.

Tüm gerçek öykülerde olduğu gibi, bu kısa öykü de bize birkaç pratik ve daha derin dersi bir arada veriyor. Aynı belli bir malı almak istediğinizde, öncelikle doğru yerde olduğunuzdan emin olmanız gerektiği gibi, neyin gerçekten yeni olduğunu anlamak için, önce *doğru yanınıza göre yaşıyor olmanız lazım.*

4. Bölüm'de duyguların hissettiğiniz bir şey olduğunu, sizin ne olduğunuzu belirlemediğini öğrendiğimizi hatırlıyor musunuz? Aynı şey düşünceleriniz için de geçerlidir. Nasıl gerçekte olduğunuz kişinin yaradılışına şu anki hissetme şeklinizle sınırlı olmak ya da tanımlanmak uygun değilse, aynı şekilde gerçekte olduğunuz kişiyi, kendi hakkınızdaki düşüncelerinizde de aramamalısınız. İzin verin, bu şaşırtıcı düşüncenin altında yatan özgürleştirici gerçeği size basit bir örnekle göstereyim. Bir

kez tüm bunları açık bir şekilde gördüğünüzde, yeni olana sadık kalmak, kendinize sadık kalmak kadar basit olacaktır – ve hayatınızdaki biricik, en büyük haz olacaktır. Aklımıza bir limon gelse, limon hakkındaki düşüncemizin limonun kendisi olmadığını biliriz. Ama yine de eğer gerçekten limonu gözümüzde canlandırırsak –onu orada aklımızın gözüyle görürsek– ağzımız sulanmaya başlayabilir. Şimdi, bu canlı limon deneyimize karşın, limon *düşüncesi* hâlâ limonun kendisi değildir. Burada olan şudur: "Limon" düşüncesi bir dizi koşullu ilişkiyi tetikler ve ardından limona benzer şeylerle ilgili algıları üretir. Çabucak! Düşünsel limon gerçek gibi görünür, çünkü onu düşünmemiz ağzımızı buruşturan anıları yeniden deneyimlememize neden olur. Konu limon olduğunda bu kolay bir kavramdır, çünkü aramızda kendini acı içinde limonlarla özdeşleştiren kişi pek bulunmaz. Kendini bir şeyle özdeşleştirmek ne anlama gelir?

Kendinizi, kendiniz olmayan bir şeye bağlı olarak düşündüğünüzde, kendinizi onunla özdeşleştirirsiniz. Açıklığa kavuşturmak için, şöyle söyleyelim: En son yepyeni ayakkabınızı kazara çizdirdiğiniz ya da yepyeni pantolonunuzu yırttığınızda ne hissettiğinizi bir düşünün? Sanki onlar değil de kendiniz zarar görmüşsünüz gibi gelmişti! Hatırladınız mı? Kendini birisiyle ya da bir şeyle özdeşleştirmek böyle bir şey. İnsanın canını yakar! Konu dışımızdaki şeyler olduğunda, bunlardan herhangi birini anlamak çok güç değil, ama sıra "ben" kelimesine geldiğinde, birden bilincimizin üzerine bir sis çöker. Bu dersin başında ne dediğimizi hatırlayın: Siz olduğunuzu düşündüğünüz kişi değilsiniz. Şimdi, bu önemli düşünceyi, biraz önce özdeşleşmek hakkında öğrendiğimizi kullanarak yeniden düşünelim.

Kendiniz hakkında düşündüğünüzde, "ben" kelimesini kullandığınızda, aynı daha önce "limon" kelimesini kullandığınızda olduğu gibi, bir dizi içsel hareket bu "ben" kelimesini çevreler ve destekler. Yalnız bu "ben'i", "kendiniz" olarak algıladığınız kişiyi, her düşündüğünüzde, biriktirilmiş anılar marketi daha da büyür ve öne çıkan deneyimler, düşünce ve duygulardan neredeyse bir taş duvar oluştururlar. "Ben"iniz hakkında düşünürken, gerçek sanırsınız, çünkü biriktirdiğiniz geçmişinizin dalgaları içinizden geçip gittikçe, size siz olmanın o çok bilindik duygusunu verir. Ama bu "ben" duygusu –kaç kez ve ne kadar güçlü olarak hissettiğiniz fark etmez– siz değilsiniz. Örneğin eski pişmanlıkları yeniden yaşarken hissettikleriniz ne kadar "gerçek" olursa olsun, siz geçmişiniz değilsiniz. Sizi işkenceye bağlayan, bu eski duygularla kendinizi özdeşleştirmek. Bu sahte kimlik, onu adlandırdığımız şekliyle bu "Sahte Ben" sahtedir, çünkü ödünç alınmış bir yaşam sürmektedir.

Büyük oyun yazarı ve felsefeci William Shakespeare şöyle yazar: "Ne alacaklı ol ne de borçlu, çünkü çoğunlukla borç hem kendisini hem de bir arkadaşı yok eder." Sıra yaşamın kendisine geldiğinde, bu güçlü düşünce bundan daha doğru olabilir mi? Gerçek bize, kimliğimizi bir tarafa bırakın, hiçbir şeyi ödünç almamamızı söyler. Yaşamın her an yeni olmasından gelen o enerjik niteliğini kaybetmiş gibi görünmesinde şaşılacak bir şey yok. Yalnızca gerçek bir yaşam yaşadığımızı düşünüyorduk! Bu ödünç alınmış, sahte kimliğin içinde ve ona göre yaşarken, Gerçek Ben'inizi bulmaya çalışmak ve sahiplenmek güneşin derin, yerin altında bir mağaraya gelmesini beklemek gibi bir şey: Heyecanla çok şey beklenir ama gerçek öz-gerçekleştirimin ne ışığı ne de sıcaklığı gelir.

Kızgın ve Endişeli Duyguları Anında Atın Gitsin

Anı anına yaşanan güneşli bir yaşam sürmek için, başınıza yeni bir şey gelmesine istekli olmanız gerekiyor. Eski yaşamında gerçek anlamda hoşnutsuz olmadığı sürece kimse samimi olarak yeni bir yaşam istemiyor. Eski düşünceleri geride bırakmak, yeni bir şeyi gerçekten davet etmenin tek yolu. Bu yüksek seviyeli düşüncelerin yardımıyla öğrenmekte olduğumuz da bu. Kendi hakkımızda yeni öğrendiklerimizin, nasıl acı veren ve tekrarlayan mutsuzlukları yepyeni, parlak ve olumlu bir deneyime dönüştürdüğünün bir örneğine bakalım.

Arkadaşınız olduğunu düşündüğünüz birisinin birden size son derece ters davranmaya başladığını gözünüzün önüne getirin. Bu işyerinde ya da özel yaşamınızda olabilir – yerin ve ortamın önemi yok. Hepimiz nasıl olduğunu biliriz. Önce başlangıçta bir yüzleşme olur. Ardından bir patlamayla ya da sürekli buhar basıncı artan bir çaydanlık gibi taşarak bu öfkeyi ve kızgın duyguları ifade etmeye başlar. Şimdi siz de kaynamaya başlamışsınızdır. Ancak siz kendi üzerinizde daha evvel çalışmıştınız. Ve kendinizi daha yukardan gözlemlemekte antrenmanlı olduğunuzdan, bu sıcak duyguların gelişinin beraberinde ateşten fazlasını getirdiğini biliyorsunuz; aynı zamanda yeni bir ışık da var. Ve içinizdeki bu özel ışıkla, yüzeye çıkan kızgınlığın, korku dolu duygularla özdeşleşmiş olmaktan doğduğunu biliyorsunuz: Karşınızdaki bu kişinin sizi anlamamasından, bırakabileceğinden, "umursamaktan" vazgeçtiğinden ya da artık sizin bakış açınızı doğrulamaya yaramayacağından korku.

Bu yüksek öz-farkındalık durumuna gelmeden önce, geçmişte böyle durumlarda kızgınlığınız devam eder ve büyük olasılıkla kendinizi kaybederdiniz. Yine patlardınız ve siz de dahil, daha fazla insan o günü nefretle anardı. Bununla birlikte, bu sefer durum böyle değil. Niye? Çünkü, konumunuzu savunmak yerine –eski alışkanlığınız olduğu üzere– artık bu kendini tehdide ya da saldırıya uğramış hisseden "siz"in gerçekte olduğunuz kişi olmadığını anlıyorsunuz. Gerçek kişiliğinizin hiçbir psikolojik ya da duygusal konumu savunması gerekmediğini biliyorsunuz. Bu yüksek seviyeli bilgi, yeni bir şeyin olmasına izin verme isteğinizle birleşerek, sizin hemen ve kolaylıkla bu tepkisel ve sahte kimliği terk etmenize olanak sağlıyor. Tebrikler! Bu sahte yaşamı bıraktığınız anda, gerçek bir yaşamın içine girersiniz: O anda yaşama yeniden başlamak –yaşamınızı kızgınlıkla verilen bir tepkiden ödünç almayarak– bu olumsuz korku duygusunun yaşayıp ölmesine izin verirsiniz. Kendinize eski olanı geride bırakma izni verdiğinizde, yeni olana bağlı kalırsınız.

Bu kesinlikle yeni ve doğru eylemin yararları pek çoktur. Her zaman diğerleri de yaşamı sizin gördüğünüz gibi görsünler diye diretmenin eşlik ettiği, kızgın ve endişeli duygularla yaşamaya devam etmek zorunda olmamak bu yararlardan sadece biridir.

Burada belirttiğim yaşamı özgürleştiren beş yaklaşım, yaşamınızda yeni bir şey olmasına izin vermenize yardımcı olacaktır. Barındırdıkları gerçek üstün anlayış, bunu gerçekleştirmek için neye gereksiniminiz varsa verecektir: Açıklık, yönlendirme ve başarmak için yüreklendirme:

1. Kendinden şüphe, kendinizi nasıl hissettiğinizin, başkalarının sizin hakkınızda ne hissettiklerine bağlı olduğu düşüncesiyle özdeşleşmekten doğar.

Kendinizden şüphe etmeyi bırakın.

Bu yalnızca sizi, kendilerinden olan kendi şüpheleri için bir şey yapmaktan âciz olanlara daha da bağımlı yapar. Bağımsızlık güvenli olmaktır.

2. Her şeyi ben bilirim diye düşünmek, yalnızca yanlış bir şeyi gösterebilmenizin sizi bu yanlışlığın üstünde bir yere koyduğu düşüncesiyle özdeşleşmekten doğar.

Her şeyi sizin bildiğiniz düşüncesini bırakın.

Yalnızca doğru bir şeymiş gibi görünür. Yanlış bir şeyden doğar. Doğru, hissettiğiniz bir şey değildir; doğru, olduğunuz bir şeydir.

3. Kendine acıma ve geçmiş pişmanlıklar, yapmış olduğunuzdan daha farklı yapabilirdiniz düşüncesiyle özdeşleşmekten doğar. Eğer yapabilseydiniz, yapardınız.

Pişmanlığı bırakın.

Sizi yalnızca daha iyisini bilmeyen eski yaşam seviyenize bağlar ve daha iyisini yapabilen kişi olmanıza engel olur.

4. Kızgınlık, başkaları sizin bakış açınıza uymadığı zaman duyduğunuz korkuyla özdeşleşmekten doğar.

Diğerlerine ve kendinize kızgınlık duymayı bırakın.

Kızgınlıkla verilen bir tepkinin gücünün güç olmadığını görün. Tek tek tüm güç eylemlerinin eşit bir güçte bir karşıtı olduğunu unutmayın. Bu da kavganın niye hiç bitmediğini açıklar. İzin verin bitsin.

5. Kendi kendine işkence etme, ne kadar acı çekersen o kadar gerçek, o kadar önemli olursun düşüncesiyle özdeşleşmekten doğar.

Kendinize işkence etmeyi bırakın.

Sizi önüne katar ama hiçbir yere götürmez. Gerçekte olduğunuz kişi, olmadığınız kişi yüzünden acı çekmez.

Kendinizden Vazgeçmek Kendinizi Yukarı Taşımaktır

Bir daha asla kendinizi, kendi hakkınızdaki düşüncelerinizde bulmaya çalışmanız gerekmeyeceğini giderek fark etmeniz, mutlu bir olaydır. Bu biraz da başınızı çarpmanızın, sadece başınızın ağrımasına neden olduğunun ve her günkü baş ağrınızı tedavi etmeyeceğinin birden farkına varmak gibi bir şeydir! Bitmesini o kadar istediğiniz bu içsel darbelerin, siz vurmayı bıraktığınızda, nihayet son bulduğunu şaşkınlıkla fark edeceksiniz. Bu şaşırtıcı gerçeği kavramak sizi içsel yenilik arayışınızda çok önemli bir ana getirecek. Ve kararlı olmalısınız. Kendinizle alışkanlığınız olduğu üzere uğraşmaya bir ara verdiğinizde –yeni bir şey olmasına izin vermek adına bunu yapmak zorunda olduğunuzu biliyorsunuz– içinizde tümüyle farklı ve rahatsız edici bir duygunun yükselmeye başladığını fark edeceksiniz. Buna asla inanmamıştınız ama işte ruh gözünüzle bakarsanız, tam önünüzde duruyor: *Size olacak şey sizi endişelendirmeden gerçekleşecek ama siz aslında, olacak olan hakkında gerçekten endişelenmeye başladınız.* Ben yokum! Anında bu sahte duyguyu yakalayıp, içinizdeki diğer üçkâğıtçıların yanına fırlatıp atıyorsunuz. Stres olmadan yaşam da olamayacağına inanmanızı istiyorlar! Ve yine de, bu aptalca görüşü saf dışı bıraktıktan sonra bile, hâlâ bir an için içsel keşiflerinizde bulduklarınızı bir kenara bırakmak düşüncesinin çekiciliğine kapılıyorsunuz. Başka her şey, bu giderek artan kendinden emin olamama durumundan daha iyi görünüyor. Bu korku duygusunu dost sanmayın. Bunun yerine gerçeğin size ne söylemeye çalıştığını dinleyin.

Bu bilmiyor olmaktan kaynaklanan duyguların sizi götüreceği yer her neresi olursa olsun bunu düşünüp kaygılanmayın. Yükselen savunmasızlık duygunuz hakkında, akıllıcaymış gibi görünen bu kaygı, bir başka sahte kimlikten başka bir şey değil. Onu da uzaklaştırın. Yaşamınıza tekrar girmesine izin vermeyin. Ben'in tamamen uzaklaştırılması, şu anın saf haliyle sel gibi akmasına olanak sağlar. Gerçekten yeni bir şey olmakta ve siz bunu biliyorsunuz. Bu yenilik sizin gerçek eviniz. İçinde güvendesiniz ve kendi yarattığınız bildik ama kızgın düşünce ve duyguların pençesinin erişimi dışındasınız. Ne kadar zaman alırsa alsın, bu yüksek seviyeli kendini uzaklaştırma halinde sebat edin. Yavaş yavaş ama kesin olarak, alışkanlık haline gelmiş Ben'iniz tarafından sürüklenişiniz giderek azalacaktır. Ruhunuz hafifledikçe, uğruna savaştığınız bu yeni yaşamın, gerçekte olduğunuz kişi olduğunu göreceksiniz: Sizin gerçek benliğiniz. Tüm bu süre boyunca, yakalandığınız şiddetli fırtınadan korunmak için girerken önce korktuğunuz, dağ yamacındaki derin mağaranın sunduğu güçlü ve yıkılmaz bir barınak gibi oradaydı. Sonsuz bir hoşnutlukla, bu özel yenilikte, gerçek bir sığınak bulacaksınız. Bununla yeniden güçle dolarsınız. Her şey yolunda. Fırtınalar artık size erişemez.

Burada kendinizi geride bırakmaya başlamanızda yardımcı olabilecek özel bir egzersiz var. Kendinizi eski alışılmış düşünce ve duyguların ırmağında yüzmeye hazırlanırken yakaladığınız her seferde, *kendini uzaklaştırma* uygulaması yapın. Buna şöyle başlayacaksınız: Geçmişin akıntısının şu andaki yönünüzü belirlemesine izin vermeyin. Hemen şimdi kendi yaşam hakkınıza sahip çıkın. Siz düşünceleriniz ya da duygularınız değilsiniz. Her biri sizi kucaklamak için çağırıp ardından emirlerini sıralayan, acıtan kimlikler olmadan yaşamaya cesaret edin. Bu eski, alışıldık duygulanımlara yolları açık olsun diyerek, her an yeni bir şey olmasına izin verin, onlardan uzak durun. Bir zamanlar katlanmakta sıkıntı yaşadığınız şimdi ise onsuz yaşamaya katlanamayacağınız yeniliği bulacağınız güne kadar, bu özel kendini uzaklaştırma ve içsel uyanıklık üzerinde çalışın!

Kendi Koşullarınızla Nasıl Yaşanır?

Her bir gerçeğin ardında dost bir gücün olduğunu biliyor muydunuz? Ve hepsi bu değil: Bir gerçek sizi asla yarı yolda bırakmaz ya da vefasızlık etmez. Dahası var: Zaman zaman öyle değilmiş gibi görünse de, gerçeklerin sahtelik üzerinde mutlak bir üstünlükleri vardır. Niye? Çünkü bir gerçeğin kökleri gerçekliktedir; sahte olanın üzerinde egemenlik kurmak için gerek duyduğu tüm gücü yaşamın kendi dokusundan alır. Bu gerçek de güvenebileceğiniz bir gerçektir. Şimdi, bilmiyor olabileceğiniz bir başka güvenilebilir gerçek var. Yaşamınıza girmekte olan yaşam-iyileştirici etkisiyle tanışın.

Hiçbir insan sizin üzerinizde yetkili değil. Yaşamınız yalnız ve yalnızca size ait. *Ne çatık kaşlı yüzlerin ya da rahatsız edici davranışların ne de meydan okuyan duruşların veya tehdit eden tonlamaların, üzerinizde kendinizi gergin ya da endişeli, korkmuş veya kızgın hissetmenize neden olacak bir gücü var.* Bu bir gerçek ve başka birinin kendisine nasıl hissetmesi gerektiğini söylemesine izin vermekten bıkmış herkes, gerçek ve sürekli bir bağımsızlık için bu özgürleştirici ilkeyi kullanabilir.

Bu temel gerçeği bir kez daha tekrar edelim: Bir bütün olarak bizim düşünsel, duygusal, ruhsal iyiliğimizin için o kadar önemli ki. Hiçbir insanın gerçekte olduğunuz kişi üzerinde herhangi bir yetkisi yok. Gerçek doğanızın yanıtı hayır olur. Bunun anlamı şudur: Eğer yaşamı tümüyle kendi belirlediğimiz koşullarla yaşamıyorsak –eğer yaşamımızda bizim üzerimizde egemenlik kurmuş birisi varsa– bunun nedeni, yaşamın o kişiyi haksız bir şekilde bize göre daha avantajlı yapmış olması değildir. İşin doğrusu, basitçe söylemek gerekirse, yaşamdaki gerçek mal varlığımızı bağışladığımızdır; unutulmuş bir miras şimdi bize sesleniyor ve bize Gerçek Ben üzerinde hiç kimsenin ya da hiçbir şeyin egemenlik kuramayacağını hatırlatıyor. Her birimiz tümüyle bağımsız ve tümüyle özgür bir insan olma hakkına sahibiz. Gerçek, sizinle bu soylu yaşam arasında gerçek hiçbir şey bulunmadığını ilan ediyor ve sizi, yaşamı kendi koşullarınızla yaşamanın saf hazzını geri kazanmaya davet ediyor.

"Aslında bu ilanın doğruluğunu hissediyorum ve zaman zaman yaşamı kendi koşullarımda yaşayabilirmişim gibi göründüğü de oluyor. Ama bilmediğim nedenlerle, sanki kendime ait bir yaşamım yokmuş gibi geldiği başka zamanlar da var. Ne demek istediğimi anlıyor musunuz?"

"Evet anlıyorum. Biraz daha açabilir misiniz? Dürüstçe kendinizden şüphelerinizi ve varlığından şüphe ettiğiniz zaaflarınızı bilinç seviyesine taşımak için kendinize izin vermenizde her zaman için özel yararlar vardır."

"Tamam, denemek istiyorum. Örneğin bazı insanlarla konuşmaktan neden korktuğumu anlamıyorum ve ayrıca konuşmak istemesem bile, konuşmayı bırakamadığım başkaları da var. Sonra bazen birileri için aslında yapmayı hiç istemediğim şeyleri yapmayı kabul ediyorum ya da kendimi gerçekten olmak istemediğim yerlerde buluyorum –gerçekten hoşlanmadığım insanlarla birlikte– ve yine de bırakıp gidecekmiş gibi görünmüyorum. Ve size karşı gerçekten dürüst olmam gerekirse, bazen onayları benim için en anlamlı olan kendi öz insanlarıma karşı neden bu kadar kırgınlık duyduğumu bilmiyorum. Hiç anlamlı görünmüyor. Böyle zamanlarda yalnız niye böyle davrandığımdan emin olmamakla kalmıyorum, kendimden hoşlanmıyorum bile. Akla mantığa uymuyor. Bir insan nasıl bir dakika kendi yaşamından sorumlu olur ve bir sonraki dakika yaşamını başka birinin avucunda bulur? Neler oluyor?"

"Haklısınız, akla mantığa uymuyor; ve gerçek şu ki kendinizi, pohpohlayan ama sahte kavramlarla tanımladığınız sürece de akla mantığa uymayacak. Denkleminize bu yeni içgörüyü yerleştirin ve görün bakalım bir şeyler anında anlam kazanmıyor mu? Ne zaman yapması gücünüze giden ancak kendinizi yapmak zorunda hissettiğiniz bir şey yapacak olsanız, bilinçaltı olarak, bu konuda kendinizin gerçekte nasıl hissettiğinizden çok, başkalarının sizin hakkınızda ne hissettiğinden kaygı duyuyor olmalısınız. Bunun anlamı, yaşamı çatışma içinde yaşamaktır."

"Durumun bu olduğunu anlayabiliyorum. Bu neden kendime böyle davranmayı isteyebileceğim dışında, hemen her şeyi açıklıyor. Özellikle bu yeni gerçeklerin ışığında, neden başkalarının gözünde nasıl göründüğümü umursayayım ki?"

"Lütfen şu yorumu dikkatle dinleyin. Bu sizi tekrar kendi yaşamınıza sahip olma yoluna sokacaktır. Her zaman insanlar sizin hakkınızda ne kadar iyi düşünürse, kendiniz hakkında o kadar iyi hissedebileceğinize inandınız. Bununla birlikte, bu düşüncenin tersinin de eşit derecede ve ne yazık ki doğru olabileceğini hiç gerçekten düşünmemiş olabilirsiniz, o da şu: Başkaları tarafından ne kadar az onaylanırsanız, kendinizi o kadar yalnız ve kendinizden şüpheye düşmüş hissedersiniz. Bu niye başkalarının hoşuna gitmeniz gerektiğini düşündüğünüzü ve aynı zamanda niye hoşlarına gitmeniz gerektiğini düşündüğünüz kişilere karşı kızgınlık duyduğunuzu açıklıyor. Başkaları tarafından onaylanmak garip bir yaşam destek sistemi haline gelirken, bir yaşam boyu ona bağımlı olduktan sonra, bilinçaltı olarak, varlığınızı doğrulayan birisi olmadığı sürece yaşamın da olmayacağına inanırsınız. Doğru olan tam tersidir. Kendinizi kendinize doğrulatmak için başkalarına ne kadar bağımlı olursanız, kendinize ait gerçek yaşam o kadar azdır."

"Evet ama başkalarının onayını almanın yanlış bir tarafı olduğunu söylemiyorsunuz herhalde?"

"Elbette ki hayır. Bu zaten tüm insan ilişkilerinde kendiliğinden ve sağlıklı olarak oluşur. Bununla birlikte, onayını kazanmakla onay arayışında olmak arasında çok büyük bir fark olduğunu keşfediyoruz. Tüm bu eş dost onayı sürecine karşı son derece uyanık olmalıyız. Kurnaz insan bizi başkalarının onayını aramaya iten güçlerin, bize ne kadar güçlü ve derinden hükmettiğini anlar. Bizim zaafımız hakkındaki bu bilgiyi kendi yararlarına kullanırlar. Yalnızca, etkin bir içsel uyanıklık yaratan daha yüksek bir öz-farkındalık, bu bilinçsiz ve kendine ihanet eden, yanlış yönlendirilmiş güçlere –ve bunun yanı sıra bu güçleri bize karşı kullanmak isteyenlere– karşı güvende kalmamızı sağlar."

"Bu sorunun bu kadar derin olduğunu kim tahmin edebilirdi?"

"Beni dinleyin: Derin değil. Yalnızca sizin için henüz anlaşılır değil. Kırsaldaki bulanık göleti gözünüzün önüne getirin. Birkaç kulaç derinliğinde de olabilir, yalnızca diz boyu derinlikte de. İçsel sorunlar bize derin görünür, çünkü sahte benliğimiz her şeyi öyle karıştırır ki onların gerçek dibini göremeyiz. Doğru düşüncelerle çalışmanın amacı, onları berraklaştırmaktır. İçimizde dinginsek ve kendimizi net bir şekilde görebiliyorsak, boyumuzu aşması korkusu olmadan zorluklarımızın arasından yürür gideriz. Bir kez sorunun nedenini gördük mü, çözümünü de biliyoruzdur."

"Bu örnek hoşuma gitti. Lütfen devam edin."

"Evet, bakalım bunların hepsi birbiriyle nasıl bağlantılı. Öğrendik ki bizi başkalarının onayını aramaya iten, yalnız ve şüphe içinde olmaktan korkumuz ve yaptığımızın doğru olduğundan emin olmak isteği. Yani bu bize, yaşamlarımızın böyle sık olarak başkalarının eline geçmesinin temel nedeninin, onların bize üstün olmaları ya da dünyanın bizim için çok güçlü olması değil, taşıyabilmek için çok güçsüz olduğumuzu düşündüğümüz belirsizlik ve yalnızlıkla yüzleşmek istemememiz olduğunu söylüyor. Bu, yaşamdaki tüm yanlış ilişkilerimizin gerçek nedeni de aynı zamanda. *Bize ihanet eden kendi zayıflığımıza inancımız.*"

"Bu harika. Sizden daha ilerde olduğumu düşünüyorum. O zaman çözüm de zayıflığa boyun eğmeyi reddetmek olmalı?"

"Evet! Kendi zayıflığınızın yapmanızı istediği gibi kaçmayı ve zayıflığa boyun eğmeyi bilinçli olarak reddetmek, gerçek içsel güveni çağırır ve sonunda getirir. Bu yeni güç, giderek her bir gerçek varlığın temel taşı haline gelir – sizin her zaman istediğiniz yaşam. Ödül gerçekten ebedidir – ancak kendinize karşı alınacak galibiyet, ışığın her zaman için karanlığı yendiği gerçeği kadar kesindir. Eğer, yalnızca kişiliğinizi savunmak için değil ama büyüyüp gelişmesine ve tomurcuklanmasına –olumsuz, kendine ihanet eden etkilere teslim olmayı reddetmenizin meyvesinin tomurcukları– olanak vermek için, kendinizin gerçek hâkimi olma mücadelesinin içinde kalmaya devam ederseniz, yaşamın ödül olarak verebileceği en yüksek onayın ne olduğunu öğreneceksiniz: Gerçeğin kendisi sizi onaylayacaktır. Ve bunu yaptığı zaman, tüm mücadeleleriniz geçmişin bir parçası haline gelecek. Kendinizin sahibi olacaksınız. Artık yeni, aydınlık bir içdünyada yaşıyor olacaksınız – koşulları her zaman sizin belirlediğiniz bir dünya, çünkü sizin koşullarınız ve bu mutlu yeni içdünyanın koşulları asla çatışma içinde olmaz. Kendi yaşamınızı kazanmış olacaksınız."

Daima Kendinin Hâkimi Olmak İçin
Özel Çalışma Bölümü

1. Kendinizle ne yapacağınızı bilmediğinizde, size ne yapacağınızı söylemekten mutluluk duyacak biri her zaman bulunur.

2. Kendini bile onaylamayan birinin onayını kazanmak için çalışmak niye?

3. Öfkeli birisine yaltaklanmak, kuduz bir kurdun onayını kazanmaya çalışmak gibidir.

4. Ne kadar onaylanırsanız, kazanmanız gereken onay o kadar artar.

5. Bütünlüğünüzü ve mutlu bir insan olma hakkınızı teslim almak isteyen bir kişi ya da koşulu yaşamınızda tutmaya devam etmek, buna dahil olan herkes için yanlıştır.

6. Fırtınada dışarıda dikiliyorsanız, havayı suçlamayın.

7. Gerçek güç, her zaman güçsüzlüğün köklerinden birinin ortaya çıkarılmasının ardından gelir.

8. Kendinizi aramayın. Kendiniz olmaya cesaret edin.

9. Eğer gerçekten yaşamınızda doğru bir şey yapıyor olsaydınız, kimsenin size doğru şeyi yaptığınızı söylemesine gerek duymazdınız.

10. Yaşamınızın başka birisi tarafından devralınmasına izin vermek, garsonun yemeğinizi yemesine izin vermek gibidir (Vernon Howard).

Öğrenmek başta ne kadar şaşırtıcı gelse de, çevrenizdeki çoğu insan uyanmanızı ve kendinize ait bir yaşamınız olmasını istemez. Bu karanlık isteklerinin bilincinde değillerdir ancak yine de, sizin Gerçek Ben'inize karşı uykuda kalmanıza gereksinim duyarlar; aksi halde artık geçmişte olduğu gibi, küçük planları ve bencil amaçları için onlara hizmet etmezsiniz. Ben'inizin gerçekliğinin farkına varırsanız, onların sahte ben algılarını kim destekleyecek? Oyun bitti! Elbette şunu da belirtmek gerekir: Dünya denen gezegende çalışan ve oynayan insanlar, bu şekilde düşündüklerinin bilincinde değiller. Ve bu yüzden de pek çok ilişkide bu kadar çok acı var. Bu hiçbir yere varmayan oyunu bırakıp gitmenin zamanı geldi. Burada, gerçek yaşama evet demeye başlayabilmeniz için bu bilinçaltı etkileşime hayır demeye başlamanızda size gereken bazı yararlı düşünceler var.

Konu yaşamı kendi koşullarınıza göre yaşamanız olduğunda, düşünsel gücün iki temel ilkesi vardır. İlki, üstünde çalışmış olduğumuz gibi, tek yapmayı bildiğinizin olan biteni istememek olduğu, yaşamın o anlarına evet demeyi öğrenmekle başlar. Direnç göstermekten bu şekilde vazgeçmek, kolay bir yaşama –kendi içinizde ve başkalarıyla ilişkilerinizde– giden yoldur. Ancak kendi yaşamınızı kazanmanın ikinci yolu tüm dünyaya "Hayır, bu bana uymaz!" yanıtını vermeyi öğrenmekle başlar. Bu yanıt güçtür çünkü kendinizden, yapmayı kabul ettiğiniz şeyin ağırınıza gittiği bir başka günü daha tamamlamanızı gerektiren türde bir ödün vermeyi artık istemediğiniz anlamına gelmektedir. Bu komplonun çöküşü çevrenizdeki dünyada "dalgalar" yaratırken, hiç şüphe yok ki yalnızca "köpekbalıkları" onların dünyasını terk etmekle hata ettiğinizden yakınacaktır.

Kendinizi Sahte İlişkilerden Kurtaracak 6 Yanıt

Bugünden tezi yok, kendi yaşamınıza sahip çıkmaya başlayın. Hızlı sonuç için, işte size çevrenizdeki insanlara, nasıl istiyorlarsa öyle yapmalarını, ancak artık kendinize karşı dürüst olmamanızı gerektiren hiçbir ilişkiyi sürdürmeye niyetiniz olmadığını ifade etmek için, verecek altı yanıt:

1. "Yaşamda önemli olması gerektiğini söylediğin şeyle canımı sıkmaktan daha önemli işlerim var."

2. "Kendi yaşamınla ne istiyorsan yapmakta serbestsin, yalnız benim de aynı şeyi istememi bekleme."

3. "Aynı hatayı iki kereden fazla yaptıktan sonra gelip bana ağlama."

4. "Lütfen kendi istemediğin o deneyimi benimle paylaşmaya çalışmaktan vazgeç."

5. "Senin tüm numaran, sende benim istediğim bir şey olduğuna beni ikna etmek üstüne kurulu, ancak başka birinin beni ona olan gereksinimim için ikna etmesini gerektiren bir şeye benim gereksinimim yok."

6. "Sen kendi yoluna gidiyorsun, ben de kendi yoluma – bu şu anlama geliyor: Seninle gelmemi istemekten artık vazgeçebilirsin."

Bu Soruyu Kendine Sor ve Özgürlüğe Doğru Kaç

Bir zamanlar kötü bir büyücü, bir grup tutsağa öyle bir büyü yapmıştı ki büyücünün isteklerinin kendi istekleri olduğuna inanmışlardı. Bu güçlü bir kara büyüydü. Yalnızca bu ruhsal kölelerin her birinin kendi mutsuz duygularının bilincine varmasını engellemekle kalmıyor aynı zamanda böyle hissetmekten başka bir seçimleri olmadığına inanmalarını da sağlıyordu. Ve böylece bu zavallı erkekler ve kadınlar, emredilen eylem çoğunlukla kendi gerçek doğalarına aykırı davranmalarını bile gerektirse, gönüllü olarak büyücü için çalışıyorlardı. Yıllar boyunca bu acımasız büyünün kötü etkisi altında olduklarını bilmeden çabalamaya devam ettikçe, birbirlerini kırmaya da devam ettiler. Sonra bir gün, tam büyücünün kötücül isteklerinden birini yerine getirirken, tutsaklardan biri irkilerek bir şeyin farkına vardı. Bu içgörü adeta içinde şimşek gibi çakmıştı. Niye daha evvel bu kadar basit bir soruyu kendine sormamış olduğuna şaşırmıştı. Ona verilen bu sevimsiz görevi yerine getirmeye uğraşsa da şunu merak ediyordu:

"Eğer istediğim şeyi yapıyorsam, o zaman nasıl oluyor da bunu yapmak canımı acıtıyor?"

O anda, onun için doğru yanıtı bilmenin bir yolu yoktu ama önemsiz gibi görünen bu soru, bir gün yeniden kendi yaşamına hâkim olabilmesini sağlayan bir mucizenin başlangıcı oldu.

O noktadan itibaren, her gün ve her an, anlatılmaz bir mutsuzluk içinde kendini o aynı soruyu sorarken bulacaktı: "Eğer istediğim şeyi yapıyorsam, o zaman nasıl oluyor da bunu yapmak canımı acıtıyor?" Bilmediği şey, bu soruyu kendine her soruşuyla aynı anda büyücünün kötü büyüsünün etkisine de ağır bir darbe indirdiğiydi. Çok geçmeden, artık kendi canını yakmaya devam etmek için kafasında iyi bir neden bulamadığında, mutlu gün geldi çattı. Bunu nihayet fark etmesi, yaşamı üzerindeki kötü etkinin sonu anlamına geliyordu. Mutsuz yaşamından kaçarak evine, özgürlüğüne kavuştu.

Kimse bundan bahsetmeyi gerçekten istemez, ama gerçek şu ki her birimizin dünyasının üzerinde asılı duran bir çeşit kötü büyü var. Aslında, bu toplu büyünün bir kısmını, bizim onun varlığını yadsımamız oluşturur. Onun adı acı çekmektir. Bu herkeste vardır – ve öykümüzdeki büyülenmiş tutsaklar gibi, herkes acı çekmelerinin bir şekilde kendilerine yararlı olduğuna inanır. Büyü etkisini bu yolla gösterir. Yoksa, kendine acı çektirmenin kendine yardım olduğuna inandırılmadığı sürece, niye herkes kendini mutsuzluk duygusuyla cezalandırsın ki?

Şimdi bunun örneklerinden birini inceleyelim. Her şeyden önce kızgın olmak acı çekmektir. Kızmanın kimseye yararı yoktur. Kızgınlık, kızgınlık duyan kişinin kendisine zarar verir. Yakar. Kızgınlık ilişkileri mahveder, üzüntüye ve pişmanlığa yol açar ve sağlığı bozar. Ve yine de, tüm bu gerçeklere karşın, kızgınlık duyduğumuzda, bu bize doğru görünür. Bir şekilde, görünmeyen bir yolla, kızgınlık o öfkeli duyguları deneyimleyen herkese kendini haklıymış gibi hissettirir – bunun gerçekle uzaktan yakından bir ilgisi olmasa bile. Aynı senaryo korku, endişe, küskünlük, şüphe, suçluluk ya da herhangi bir karanlık ruh hali için de geçerlidir. Bu kadar yanlış olan bir şey nasıl doğru görünebilir? İşte yanıt: Olumsuz duygular sizin için en iyisi gibi gelir, çünkü yaşamınıza sızdıkları anda sizi güçlü bir sahte ben algısıyla doldururlar. Bununla birlikte, aynı büyücünün kötü büyüsü gibi, bu ben algısı öfkeden doğar ancak yalancı duygulara bilinçdışı olarak onay verdiğiniz ya da orada olduklarının farkında olmadığınız sürece var olabilirler. Niye? Çünkü bu olumsuz Ben'in çıkarları sizin için en iyisi değildir. Bu uydurulmuş geçici kimlik yalnızca acı çekmek için vardır. Kimse isteyerek kaybetmeyi seçmez.

Bu ders başlangıçta zor gibi görünebilir ancak, anlamayı istemekten vazgeçmezseniz, bir gün nasıl olup da herhangi bir nedenle kendinizi kötü hissetmeye inandırılmış olduğunuza şaşıracaksınız. İçten içe, eğer acı çekmezseniz kendinize ya da başkasına ihanet etmiş olacağınıza dair hisleriniz ne kadar inandırıcı olursa olsun, gerçek, bilinçsizce acı çekmenin asla sizin için en iyisi olmadığını bilmenizi ister. Acı veren bir duygunun sizi ona gereksiniminiz olduğuna inandırmasının tek yolu, o duygu seliyle hipnotize olmanızdır. Kendinizden bir adım uzaklaşın. Onun yerine daha yüksek bir içgörünün, gerçek içdünyanızda sessizce akan nehrini dinlemeyi öğrenin. O içgörü acının ardındakini görür. İzin verin, acı çekmenin hiçbir şeye yaramadığını size göstersin. Eğer kendinizden kaçabilmek için özel bir yardım istiyorsanız, öykümüzdeki hipnotize olmuş kahramanı ruhsal esaretinden kurtararak, özgür kılan kilit soruyu hep hatırlayın. Bu sorunun sizin için aynı şeyi yapmasına izin verin. Sizin için tekrarlayacağım: "Eğer istediğim şeyi yapıyorsam, o zaman nasıl oluyor da bunu yapmak canımı acıtıyor?" Gerçek, kendinize rağmen yapmakta olduğunuz şeyin bir kez farkına vardığınızda, yapmayı istemediğiniz şeyi yapmayı bırakacağınız konusunda size güvence veriyor.

Cezalandırıcı Duyguları Aşağıda Bırakın ve Uzaklaşın

Burada acı çekmenin büyüsünü güçlü bir şekilde bozmanın 10 yolu var. Her birini baştan sona okuduğunuzda, bir dahaki sefere, acılı bir duygu ve düşünce seliyle sürüklenip götürülmek üzereyken, o anlayışı nasıl kullanabileceğinizi düşünün. Onları yaşamınıza kabul ederseniz önemli etkileri olacaktır.

1. Acı çekmek kendinize ya da başkalarına önem vermenin anlamını bildiğinizi göstermez. Gösterdiği şey, önem vermek hakkındaki kendi düşüncelerinizin ne anlama geldiğini bilmediğinizdir, yoksa kendinize karşı bu kadar umursamaz olmazdınız.

2. Acı çekmek haklı olduğunuzu göstermez. Gösterdiği şey aslında doğruyu yanlıştan ayıramadığınızdır, yoksa acı çekmenizi bunun kanıtı olarak görmezdiniz.

3. Acı çekmek sorumlu olduğunuzu göstermez. Gösterdiği şey kendinize karşı gerçek sorumluluğunuzu yerine getirmediğinizdir, yoksa kendinize bu kadar kötü davranmazdınız.

4. Acı çekmek önemli olduğunuzu göstermez. Gösterdiği şey daha çok kendinizi özgür ve oldukça mutlu "herhangi birisi" gibi hissetmektense, sefil durumda ama "birisi" olmayı istediğinizdir.

5. Acı çekmek yaşamda yapayalnız olduğunuzu göstermez. Gösterdiği şey gerçek doğaları gereği sizi iyi olan her şeyden soyutlayan, düşmanca duygu ve düşüncelerin size arkadaşlık etmesini tercih ettiğinizdir.

6. Acı çekmek tüm dünyanın size karşı olduğunu göstermez. Gösterdiği şey sizin her şeye –kendiniz dahil– karşı olan tarafta yerinizi aldığınızdır.

7. Acı çekmek sizin gerçek olduğunuzu göstermez. Gösterdiği şey sahte, çalkantılı bir yaşam algısıyla kendinizi özdeşleştirdiğiniz ve onu gerçek yaşamın sakin doluluğuyla karıştırdığınızdır.

8. Acı çekmek başka birisinin haksız olduğunu göstermez. Gösterdiği şey, haklı olduğunuzu kanıtlamak için kendinize zarar vermek de dahil her şeyi yapabileceğinizdir.

9. Acı çekmek düşündüğünüz kişi olduğunuzu göstermez. Gösterdiği şey gerçekte kim olduğunuzu bilmediğinizdir, yoksa başka türlü acı çeken bir Ben'i asla bir kimlik olarak kabul etmezdiniz.

10. Acı çektiğiniz için acı çekmek, acıyı durdurmak istediğinizi göstermez. Gösterdiği şey acıyı sona erdirmekten korktuğunuzdur, çünkü acının sona ermesinin sizin de sonunuz anlamına geldiğini düşünüyorsunuz. Ama öyle değil.

Yeni edinilen her bir yüksek içgörü, ilk kez varlığını fark ettiğimizde, benzersiz bir meydan okumadır. Aynı, daha önce bilinmeyen ve ulaşılamazmış gibi görünen bir zirveye ilk çıkan, özverili bir dağcı gibi, ilerlemeye devam etmeliyiz. Dağcı, en başta zirvenin görkeminin çekimine kapılır ve yüce gizemlerinin vaadiyle heyecan duyar ancak tırmanışına başlamakta kararsızdır çünkü zor olacağını bilmektedir. Ancak, tırmanmaya olan aşkı, düşme korkusuna ağır basar ve güçlüklerle ilgili son düşünceleri de kafasından uzaklaştırır. Yeni yüksekliklere ulaşmak için tüm yapması gerekenin yamacı incelemek ve ardından tırmanmaya başlamak olduğunu anlar. Yükseklere gitmesini istemeyen ağır, cesaret kırıcı duyguların onu kandırmasına asla izin vermez. Ayrıca şu gerçeği de bilir: Üstünde uzanan dünyaya her seferinde bir adım atarak tırmanılır.

İçsel yükseliş için de aynı şey doğrudur. Önce gerçekleri öğrenir, yüksek düşünceleri inceler ve ardından tırmanmaya başlarız. *Gerçek olan her şey ulaşılabilirdir.* Acı çekmenize asla gerek olmadığı doğrudur. Burada kendinizi cezalandıran duygulardan sizi yukarı ve uzağa taşıyacak ilk adımı atmanızda yardımcı olabilecek bir egzersiz var. Egzersizin adı şu: *Gerçekten istediğim bu mu?*

Mutluluğunuzdan ödün vermenizi gerektiren hiçbir içsel koşulu kabul etmek zorunda değilsiniz. Devam etmeden önce bir sonraki cümleyi birkaç kez okuyun. Böyle hissetmenizin ne kadar doğru olduğunu *düşünseniz de*, kendini haksız hissetmek hiçbir zaman doğru değildir. Bir şekilde *hissedip* başka bir şekilde *düşünmek*, çatışma içinde yaşamak anlamına gelir. İç çatışma ise gerçekten olan tek acıdır; o yüzden içsel birlik, kendine acı çektirmenin büyüsünü bozabilecek tek gerçek çözümdür.

Nasıl işe yaradığını şöyle anlatabiliriz: Bir dahaki sefer kendinizi herhangi bir şey hakkında kötü hissetmeye başlarken yakaladığınızda, o anda yaptığınız ne varsa bırakın ve olabildiğinizce dürüst olarak ve basitçe kendinize sorun: "Gerçekten istediğim bu mu?" Artık gözünüzün önüne serilmiş olduğundan, kendi resminizin tamamını görmeye çalışın. Düşüncelerinizin, onların gösterdiği endişe ya da intikam veya korku yönünde ilerlemek zorunda olduğunuza ikna edildiğini, ancak kendini kötü hisseden tek kişinin de siz olduğunuzu keşfedeceksiniz. Bu kendine ihanet eden düşünceler, sizi dışarıda heyecan dolu bir gece geçirmek için dövüş seyretmeye davet eden bir dost gibidir, ardından kendinizi esas etkinlik olarak ringde bulursunuz! Tekrarlıyorum: Mutluluğunuzdan ödün vermenizi gerektirecek hiçbir koşulu kabul etmek zorunda değilsiniz. Tüm çelişkili duygu ve düşüncelere içinizden "İstediğim sen değilsin!" diyebilirsiniz ve demelisiniz. Gözünüze resmin tamamı ne kadar net görünürse –acı çekmenin aptalca olduğu ve asla gerekçe gösterilmemesi gerektiği– o kadar güçlü bir şekilde içsel birliğinizi ilan edeceksiniz. Yaşamın tam olabilmesi için mutlu olmak gerekir. Gerçekten istediğinizi seçerek, mutlu bir yaşama sahip olmayı seçin.

Eve, Gerçek Ben'inize Giden Tüm O Yolu Kat Edin

Kime sorarsanız sorun büyük olasılıkla size nerede yaşadıklarını, ne iş yaptıklarını, başkalarının onları nasıl gördüğünü söyleyecek, ardından size biraz evvel söylediklerini daha iyi açıklamak için, ayrıntılarıyla planlarını anlatmaya başlayacaklardır. Bu kişiler, sıra o çok eski "Ben kimim?" sorusuna geldiğinde, hepimizin yaptığı o aynı yanlışı yaparlar. Kendilerini ne kadar yanlış yer varsa, orada ararlar.

Kadın umutsuzca kendisini ailesinin gözlerinde, mülklerinde, dostlarında ve âşıklarında bulmaya çalışır. Erkek başarıları, inançları ve hobileriyle geçit töreni yapar. Ve ne zaman ki tüm güvenli ve güvende bir "ben" duygusuna ulaşmakta başarısız olurlar –zaten bunu asla yapamazlar– o zaman hata yapar, kendilerini o tüketici korku, umutsuzluk, endişe ya da yenilgi duygularında ararlar. Çok fazla olmasa bile umutsuzluk, ayrım yapmayı olanaksız hale getirir ve dolayısıyla nefret edilesi bir kimlik bile, kimliksizlikten daha iyi kabul edilir. Böylesine bir kendinden vazgeçiş, sonuçlarını yaşayanlarda iki şeye neden olur.

Birincisi, bir kişi kendini olağan düşüncelerinde bulamadığında ya da kendisi için çizdiği resim, yaşam tarafından onaylanmadığında ortaya çıkan boşluğu doldurur. Ortaya çıkan umutsuzluk, boşluğu doldurabilecek *her şeyi* kabul edilebilir kılar. İkincisi onları kendi istenmeyen, mutsuz benlerinden uzaklaşmak için güçlü bir şekilde yüreklendiren kişi ya da nesneden giderek artan bir hoşlanmama duygusu. Ancak hiç kimse kendi dertli BEN'inden bu yolla kaçmaz, çünkü bu seviyedeki "ben", kendini ancak kendiyle aynı seviyedeki yerlerde ve yüzlerde aramayı bilir. Ve aslında hiçbir şey değişmediğinden, bu acıklı model sadece tekrar ve tekrar ve tekrar kendini tekrarlar. *Yaşam bu değil.*

Gerçekte olduğunuz kişi, Özgün Ben'iniz sizin kendi beninizin bir eseri değil. Siz kendinizi şüphe ve korku dolu bir ben içinde düşünebiliyorsunuz ama güvenlik ve gerçek mutluluk içinde düşünemiyorsunuz. *Olmanız gerektiğini* düşündüğünüz kişi hakkında endişelenmeyi bırakın ve olduğunuz kişi olmaya başlayın. Nasıl mı? Kendinize kim olmanız gerektiğini söylemeyi bırakın ve sakin sakin size seslenen o tümüyle yeni sesi dinlemeye başlayın. İzin verin size Gerçek Ben'inizi nerede bulacağınızı göstersin bu yeni ses. İşte size bu başlıktaki önemli noktaları anlamanızda yardımcı olacak bir iç yaşamöyküsü, cesur bir yavru hakkında.

Küçük yavru nerde olduğunu ve oraya nasıl geldiğini bilmiyordu. Kendisinin ne olduğundan bile çok da emin değildi. Her şey o kadar kafa karıştırıcıydı ki. Aklından yüzlerce düşünce geçiyordu. Buraya nasıl gelmişti ve ne yapmalıydı? Ne yöne gitmeliydi ve hepsinden önemlisi ailesi kimlerdi ve neredeydiler? Eğer sadece bunu bilebilseydi, belki arkası gelirdi. Sanki bunlar azmış gibi, ormanda kendi zihinsel gevezeliklerinden daha gürültülü olan tek şeyin yüzlerce tuhaf yaratığın heyecanlı sesleriyle dolu ağaç tepeleri olması her şeyi daha beter ediyordu.

"Burada öylece beklemenin bir anlamı yok" diye düşündü ve yakın zamanda ağaçların devrilmesiyle oluşmuş küçük bir açıklığın karşısında gördüğü bir grup hayvana doğru, önlemi elden bırakmayarak ilerledi. Yaklaşırken "Belki de bunlar benim kız ve erkek kardeşlerimdir" diye düşünerek kendini rahatlatmaya çalışıyordu.

Daha irice olan hayvanlardan biri, yavrunun dost mu yoksa düşman mı olduğunu değerlendirmek için aniden öne fırladı. Bereket versin ki birkaç gergin andan sonra lider dişi Habeş maymunu onu kabul etti ve çok geçmeden tüm grup onu kendilerinden biri olarak görmeye başlamıştı. O da öyle hissediyordu. En azından bir süre için.

Kendini ve birbirlerini tımar etmeyi, ağaçlara ve kayalara tırmanmayı öğrendi. Ancak bir süre sonra kendini çok mutsuz hissetmeye başladı. Onların âdetleri umurunda bile değildi. Hiç kesilmeyen tümüyle anlamsız gevezelikleri sürekli başını ağrıtıyordu. Ama bundan da kötüsü, çoğunlukla inanılmaz derecede gergin ve sinirli olmalarıydı. Sonunda kararını verdi: Gitmeliydi. Ait olduğu yer burası olamazdı.

Dar nehir yatağı civarında kısa bir süre dolaştıktan sonra, gizlice gözetlediği bir şey ruhunu aydınlattı. İlerisinde küçük bir grup korkusuz hayvan vardı. Cesaretleri inanılmazdı. Su birikintisini ele geçirmek için, daha büyük, çirkin sesli hayvanlarla savaşıyorlardı.

"İşte!" diye düşündü. "Sonunda ailemi buldum." Ve onların tarafında kavgaya daldı.

Yabandomuzları birikintiyi savunmaya çalışan sırtlanlardan bile daha çok şaşırmışlardı. Açıkça dengenin aleyhlerine döndüğünü gören sırtlanlar kaçtılar ve birkaç homurtu ve başka garip davranışlardan sonra, yabandomuzları, kafasının karışmış olduğu açıkça belli olan bu yavruyu hemen aralarına kabul ettiler. Bir süre onlarla birlikte yaşadı, ama yine bir şeylerin fena halde yanlış olduğunu fark etmesi çok sürmedi. Her şeyden önce yiyecek bulmak için toprağı burnuyla eşelemeye dayanamıyordu. Burnu acıyordu! Ayrıca şu sonu gelmez homurtular vardı. Ne zaman onlarla davranışları hakkında konuşmaya kalksa, hep sonunda bunun yanlış bir karar olduğu oraya çıkıyordu. Bununla birlikte en çok herkesin bu kadar alıngan olmasından ve birbirleriyle olan ilişkilerinde, sevecenlikten çok kavgaların kural olmasından rahatsızdı. Ayrılmak istemiyordu ancak yüreğinin derinliklerinde biliyordu ki, ait olduğu yerde değildi. Bu kolay bir seçim değildi. Ve uzaklaşıp giderken, zihni ona sürekli eğer bu en son ailesini de terk ederse, sonsuza kadar kendi başına kalacağını söylüyordu. Kendini daha önce hiç bu kadar garip hissetmemişti. Ormanın hiç durmayan sesleri bile hissettiği boşluğu doldurmuyordu.

Epeyce bir süre, çevresindeki manzaranın dramatik bir şekilde değişmekte olduğunu fark etmeden yürümeye devam etti. Yavaş yavaş onu çevreleyen sık ağaçlar açık alanlara dönüştü. Birkaç kez başka küçük hayvan grupları gördü ama durup acaba kendininkiler mi diye bakma zahmetinde bile bulunmadı. Bir şekilde içgüdüsel olarak doğrusunu biliyordu. Bir noktada dinlenmek için durdu. Orada sakin bir şekilde uzanıp çevresinde sürüp giden tüm yaşama baktığında, içinde sürüp giden garip bir duyguyu fark etmemezlik edemedi. Ne kadar uğraşırsa uğraşsın bunu kendine açıklayamıyordu. Bu olup bitenden sonra, kendisini bu kadar iyi hissetmemesi gerekiyordu! Ama tam da öyle hissediyordu.

"Bu nasıl oldu?" diye düşündü merakla. "Kim olduğum ve hatta nereye ait olduğum hakkında en ufak bir fikrim yok. Şimdiye kadar bulabildiğim tek şey kim olmadığım."

Tam bunları düşünürken ovadan gelen bir sesle neredeyse kalbi duracaktı. Daha önce duyduğu hiçbir hayvanın sesinde böyle bir güç yoktu. Ses yeniden ovada yayıldı – hemen üstünden ve dümdüz ona doğru geliyordu. İçinden koşmak geliyordu ama bu o kadar çılgıncaydı ki, bu rahatsız edici seslerden uzaklaşmak mı yoksa seslere doğru koşmak mı istediğini bilemiyordu. Sonuçta, seçim şansı yoktu. Kükremenin geldiği yöne doğru koştu. Muhteşem görünüşlü küçük bir hayvan grubuna yaklaştıkça, giderek daha güçlü bir şekilde evini bulduğunu hissetmeye başladı. Yüreğinde bir çarpıntı vardı. Herkesi selamlamak için ağzını açtı ama ağzından çıkan aynı güçlü kükreme sesiydi. Kalbi çarpıyordu. Kendini bulmuştu. Ormanın kralıydı ve hep öyle olmuştu. Artık bunu biliyordu. Evdeydi.

Buradaki öykü gerçekten kim olduğunuzun arayışında size yardımcı olacak olan bu bölümün muhteşem bir özeti. Size geçici ama tatmin edici olmaktan uzak bir "ben" duygusu veren tüm tanıdık ancak yararsız zihinsel ya da duygusal ilişkiyi bırakarak yürüyüp gitmeye cesaret edin. Gerçek kimliğiniz size sesleniyor. Ama duyabilmek için, gerektiği sürece, kim olduğunuzdan emin olamamanın korkusuna dayanmanız gerekiyor. Korku hakkında kesin olan tek şeyin eninde sonunda sizinle uzlaşacağı olduğu giderek daha fazla açıklığa kavuştukça, bu görünüşteki bir çeşit kendinden vazgeçiş, sonunda en büyük hazzınıza dönüşür. Sıra gerçekte kim olduğunuza gelince, uzlaşma yoktur.

Burada büyük bir gizem var: Ancak kim olmadığınızı bildiğiniz zaman, gerçekte kim olduğunuzu bileceksiniz. Soylu doğanızın sesini dinleyin. Açık alanlardan korkmayın. Gerçeği arayın, güvende olmayı değil ve siz de eve giden tüm o yolu aşacaksınız. Gerçek Ben'iniz hakkında bu küçük derlemedeki önemli derslerin "sesini" dinleyin. Yenilmez olanın görüntüsünde yaratıldığınızı bilen, içinizdeki " sakin içsesi" izleyin.

1. Gerçek yenilik, yaşamda kendini hoşnut kılma kavramından daha fazlasıdır. Geride bırakmayı ve geçmişte olduğumuz kişinin bize şu an kim olmamız gerektiğini söylemesine izin vermeden yaşamayı seçtiğimiz her seferde, gerçek yeniliği deneyimleriz.

2. Sizi, yaşamı anlamlı kılan şeyin yaşamda ne kadar acı çektiğiniz olduğuna inandırmak zorunda olan taraflarınızı bilinçli olarak sorgulamayı öğrenin.

3. Bizi yenmeyi isteyen karanlık gölgeyi anlama ve kovma isteğimiz, içimizde dileğimizin gerçekleştiğinden emin olmamızı sağlayacak canlı bir ışığı uyandırır.

4. Yalnız kalma korkusu, sizi kendinizden ödün vereceğiniz bir ilişkiden diğerine sürükleyebilmek için kendinizi eksik hissetmenizi isteyen parçalarınızın sizinle kalmalarına izin vermenizden kaynaklanıyor!

5. Gerçek Ben'inizde bulmanız gereken şeyi başka kimse size veremez.

7. Bölüm

Geride Bırakın ve Bırakın Yaşamın Yüksek Güçleri Sizin İçin Başarsınlar

Hiç kaldırımda ya da otoparkta yere bakıp, bir şekilde yerdeki kaplamayı delip, temiz havaya ve gün ışığına ulaşmak için isteği ve yolu bulan tek bir çimen yaprağına hayret ettiğiniz oldu mu? Büyük bir boğuşmayı düşündüğümüzde, genellikle aklımıza gelen karanlıkta gömülü kalan ve ışığa ulaşmak için savaşan küçük bir çim tohumu olmaz. Ve yine de, günlerimizi koşturmaca içinde geçirdiğimizden, bu çimeni görmemiş olabilirsek de, ışıkta yaşanan bir yaşama sahip olmak için verilen bu eski mücadele bizim içimizde de sürüyor. Bizim eski sınırlı Ben'imizden dışarı, gerçek yaşamın sınırsız ve özgür olduğu bir dünyayı, kendi güneşli yerimizi bulmaya olan doğal ve yüksek gereksinimimiz, çoğunlukla yanıtsız kalsa bile her birimizi sürekli çağırmaya devam ediyor. Her birimizin içindeki bu kendimizi aşma gereksinimi, tüm canlılarda ifadesini bulan ezeli ve ebedi bir yasadır.

Ancak, yolunun nelerle kesilmiş olabileceğini umursamaksızın gün ışığını arayan taze çimen ya da hardal tohumunun aksine, bizimle daha parlak bir yaşamın arasında duran içsel gölgelerin ev sahibi yüzünden, sık sık ve kolayca cesaretimiz kırılır. Kendimizi özgürleştirmek için savaşıp kaybettiğimiz her bir seferde, bu yalnızca daha kötüye giden mutsuz bir durumdur. İşte bu yüzden doğru şekilde savaşmayı öğrenmeliyiz ve "muharebemiz" içimizde neyin gerçek neyin sahte olduğunu ve sonuç olarak yaşamımızı nasıl gördüğümüzü öğrenmekle başlar. Örneğin, özgürlük talebimiz sürekli reddediliyorsa, bu gücümüz ya da fırsatımız olmadığından değildir. Konu kendimizi özgürleştirmeyi başarmamız olduğunda, bu koşullara bağlı nedenlerin çokluğu ya da yokluğu, gerçek bir fark yaratmaz.

Bilge kartal, güçlü yukarı yönlü hava akımlarını yakalamak için, rüzgârda tam olarak nerede beklenmesi gerektiğini bilir. Doğanın kanunlarıyla uyumu, yüksekten uçan bir yaşamla ödüllendirilir. Bu nedenle eğer şu anki Ben'imizin üstüne yükselmek istiyorsak biz de kendini özgürleştirmenin geçerli, yüksek yasalarına uymayı öğrenmeliyiz. Bu kitap tümüyle bunun hakkında.

Şu an için doğa kanunlarının en küçük şeyler üzerinde bile nasıl hüküm sürdüğüne bakalım. Hz. İsa "Zambakları düşünün, nasıl büyürler: Çaba göstermezler, dönmezler ve yine de tüm o ihtişamıyla Süleyman, bunların hiçbiri kadar süslü değildi. Eğer Tanrı bugün kırdayken, yarın ocakta yanacak bir otu[1] böyle giydiriyorsa, size bundan daha ne kadar fazlasını giydirecektir, siz inanç fakirlerine?" derken tam olarak bu merhametli yüksek doğa kanunlarının görünmez varlığına gönderme yapıyordu. Eğer bu şefkat dolu doğa kanunları, yaşamdaki en küçük şeye bu kadar şaşırtıcı bir özen gösteriyorsa, doğanın değişmez kanunlarıyla uyum sağlamayı seçenlere yardım etme olanakları bundan daha ne kadar fazladır?

Biliyoruz ki karanlıkta doğan bir bitki filizi en kısa zamanda güneşin ısıtan ışınlarına ulaşmak zorundadır; yoksa yok olup gider. Yaşamının tamamı üzerinde hak iddia edebilmek için, şu

1. Filistin'de o dönemde yeterli odun olmadığından, ot yakma geleneği vardır. (ç.n.)

anki kötü koşullarından çıkması gerekir. Elbette yeni bir yaşamın küçük narin filizi bunu bilemez, ama ışık için umutsuzca verdiği savaşta yalnız değildir. Yaşamın kendisi –tüm engellerle aynı korkusuzlukla yüzleşen zeki ve yadsınamaz güç– onun tarafını tutmaktadır. Ve böylelikle bebek çimen tüm risklere karşın yükselir, çünkü yaşam, onun kendini ifade etmesini engelleyebilecek her şeyden daha güçlü olmanın bir yolunu, o ya da bu şekilde, ama mutlaka bulur.Size çalışmaları için yaşamın aynı büyük güçlerine siz de sahip olabilirsiniz. Şüphesiz ki kendinizinkinin dışında daha büyük bir yaşamın gereksinimini hissettiniz. Kim hissetmiyor ki? Hepimiz doğal olarak ket vurduğumuz düşüncelerimizi ve duygularımızı aşma gereksinimindeyiz, çünkü bizim gerçek doğamız, aynı kaynağı olan ışık gibi, yanlışlıkla edindiğimiz sahte kimliğimizin ağırlığını üzerimizden atarak ortaya çıkmamız için bize yol gösteriyor. Eski yaşamımızın karşılığında, bize yeni bir yaşam vermek istiyor. Bizden yalnızca, onun ezeli ve ebedi kendini yenileme sürecine uyum göstermekte gönüllü olmamızı istiyor ve kalanını o yapacak.Bu tür bir değiş tokuş yapılabilir mi diye düşünmeyi bırakın, yapılabileceğini kendinize kanıtlayın. Şimdi ilk adım, önünüze serilmekte olan şeylerin gerçekliğini görmek. Gerçek Ben'inizin aydınlığına ve keyfine yolculuğunuz başlayabilir. Sizden önce başkaları da o yoldan gittiler.

Bu Kendinizi Kısıtlayan Düşünceleri Yarıp Geçin

Tüm gerçeklik dersleri, hem bir davet hem bir eğitim hem de cesaretlendirmedir. Bize ayağa kalkmayı ve eski doğamızı bırakarak yürüyüp gitmeyi başarmamızda yardımcı olurlar. İnsanlar için tüm bu kendini dönüştürme, çiçeklerin yüzlerini güneşe çevirmesi kadar doğal olmalıdır. Bununla birlikte gerçek düşünsel yaşam hakkında henüz anlamadığımız çok şey var ve bildiğimizi düşündüğümüz birçok şeyi de bilmiyoruz. Aşağıdaki kısa öykü Vernon Howard'ın *Kendi İlhamın Ol* (New Life, 1975) kitabından. Bu benim gerçeklik üzerine yazılmış öyküler arasında en sevdiklerimden biri, çünkü bizim görünmeyen içsel durumumuz ve bunun yanı sıra eğer mevcut tatsız kendi içine hapsolmuşluğumuzdan kurtulmayı başarmak istiyorsak bizden ne beklendiği hakkında önemli ipuçlarıyla doludur. Öykünün adı: "Şaşkın Metal".

Bir zamanlar bir metal parçası, bir fabrikadaki alt raflardan birinde, rahat rahat yatmaktaydı. Orada toz toplamaktan başka hiçbir şey yapmaksızın uzun bir süredir duruyordu. Günün birinde bir işçi onu yerinden kaptı, bir tezgâha götürdü ve bükerek normal şeklini bozmaya başladı.

"Bunu bana niye yapıyorsun?" diye bağırdı, korku ve dehşet içindeki metal parçası.

"Hayallerinin de ötesinde harika şeyler görebilmen için" diye yanıtladı işçi. "Şu an için her şey garip ve korkutucu görünüyor olabilir ama bir gün gelecek çok memnun olacaksın. Bak seni bir teleskop yapıyorum."

İçsel bir değişiklik geçirmeye olan gönüllülüğümüz, şu anki konumumuzun çok ötesindeki enginlikleri görmemize olanak sağlar.

Kendi yarattığımız ve kendimizle sınırlı dünyamızı geride bırakmanın anahtarı, bize kötü bir şeyler "olacakmış gibi" ya da hızla "hiçbir yere" gidiyormuşuz gibi gelse de, devam etmekteki istekliliğimizde saklıdır. Vazgeçmek ya da geri dönmek düşüncesi, yalnızca herhangi bir durumu tam olarak anlayamadığımızda aklımıza gelen talihsiz bir seçenektir. Burada, gerçek içsel ilerlememiz için, kendimizi daha iyi tanımamız öylesine önemli bir hale geliyor ki devam etmeniz gerektiğini yüreğinizde bilip de ayaklarınız mesajı almadığında, "kendinde ısrar etmenin" yapamadığını "kendini anlama" yapabilir, kapıları açıp sizi geçirebilir. Nasıl olduğunu söyle açıklayabiliriz:

Kendimizi tanıma çalışmaları sayesinde, Sahte Ben'in bizi mevcut tek dünyanın onun dünyası olduğuna ikna etmenin bir yolunu bulması gerektiğini biliyoruz. Kötü amacına ulaşma yollarından biri de, bizimle kötücül içsesler yoluyla konuşmaktır. Bu konuşan düşüncelerin şöyle fısıldadıkları ya da feryat ettikleri duyulur:

"Ne yararı var?"

"Hiçbir ilerleme kaydetmiyorsun."

"Değiştirmeyi denedin ama yaşam çok fazla sert."

"Kayığı sallamak niye?"

"Sadece eski haline geri dön, bundan çok daha kolay olacak."

Sahte Ben, bunlarla ya da eşit derecede sinsi yollarla, korkmuş ve değişikliğe direnen düşünme şeklini, sanki sizin kendi gerçek düşüncelerinizmiş gibi size devretmeye çalışır. Bu yenik, kendine acıyan düşünceler size ait değiller. Size, gerçek yaşamın sizi artık terk etmeye davet ettiği, aynı kısıtlı dünyanın içinden geliyorlar. Sahte Ben'inizi geride bırakmak için duyduğunuz zayıf ama samimi isteğe karşı, bu düşük doğanız gücü yettiğince, kendinden çıkışın yalnızca tehlikeli değil ama aynı zamanda olanaksız olduğuna sizi inandırmak için her şeyi yapmaya iter. Bu kritik iç muhabereyi kazanmayı umabileceği tek yolun, bir şekilde sizi kaybettiğinize inandırmak olduğunu biliyor. Bilmenizi istemediği şey, yönü yukarı ve dışarı doğru belirlenmiş yolculuğunuza çıkmanızı engelleyecek gerçek bir gücü olmadığı. Aynen öyle! Şu şaşırtıcı gerçeği dinleyin: Sahte Ben ve onu oluşturan her şey mekanik. Tozlu anılardan, koşullu inançlardan, alışkanlık haline gelmiş beraberliklerden, eski korkulardan, tekrarlayan şüphelerden, bildik zevklerden ve çeşit çeşit tepkilerden oluşuyor. Kısacası, Sahte Ben gerçekte canlı değil. Lunaparkta 5 liralık bir turdan daha gerçek bir yaşamı yok.

Bırakın İçinizdeki Dünya Yoluna Devam Etsin

Bir zamanlar, bir adam uyandığında kendini perili gibi görünen bir evde araba sürerken buldu. Nerede olduğunu tam olarak bilmiyordu; bütün bildiği çok karanlık olduğu ve gittiği yönü belirlemek gibi bir seçeneğinin olmadığıydı. Sanki bütün bunlar yetmezmiş gibi, neredeyse döndüğü her köşede, en kötü rüyalarından çıkıp gelen bir şeyin üstüne atlamaya hazır olduğunu biliyordu. Tam arabadan atlayıp yardım istemek için koşmayı düşünürken, güçlü ve sakin bir sesin doğrudan onunla konuştuğunu duydu.

"Arabada kal" dedi ses. "Korkma. Bu karanlık ve onun yaratıkları gerçek değil. Cesur olmak zorunda değilsin, ancak bu ürkütücü yerden çıkmak istiyorsan, gitmeye devam ettiği sürece arabada beklemek zorundasın. Eğer şimdi atlarsan karanlığın içine düşeceksin. Dinle beni: Gün ışığı biraz ileride. *Sürüşün bitmesini beklemek dışında bir şey yapmana gerek yok.*"

Başına gelenin olağan bir şey olmadığını biliyordu, çünkü normalde sağduyusuna kalsa hemen o anda arabadan iner ve sadece çıkış yoluna benzeyen her şeye deli gibi koşardı. Açıklanamayacak bir şekilde, daha önce de böyle bir konumda kaldığını hissediyordu ve bu sefer, tümden yeni bir şey yapmak zorundaydı.

Ve böylece, kendi zıvanadan çıkmış duygularını dinlemek yerine, şimdi verilen tuhaf talimatları dinlemek lehine karar verdi. Bir yaşam boyu sürmüş gibi gelen birkaç gergin andan sonra, aynen eğer sürüşün doğal bir şekilde sonlanmasına izin verirse olacağı söylendiği gibi, kendini gün ışığında giderken buldu. Sadece zorlu bir yolculuktu diye düşünerek rahatladı.

Şimdi sıra bu öykünün ve bu bölümün içsel açıdan ne anlama geldiğinde. Arabayı özgürlüğe varana kadar sürün. Kendinizi aşmak için göstermeye devam ettiğiniz her çaba –şu anki bilinç seviyenizde gerçek bir değişiklik yapmaya yardımcı olan– niye bunun yapılamayacağına yanıt olarak olumsuzlukları işaret etmek için bekleme sabrını gösteremeyen birini, olumsuz duygu ve düşüncelerin ev sahibini ortaya çıkartacaktır. Hepimiz sızlanmalarını duymuşuzdur. Feryat figan ederler, "Mümkün değil!" "Çabalamak niye?" "Çok zor!" diye ve böyle devam eder gider. Eğer yakından bakmazsanız, bu içsesler sanki bizim için en iyisini istiyormuş gibi görünürler. Ama yalan söylerler ve bunun gerçek bir kandırmaca olduğunu görmek, kendimize karşı zafer kazanma arayışımızda yaşamsal önemdedir. Yalnızca uyanmak, geride bırakmak ve kendi gerçekliğimizi bilmek isteğimizde ısrarlı olmamız gerekir ve –şiddetli karşı çıkışlara karşın– bu aynı inatçı tepkiler, aslında hep oldukları gibi, korku ve umutsuzluktan oluşan hantal devler olarak kendilerini göstermeye zorlanacaklardır! Onlar sizin dostlarınız değil. Aslında onlara verilen tek görevleri geri döndüğünüzü görmek. Bu sert ancak sahte dostlar, onlar yolu kesmişken daha fazla ileri gidemeyeceğinize sizi inandırdıklarında genellikle görevlerini tamamlamış olurlar.

Şimdi sıra en iyi tarafına geldi. Kendini daha iyi tanımanın, bunu gerçekleştiren kişiyi "kurtardığı" güzel ve gizli yol. Başka bir şey "yapmanıza" gerek yok. Süreçte sizin payınıza düşen yapıldı. Aynı perili evdeki ürkütücü sürüşteki adam gibi, tüm yapmanız gereken gerçeğin sesini dinlemek ve size yapmanızı söylediklerini yapmak. Şimdi dinleyin: Kendi dışınıza yolculuğunuzda sizi rahatsız etmeye çalışan ne olursa olsun, bir şey yapmak zorunda değilsiniz. Aslında, bizim öykümüzdeki adam gibi sizi taşıdığı süre boyunca yaşam "arabasında" kalmak dışında bir şey yapmanız gerekmiyor. Orada –korkularınızın bilinçli *farkındalığında*– güvendesiniz. Artık bir korkutucu şüpheden tam da başka birinin kollarına koşmaktan daha iyisini yapmayı biliyorsunuz. Yaşamın sizi denediği anlarda, bu yüksek sabrı mükemmelleştirme dersinin uygulamasını yapın. İçsel ilerlemenin, herhangi bir korkutucu duygu ya da düşünceyle ne yaptığınızla değil, bu yeni yönergeyi ne kadar iyi anladığınızla ölçüldüğünü unutmayın: Herhangi karanlık bir durumda yapılması gereken bir şey yoktur, uyanık ve tetikte kalmak dışında. Sizi korkutmak isteyen her ne ise, nihayetinde en başta gelmiş olduğu yerde, hiçlikte kaybolup gidecektir. Bırakın dünyanın yolunda devam etsin. Sizin tüm yapmanız gereken doğru olduğunu düşündüğünüz neyse, ona göre davranmak. Sonra aynı gün ışığı gibi, zafer de size gelecektir.

Bu Yüksek Yönerge Sizi Kendinizin Ötesine Taşıyacaktır

"Size doğruyu söylemek gerekirse, olumsuz tepkilerin kısıtlamalarını aşmanın gerçek bir rahatlama sağlayacağını düşünüyorum, ama oraya nasıl gideceğim? Doğru yöne gittiğimden nasıl emin olabilirim?"

"Yalnızca yolculuğu sizden evvel yapmış olanlar tarafından bilinen büyük bir sır var. Onun yüksek yönergesini izleyin, kesinlikle aradığınız başarıyı bulacaksınız: *Akılsal Nasıl'ı bırakın ve düşünsel Şimdi'ye geçin.*

Bu gizli yönerge yakın ilginizi hak ediyor. Aynı paha biçilemez bir mücevher gibi, onun gerçek değeri ancak her açıdan bakıldığında teslim edilir. Böylesine nadir bir mücevherin içsel parlaklığını her yönde yansıtan onun doğasıdır; aynı şekilde, bu özel yönergenin de bir kez sırrını çözdünüz mü yolunuzu aydınlatmak onun doğasında var. İşte anahtarlardan biri: Kendi dışınıza yolculuk sizi bir yere götürmez ama gerçekte olduğunuz kişinin, duygu ve düşünceler dünyasının üstünde yaşadığının farkına varmaya götürür. Dünyevi akılsal yaşam doğal olarak içinde nasıl sorusunu barındırır ve oto tamircilerinin dünyasında, bir evin inşa edilmesinde ya da bilgisayar kullanılmasında yeri vardır. Bu çeşit görevler akılsal yaşam tarafından yönetilir. Bu fiziksel dünyada yaşarken ve çalışırken, *yapmayı* öğrenmek için *nasıl* diye sormak gereklidir. Ancak, sıra kendimizin üstünde ve dışında nasıl yaşayacağımızı öğrenmeye gelince, insanın güvenli bir şekilde Ay'a çıkmasını sağlayan aynı akılsal yaşam, bizi kendi en yüksek düşüncesinin ötesine taşıyamaz! Ve zaten öğrendiğimiz gibi, düşüncesi asla nesnenin kendisi değildir. Başka türlü söylemek gerekirse, kendinizi kendinizin dışında düşünmek olanaksızdır.

Kendi üzerimizdeki çalışmamızın önemli bir aşamasına geliyoruz. Kısaca gözden geçirelim. İçsel yolculuğumuzda nasıl ilerleyeceğimizi bilmek istiyoruz ama artık anlıyoruz ki, en iyi akla dayalı yaşam bile bizi kendi doğasından gelen kısıtlılıkların ötesine taşıyamaz. Bu benzersiz stratejik noktadan bakıldığında, eğer sınırları olan akılsal yaşamla kendimizin ötesinde aradığımız yeni yaşam arasındaki boşluğa başarılı bir şekilde bir köprü koymak istiyorsak, tümüyle yeni bir şeyin –akıl almaz bir sıçramanın– gerektiğini görebiliriz."

"Sizi takip edebildiğimden emin değilim. Eğer düşüncelerim beni kendi üstüme taşıyamıyorsa, o zaman şu anki yaşam seviyemi nasıl geride bırakır ve daha yüksek bir yaşama geçerim?"

"Düşünce-egemen Ben'e göre yaşamanın gerçek kısıtlılıklarının farkına varmaya başladığınızdan, bundan böyle nasıl diye sormayacaksınız, çünkü yeni farkına vardığınız şeyin bir parçası da bu alışkanlık haline gelmiş kendinizin dışına nasıl çıkacağınız sorusunun, aslında terk etmeye çalıştığınız yaşam seviyesinden kaynaklandığını anlamak olacak! İçsel gelişiminizin bu önemli noktasında, size dışarı çıkış yokmuş gibi göründüğü zamanlar olacaktır. Bu kitap boyunca size hatırlattığım gibi, Sahte Ben'in sizin böyle hissetmenizi istediğini aklınızda tutun. Bundan hoşlanacaksınız; gerçeğin, size vereceği, kendini tuzağa düşmüş hissetmekten daha iyi şeyleri var. Gerçeğin yönergesi şu: İçinizdeki bu kendinden emin olamama noktasına her varışınızda, bir adım atmak zorundasınız ancak aynı zamanda biliyorsunuz ki artık nasıl diye soramazsınız, yalnızca *devam edin* ve *her durumda ileriye doğru adım* atın! Önünüz karanlık gibi görünse de, karanlığın içine doğru adım atın. Kötü hiçbir şey olmayacak. Aslında tam gözlerinizin önünde, mucizevi bir şey olacak. Bu cesur yeni eylem lehine verdiğiniz karar, bundan böyle *nasıl ilerleyeceğiniz hakkında bilmeniz gereken* her şeyi içinde bulunduğunuz anın kendisinin size öğrettiği, düşünsel Şimdi'ye doğru iter. Akılsal Nasıl'dan uzaklaşıp düşünsel Şimdi'ye geçmek, sizi bilinmeyenden asla korkmayan, çünkü doğasında daha yüksek bir anlayış olan bir aklın yol gösterici etkisi altına sokacak. Sizi minnettar bir şaşkınlık içinde bırakarak, kendiniz için yapamayacağınızdan emin olduğunuz şeyi bu yeni akıl düzeni sizin için yapar: İkilemi çözer; yolu bulur. Tüm yapmanız gereken takip etmektir."

Düşünsel Şimdi'ye ne kadar duraksayarak adım attığınız önemli değil. Şimdi önemli olan eyleme geçmeniz. Eğer kendi payınıza düşeni yaparsanız, gerçek kalanıyla ilgilenecektir. Bu niye gerçek düşünsel yaşamda yol yoktur denildiğini açıklamakta. Akılsal dünyayı geride bırakmak söz konusu olduğunda, bir sonraki adımınız dışında bir yol yoktur. Sonra bir sonraki adımınız ve sonra bir adım daha. O zaman daha ne bekliyorsunuz? Kendiniz için akılsal Nasıl ile düşünsel Şimdi arasındaki ayrımı ne kadar net bir şekilde yaparsanız, birinden çıkmak ve diğerine geçmek o kadar kolay olur. Şimdi öğrendiklerimizi dikkate alarak, şu düşüncelerle özel olarak ilgilenmek isteyebilirsiniz:

1. Akılsal Nasıl'a göre yaşamak: Çoğunlukla, anlamadığımız şeyden korkarız. Düşünsel Şimdi'ye göre yaşamak: Korkunun akılsal bir hata olduğunu anlarız.

2. Akılsal Nasıl'a göre yaşamak: Bize eziyet eden sorulara yanıt ararız. Düşünsel Şimdi'ye göre yaşamak: Eziyette akıl olmadığını anlarız, dolayısıyla bu soruları bir kenara bırakıveririz.

3. Akılsal Nasıl'a göre yaşamak: Güvenli bir yarın için bize rehberlik ederek yardımcı olmasını bekleyerek geçmişe bakarız. Düşünsel Şimdi'ye göre yaşamak: Geçmişten kendini kurtarmak vardır ve yarını düşünmek yoktur, çünkü yaşamımız tamamen acısız bir şimdiki zamanda geçmektedir.

4. Akılsal Nasıl'a göre yaşamak: Hatalı olduğumuzda kabul etmekte isteksizlik gösteririz. Düşünsel Şimdi'ye göre yaşamak: Sürekli haklıymışız gibi davranmak gibi yorucu bir gereklilikten kurtuluruz.

5. Akılsal Nasıl'a göre yaşamak: Değerli zamanımızı pişmanlık içinde geçmiş olaylara bakarak harcarız. Düşünsel Şimdi'ye göre yaşamak: Geçmiş yalnızca olduğu için vardır ve asla acı ya da sorun kaynağı olmaz.

Benim yaptığım gibi siz de kendi listenizi yapmak isteyebilirsiniz. Bu iki içsel durumun birbirleriyle karşıtlıkları ortaya koyulduğunda, gerçekte bu iki dünyadan hangisinde yaşamayı istediğinizi giderek daha iyi anlayacaksınız.

Kendini Kısıtlamanın Zincirini Kırmanız İçin Özel Bir Özet

1. Sizinle kalıcı mutluluk arasında duran hiçbir şey yok.

2. Nasıl diye sormayın, izin verin "Şimdi" size göstersin.

3. Düşünsel Şimdi akla hayale sığmaz bir eylemdir.

4. İçsel yollarda yolculuk ederken, kendiniz dışındaki yeni dünyaya varmanız eskisinden çıkmış olduğunuz anlamına gelir.

5. Kendinizden kaçmanın sizin için kaçınılmaz olduğunu ne kadar iyi anlarsanız, kendinizi o kadar özgür bulursunuz.

6. Kendinizin dışına götürülmekte ne kadar istekli iseniz, o kadar hızlı bir şekilde oraya varırsınız.

7. Öz-başarıma giden tek yol bir sonraki adımınızdır.

8. Akılsal Nasıl ile düşünsel Şimdi arasındaki mesafeyi kısaltmak için anbean çalışarak ruhsal yolculuğunuza günlük hoşluklar ekleyin.

9. Size, kendi dışınıza çıkmanızda hiç kimse yardım edemez, ancak herkese bunu yapmanız gerektiğini göstermelisiniz.

10. Gerçek başarı, sizin neye ulaşmayı amaçladığınızla değil, sessizce anlayabildiklerinizle ölçülür.

Psişik Davetsiz Misafirleri Saptayın ve Reddedin

Bir an için bir kafede ya da konforlu bir bekleme alanında oturduğunuzu hayal edin. İçsel eğitiminizin bir üst aşamasının, sessizce başkalarının incelenmesini kapsaması gerektiğini bildiğinizden, dikkatlice çevrenizde oturan insanların yüzlerini gözlemleyerek zamanınızı yararlı bir şekilde harcıyorsunuz. Hemen solunuzda, sanki bir şey arıyormuş gibi gözleri hızla bir o yana bir bu yana oynayan, ama hiçbir şey görmediğini bildiğiniz orta yaşlı bir işadamına bakıyorsunuz. Onu bir sorunu çözmesi için sıkıştıran, körleştirici düşüncelerin engellemesi altında. Sağınızdaki çekici kadının dudakları geriye doğru çekilmiş iki çizgi halini almış durumda. Zihninde tekrar tekrar canlanmaya devam eden, yakın zamanlı bir reddedilişin yürek acısını yaşıyor. Ve tam önünüzde, şakaklarında saçları grileşmiş bir beyefendi, sanki düşünceleri artık taşıyamadığı bir yükmüş gibi, başını eğmiş oturuyor. Eli kulağındaki ekonomik sorunların korkusu, moralini bozuyor.

Orada oturmuş sessizce kendinizi ve diğerlerini teker teker gözledikçe, belki de odada hiç kimsenin görecek gözü olmadığını görebilirsiniz. Biliyorsunuz ki, bu insanlar bilmeden karanlık davetsiz misafirlerin psişik sistemlerine girmelerine izin vermişler. Tek amaçları her kim kendilerini bilmeden konuk olarak davet ederse ona egemen olmak ve cezalandırmak olan olumsuz duygu ve düşünceler tarafından kendi ruh evleri, gerçekte yaşadıkları yer geçici olarak istilaya uğramış ve teslim alınmış.

Zoraki konukların hoş karşılanması gereken konuklarla karıştırılması düşündüğünüz kadar nadir bir durum değil. Her birimizin ilk elden bildiği, her gün yaşadığımız deneyimlere bakalım. Bir dakika için dünya yansa içinde bir çöpünüz olmaz, bir sonraki dakika sanki tüm dünyayı sırtınızda taşıyorsunuzdur! Ne olmuştur? Tarihe baktığımızda, Truva atının destansı öyküsü bize kendi öykümüzü anlamakta yardımcı olabilir.

Düşmanlarının güçle alamadıkları büyük kalesine bir aldatmacayla girmek için, Yunan ordusu büyük, içi boş bir tahta at inşa eder ve içine en iyi askerlerini yerleştirirler. Ardından düşmanlarının bunun bir hediye ya da barış teklifi olduğunu düşünmeleri umuduyla, bu çekici heykeli kale kapısının dışına koyarlar.

Çok geçmeden, tahta at kabul edilir ve kale duvarlarının içine alınır. O gece geç saatlerde, kalede herkes uyuduğunda, büyük atın menteşeli karnı açılır ve başlarında büyük savaşçı Aşil olmak üzere, Yunan askerleri dışarı süzülür ve hiçbir şeyden şüphelenmeyen ev sahiplerini çabucak yenerler.

Bu ilginç öykü, yağmacı düşünce ve duyguların nasıl olup da ruh evimizin içine girdiklerini anlamaya başlamamızda bize yardımcı olabilir. İç dostlarla iç düşmanlar arasındaki farkı ne zaman anlamasak, bilmeden içeri buyur edilirler. Aşağıdaki öykü ruhumuzun bu davetsiz misafirlerini saptayıp reddetmeyi nasıl öğrenebileceğimizi örneklemektedir. Ama başlamadan önce, bu önemli gerçek öyküsünün nasıl bir zeminde geçtiğini anlamamız gerekir.

Bir zamanlar, gerçek kralların hüküm sürdüğü bir dünyada, bazı unvan sahibi soyluların ellerinde tuttukları topraklar o kadar büyüktü ki, atla ya da at arabasıyla mülkün bir ucundan bir ucuna gitmek bazen bir hafta ya da daha fazla sürerdi. Kraliyet ailesi tarafından yılda en az bir kez, mevsim değişirken yapılan bu yolculuğu daha konforlu hale getirmek için yol boyunca kurulmuş kraliyet hanları vardı.

Bu iyi döşenmiş konutlar aynı zamanda bu soylu aileleri düzenli olarak ziyaret edecek birçok konuk ve mevki sahibi kişiler için, geceyi geçirebilecekleri konforlu dinlenme mekânları olarak da hizmet verirdi. Her bir kraliyet hanında, çeşit çeşit aşçılar, muhafızlar, hizmetliler ve ormancılardan oluşan tam kadro personel bulunurdu. Bunların tek görevleri, soyluların transit geçen ziyaretçilerinden her birinin soylu bir konuk gibi muamele görmesiydi.

Bu personelin başında, kraliyet hanının her zaman hazır durumda olmasını güvence altına alan baş kâhya bulunurdu. Herkesin ve her şeyin uyum içinde çalışmaya devam etmesini sağlayan onun bilgi ve rehberliğiydi. Şimdi, öyküye başlayabiliriz.

Asilzadenin Dönüşü

Asilzade ve maiyeti hava karardıktan hemen sonra kraliyet hanına ulaştılar. Tüm yılı yurtdışında yolculuk ederek geçirdikten sonra, yazlık mülke gidiyorlardı. Herkes ışıl ışıl pencereleri ve duman tüten bacayı gördüğünde çok mutlu olmuştu, çünkü bu han yollarının yarılandığını gösteriyordu. Çok yakında yolculukları geride bırakacaklar ve bilindik bir çevrede olmanın sakinlik ve konforunda dinlenmenin ve rahatlamanın keyfini çıkartacaklardı.

Ancak bir şey kesinlikle yanlıştı. Asilzade evin içinden gelen bağırtıları ve beraberinde kırılan dökülenlerin sesini ve küfürleri duyabiliyordu. Hatta tam at arabasından indiği sırada, ön kapı birden açıldı ve sarhoş bir eşkıyayı taşıyan bir at gürültülü bir şekilde dışarı fırlayarak dörtnala karanlığın içine daldı. Asilzade şaşırmıştı. Bir an sonra, toz duman içindeki kapıda baş kâhya üniforması giymiş başka bir adam göründüğünde büyük bir rahatlama hissetti. Ancak asilzadenin duyduğu rahatlama yerini hızlı bir şekilde daha da fazla endişeye bıraktı çünkü kapıda dikilen adam tüm o uzun yıllar boyunca ailesine sadık bir şekilde hizmet etmiş olan baş kâhya değildi. Bunlar yetmezmiş gibi, onları karşılayan bu kâhyanın davranış şekline bakılırsa, işvereni ve bu evin soylu sahibi olan asilzadeyi tanımıyordu bile.

Kafa karışıklığı ve ikna için sert tartışmalarla geçen kısa bir sürenin sonunda, kâhya biraz önce eve gelen arabada kim olduğunu öğrendi! Saniyeler sonra, her yerde hizmetliler kendilerine verilmiş görevleri yerine getirmek için koşturuyorlardı.

Avludan eve giden yolda asilzade, ailesinin mülkte bulunmadığı uzun süre içinde, çok güvendikleri yaşlı baş kâhyanın vefat ettiğini ve mevkiinin boş kaldığını öğrendi. Çevrede yeni kâhyayı atayacak kimse olmadığından, tüm ormancılar kâhyanın sorumluluklarını her biri sırayla birer hafta olmak üzere paylaşmaya karar vermişlerdi.

Eve doğru yürümeye devam ederken asilzade ardından sarhoş biniciyi ve en başta evde böyle bir adamın ne aradığını sordu. Vekil kâhya şaşkınlıkla baktı ve yanıtladı: "Evin konuklarından biriydi."

"Peki onu kalması için davet eden kimdi?" diye karşılık verdi asilzade.

"Yani siz etmediniz mi?" Kâhya fena halde kafası karışmış görünüyordu.

Bir sorun olduğunu hisseden ama niteliğinden emin olamayan asilzade "Kesinlikle hayır. Böyle bir fikre nerden kapıldınız?" dedi.

"Ah sayın efendim..." dedi kâhya açmak için ön kapıya uzanırken. "Şimdi niye öyle düşündüğümü görmek üzeresiniz. Gördüğünüz atını dışarı süren adam gibi en az yirmi konuk var – ve hepsi bana sizin özel konuğunuz olduklarını söylediler. Nereden bilebilirdim?"

Bu sözler vekil kâhyanın dudaklarından henüz dökülmüştü ki, asilzade ön salona girdi. Gözlerine inanamamıştı. Ortalık savaş alanı gibiydi. Çöpler her yerdeydi, yemekler yerlere dökülmüş ve değerli eşyalarının birçoğu kırılmış ya da tümden kayıptı. Önünde yarım düzine eşkıya, paralı asker ve serseri küstahça oturmuş, en iyi brendisini içiyordu. Hatta birkaçı onun dolabından aldıkları giysilerini giyiyorlardı. Üst katta, gerçek konukların ziyaretleri için hazırlanmış lüks odalarda gülüşen ve içeri dışarı koşuşan bir düzineden fazla hödüğü duyabiliyor ve görebiliyordu. Bu kadarı fazlaydı. Hanın koruyucuları toplandı ve bir saat içinde ev tamamen temizlendi. Sabah itibariyle her şey asilzade geldiğinde olması gerektiği gibiydi. Tüm davetsiz asalak ve konukları kovulmuştu. Kraliyet hanı bir kez daha temiz ve sakindi.

Bilge ve kibar bir adam olan asilzade, vekil kâhyaların hiçbirinin kendilerinden ne beklendiğini henüz anlamadıklarını kavramıştı, dolayısıyla atılan yanlış adımlar nedeniyle kimse cezalandırılmadı. Bunun yerine kalıcı baş kâhyalık görevi için birisini seçti ve ona bir de yardımcı atadı ki o da işi öğrenebilsin. Ve o öğleden sonra yazlık konutuna gitmek için ayrılmadan önce yeni baş kâhya ve yardımcısını çağırttı. Ellerine, uzakta olduğunda tam olarak izlemeleri gereken kraliyet yönergelerini içeren, titizlikle hazırlanmış belgeler verdi. Bu belgelerde onlara kimin asilzadenin gerçek konuğu, kimin de krallığa ait daveti varmış gibi davranan davetsiz misafir olduğunu belirlemelerinde yardımcı olacak, özel bir yol gösterici ilkeler listesi vardı. Asilzadenin konuk kontrol listesinde şunlar okunuyordu:

Davetli konuklarla istenmeyen davetsiz konuklar her zaman için birbirinden nasıl ayırt edilir:

Davetli konuklar her zaman:

1. Geleceklerini haber verirler.
2. Kendi yerlerini bilirler.
3. Hoş ve kibar davranırlar.
4. Ellerinden geldiğince her zaman ve her yerde yardımcı olurlar.
5. Sükûnetlerini korurlar.

6. Başkalarını düşünürler.
7. Kadir bilirler.
8. Gürültüsüz patırtısız bir şekilde ayrılırlar.
9. Ayrılırlarken sizi burada bulunmuş olmalarından hoşnut bırakırlar.

İstenmeyen davetsiz misafirler her zaman:

1. Gizlilik ya da küstahlık maskesini kullanarak geleceklerini haber vermezler.
2. Sunulanın onlar için yeterli olmadığını düşünürler. Her çeşit karışıklığı çıkartırlar.
3. Her durumdan çıkar sağlarlar.
4. Rahatsız edici bir tarafları vardır.
5. Herkesin onların isteklerine hizmet etmesinde ısrarcıdırlar.
6. Sürekli hiçbir şeyin olması gerektiği gibi olmadığından yakınırlar.
7. O ya da bu yolla çalarlar.
8. Onlarsız daha rahat olacağınızı fark etmenize yol açarlar.

O günden sonra baş kâhya ve yardımcısı asilzadenin kraliyet talimatlarını dikkatlice takip etti ve bir daha asla hiçbir istenmeyen davetsiz konuk, kraliyet hanının soylu duvarlarından içeri adım bile atamadı. Sonsuza kadar hepsi mutlu yaşadı.

Kendi adımıza çok fazla çaba harcamadan kendi iç yaşamlarımızın öyküsüyle bu asilzadenin öyküsü arasında birçok paralellik görüyor olmamız gerekir. Biz de, kralların kralı tarafından bize gözetmemiz için verilen iç evimizde –kendimizde– değildik. Bu gerçek öz-farkındalık yokluğunda, vekil kâhyaların elinden daha iyisi gelmediğinden, bizim krallığımızın iç evi de yavaş yavaş her tür olumsuz duygu ve düşüncenin kabul görerek gelip yerleşebileceği ve istedikleri kadar kalabilecekleri bir çeşit psişik yol istasyonuna dönüştü. Ve o kadar uzun süredir gerçek konuklarla birlikte psişik davetsiz konuklara da ev sahipliği yapıyoruz ki, onları birbirinden nasıl ayırt edeceğimizi neredeyse unuttuk.

Şimdi sıra öykümüzün mutlu kısmına –bu sizin öykünüz de olabilir– asilzadenin eve dönüşüne geldi. Bu soylu ilkelerin size öğreteceği gerçek şu: Acının hiçbir türünün –akılsal ya da duygusal– isteğiniz dışında içinizde yerleşme izinleri yoktur. Eğer yüreğinizde acı varsa, bu yalnızca istenmeyen davetsiz bir konuğu, davetli bir konukla karıştırmış olduğunuz içindir. Aralarındaki farkı ayırt edebilme –hemen şu anda yapmaya başlayabilirsiniz– yeteneğiniz, size iç evinizi tüm istenmeyen kaba ve hırsız psişik istilacılara karşı güvenli kılmanız için gerekli tüm gücü veren, özel bir tür soyluluk unvanıdır. Geriye dönün ve asilzadenin kraliyet talimatlarını defalarca okuyun. İzin verin sağlıklı etkileri, sonunda iç evinizin sonsuza kadar gerçekten soylu bir yer olarak kalmasını güvence altına alacak olan içinizdeki yeni baş kâhyayı uyandırsın.

Kendini Tamamlamanın Mucizesini Deneyimleyin

Bu oldukça yeni değişikliği fark ettiniz mi bilmiyorum ama yıllar önce lunaparka gidip bir tur aldığınızda, her zaman turu henüz bitirmiş olan yolcuların inmekte olduğu araca binerdiniz. Bugün geliştirilen en yeni atraksiyonlarda, araçların başlangıç kapısına boş olarak gelmesi için turun sonu ve inen yolcular ile başlangıç arasında bir mesafe bulunuyor. Bu tasarım rastlantısal değil. Bugünkü turların yaratıcıları insan psikolojisi hakkında bir şey biliyorlar. Sizin, bileti satın alan kişi olarak, heyecan için orada olduğunuzu anlıyorlar. Ama aynı zamanda biliyorlar ki size bu tür bir heyecan vermek için, gerçekten bir yere gidiyormuşsunuz yanılsamasını yaratmaları gerekiyor. Böylelikle bu eğlence ustaları, yapacağınız turun başlangıç ve bitiş yerinin aynı olduğu gerçeğini sizden saklamak için, pratik olarak yapılabilecek her şeyi yapıyorlar. Bununla birlikte, yapılabilecek ne kadar çok şey olursa olsun, tur ne kadar kurnazca tasarlanmış olursa olsun, turun yalnızca bir tur olduğu gerçeği değişmiyor. Sizi yalnızca bir fantezi uçuşuna çıkartıyor ve ardından tam olarak başladığınız noktaya geri getiriyor.

Bu lunaparklardan birinde geçirdiğimiz bir günün sonunda, tükenmiş bir şekilde sadece ve sadece bizi parktan alarak eve götürecek bir tur olmasını istemenin nasıl bir şey olduğunu hepimiz biliriz. Uzun bir günün sonunda bu duygular doğaldır. Sadece artık bir aşağı bir yukarı inip inip çıkmak, dönüp durmak istemeyiz. Yorgunuzdur ve hani söylerler ya, heyecan bitmiştir.

Fazlasıyla heyecanlı günümüzün sonlanışını memnuniyetle kabul ederiz, çünkü birazdan, beklenmedik hiçbir şeyin üzerimize atlamayacağından oldukça emin olduğumuz kendi evimizin sakinliğinde ve güvenliliğinde olacağızdır.

Şimdi tema parkları turları ve turları alan kişiler hakkındaki yeni bilgilerimizi, düşünce ve duyguların anaforlar yarattığı görünmeyen içdünyamıza özel bir bakış sağlaması için kullanalım. Bu gizli dünyada da, aynı tema parklarında olduğu gibi, fırtınalı, fazlasıyla heyecan ve ürperti veren ama bizi hiçbir yere götürmeyen çılgın turlar vardır. Çoğu erkek ve kadın tüm yaşamlarını bu iç turlara binip inmekle –her yeni umut ya da hayalle yukarı, daha yukarı gittikleri ve bir kez daha yanlış çözüme "bindiklerini" anladıklarında tekrar tekrar dibe vurdukları bir çeşit duygusal dönme dolapta, anı anına yaşayarak– harcarlar. İş ya da evlilik başarısız olur. Sağlık bozulur. Güvenilir bir dost beklenmedik bir şekilde sırtını döner. Yaşam tarafından terk edilmiş olma duygusu bile, beklenti ve ihanet duyguları arasında ileri geri sallandığımız, yalnız başına yapılan bir çeşit içsel turdur. Tüm bunlardaki gerçek trajedi, bu sallantılı, yukarı aşağı duygularla yıllarca yaşadıktan sonra, nihayetinde, bu çeşit çalkantılı içsel duyguları yaşamın kendisi gibiymiş hissetmeye ve buna inanmaya başlamamızdır. Değiller. Aslında aksi doğru.

Aşağıdaki diyalog bu önemli düşüncelere biraz ışık tutabilir:

S: Eğer sizi doğru anladıysam, bana bir yukarı çıkıp bir aşağı inen duyguların gerçek yaşam olmadığını söylüyorsunuz. Ama biz bunun için yaşamıyor muyuz – tüm bu inanılmaz duyguları hissetmek için? Başka ne var ki?

Y: Sorunuz bizi kendimiz ve gerçek iç potansiyelimiz hakkında en büyük yanlış anlamalarımızdan birinin tam kalbine götürüyor. Bir okyanusun sadece dalgalardan ibaret olduğu ne kadar gerçekse, duygusal yaşamımızın yukarı aşağı/aşağı yukarı hareketi de o kadar gerçek yaşamdır. Okyanusun kendini ifade etme yollarından biri yüzey hareketleridir – ama okyanusun büyüklüğü ve akıl almaz derinlikleri karşısında bir dalga nedir ki? Peki şimdi anlayabiliyor musunuz? Yalnızca gerekli içsel araştırmayı yapmak için bile istekli olsak, bu yaşamı çok daha geniş boyutlarda yaşamanın bir yolu var.

S: Ben de tüm bunları sık sık düşünürüm ve dolayısıyla söylediğiniz şeyin doğruluğunu hissediyorum. Ancak hissetmek başka şey, anlamak başka. Daha büyük, daha tam bir yaşamı gerçekleştirmek için atabileceğim pratik adımlar nelerdir?

Y: Başlangıç olarak şu anki yaşam seviyenizin size sağladıklarından gerçekte olduğunuz kadar tatminsiz olma izni vermekle başlayabilirsiniz.

S: Bunu kim, niye yapmak istesin ki?

Y: Kendinize vermiş olduğunuz türde bir yaşamdan gerçekte tatmin olmadığınızı ne kadar net bir şekilde anlarsanız, o kadar hızlı bir şekilde tümüyle farklı bir türde, kendinden menkul olmayan bir yaşam olasılığına hoş geldin dersiniz.

S: Lütfen devam edin. Öyle bir yaşam var mı?

Y: Bu üst seviyeli kendini tanıma çalışmalarından önce, hep tatminsizliğimizin nedeninin yaşamın bize nasıl davrandığında saklı olduğunu varsayıyorduk. Şimdi mutsuzluk ve eksiklik duygularının yaşamın bize nasıl davrandığından değil, bizim neye yaşam dediğimizden doğduğunu öğreniyoruz. Kızgınlık, hayal kırıklığı ve hüsran ya da aniden yoğunlaşan, bunlara karşıt duygular yalnızca algılardır. Bu önemli bir nokta. Uğuldayıp titreştiği için uçak diye adlandırmanın mutfak robotunu uçurmaması gibi, bizim bir yukarı bir aşağı giden duygularımıza "gerçek yaşam" demek de onları gerçek yaşam yapmaz! Tema parkındaki tur gibi, alışılagelmiş duygu ve düşünceler yalnızca görünürde sizi bir yere götürürler. Gerçekte, bunlar "hiçbir yere" götürmeyen biletlerdir – yeniden binme gereksinimine geri dönme dışında. Bu tür bir yaşamın sizi götürdüğü yerden ve size verdiğinden giderek daha tatminsiz hale geldikçe, doğal olarak varlığına ilginizi kaybetmeye başlarsınız. Bu son derece sağlıklı bir davranıştır.

S: Niye? Neye yarıyor?

Y: Artık otomatik olarak bu bir aşağı bir yukarı inip çıkan duyguların kısıtlı dünyasıyla özdeşleşmediğinizden, tümüyle yeni bir tür içdünyanın bilincine varmaya başlarsınız. Belli belirsiz şekilde ama kesin olarak bu dingin ve sürekli büyüyen üstün yaşamın size seslendiğini hissedebilirsiniz. Durmayın! Cesaretle, bu kendinden menkul Ben'inizi geride bırakın.

S: Peki sonra ne olacak? Her zamanki duygularım olmayınca kim olacağım?

Y: Gerçek bir mucize yaşayan o nadir insan olacaksınız. Kendinden menkul iç yaşamınızdan uzaklaşıp giderken, size yaşam verdiğini düşündüğünüz tüm o duyguların aslında sizi yaşamdan ayırdığını keşfetmeye başlayacaksınız. Minnettarlık ve şaşkınlıkla, kendini tamamlanmış hissetmenin –en baştan beri arayışında olduğunuz buydu– yanında kendini teşvik etmenin sönük kaldığının farkına varacaksınız. Artık gerçek yaşamın gerçek tatmin olduğunu anlarsınız, çünkü kendinden menkul Ben'i geride bırakmanızla birlikte, her şeyin –siz dahil– zaten tam olduğu gerçek bir dünyaya adım atarsınız.

Çıkış Yolu Güvenli

Çölün derinliklerinde giden küçük bir at arabası konvoyunu düşünün. Bir düzine civarındaki at arabasının her biri yeni kurulan büyük batı eyaletlerinden birine gitmeyi amaçlayan doğulu bir aileyi taşımaktadır. Kayalarla, kumla ve sıcakla boğuşarak yavaş yavaş ilerlerler. Ufuklar birbiri içinde eriyerek değişir. Sonra, bir akşam erken saatlerde, kamp yapıldıktan hemen sonra konvoy lideri, baş keşif erini kamp ateşinin başına çağırır. Yumuşak bir tonla, keşif erine en son nehirden geçtiklerinde kesin olarak Kızılderililerle ilgili belirtiler gördüğünü söyler ve yaklaşmakta oldukları dağ geçidi bir pusu için mükemmel bir yer olduğundan, keşif erine dörtnala önden giderek geçitten geçmesini ve şafak sökene kadar geri dönerek tam bir rapor vermesini ister. Keşif erine herkesin güvenliğinin ona bağlı olduğu söylenir.

Keşif eri talimatları ciddiyetle dinler ve o anda riskli bir durumda olduklarını anlar. Biraz çörek, kurutulmuş et, dolu bir matara ve Winchester tüfeğini kaparak atına atlar. Daha konvoy lideri onunla vedalaşmaya fırsat bile bulamadan –karanlığa dalarak, uzaktaki dar dağ geçidine doğru– gitmiştir. Aysız gecede bir çakal ulur. "Uzun bir gece olacak" diye düşünür konvoy lideri kendi kendine. Bir demlik dolusu taze kahve hazırlar.

Yarım saat sonra, kamp ateşinin ışığının hemen dışında bir hareket dikkatini çeker. Dumanları tüten sıcak fincanından başını kaldırdığında orada dikilmiş ona bakan baş keşif erini gördüğünde çok şaşırır. Kötü bir şey olmuş olmalıdır. Çölün sessizliğini konvoy lideri bozarak, alçak sesle telaş içinde sorar: "Niye bu kadar çabuk döndün? Yarınki geçişin güvenliğini sağlamak için geçide gitmek gerekiyordu."

Uzun, garip bir aradan sonra, baş keşif eri yanıtlar: "Yolda giderken bir sorun olabileceğini fark ettim."

"Peki o sorun neydi?" diye sorar konvoy lideri.

Sesini kontrol altında tutmaya çalışarak, ancak patlama noktasını aştığını gösterecek kadar yüksek sesle, keşif eri birden söyleyiverir: "Ya gerçekten orada Kızılderililer varsa!"

Bu küçük mizahi öykü önemli bir mesaj barındırmaktadır. Mesajını ortaya koymak için, baş keşif erinin konvoy liderine gerçekte ne dediğini bir de farklı cümlelerle söyleyelim. Şöyle bir şey olabilir: "Dalga mı geçiriyorsunuz? Bu ne biçim görevlendirme? Orada birisinin canı yanabilir, belki de bu gidiş okun yanlış ucunda olmakla biter! Sanırım hemen şu an keşif eri olmaya ilgimi kaybettim. Kendinize başka bir adam bulun!"

Bir fikir değişikliği bu şekilde de anlatılamaz mı? O çok gerilerde kalmış günlerde, çoktan tarih olmuş cesur kadınlar ve erkekler yeni topraklara ulaşmak ve yeni yaşamlar kazanmak için savaşırken, yol boyunca vaatten çok tehlike vardı. Tarih bize, eski yaşamlarından ve yaşam şekillerinden, umuttan yana bu kadar zengin, bilinmeyen yeni dünyaya geçmeye çalışan sayısız insanın başlarına gelen felaketleri anlatır.

Bu öykünün üstünde duruyoruz, çünkü daha yüksek bir Ben'e olan yolculuğumuz boyunca, karanlık, güç ve bilinmeyen iç alanlara girmeye cesaret etmemizi gerektirecek o anlar olacaktır. Kısa ziyaretimizde karşılaştığımız her bir konvoy karakterinin içimizde yeri var. Örneğin konvoy lideri, devamlı ve güvenli ruhsal ilerlemeniz için dosdoğru devam etmeniz ve daha evvel bunu yapmaktan kaçınmış olduğunuz bazı dirençlerin ve isteksizliklerin üstesinden gelmeniz gerektiğini algılayan yüksek sezginizi temsil eder. Belki artık belli bir kişiden ya da rahatsız bir durumdan kaçmayı bırakmanın zamanı gelmiştir. Ya da belki bir görevi ya da sonlandırılması veya nihayetinde çözülmesi gereken bir durumu ya da (...) erteliyorsunuzdur – boşlukları siz doldurun. Buradaki önemli nokta şudur: İç yolculuklarınızda, dışarı çıkış, her zaman içerden geçer, hiçbir zaman üstünden ya da çevresinden dolanmaz. Bu derste ilerledikçe, bunun her zaman için doğru olduğunu göreceksiniz. İçsel konvoyun liderinden, yani yüksek sezginizden gelen yüksek izlenimler üzerine harekete geçebilecek yanınız baş keşif eriyle temsil edilmektedir. Onun görevi hem istekli yolculardan ve inatçı katırlardan oluşan konvoyu, yani sizin kalanınızı bir arada tutmaya çalışmak ve bir arada tutmak hem de konvoy liderinin, yeni bir dünya olduğunu bildiği yere sizi götürmek üzere rehberlik etmesine yardımcı olmaktır. Ancak öykümüzde de gördüğümüz gibi, bir baş keşif erinin bile korkuları ve şüpheleri olabilir. Bunun doğru olduğunu hepimiz gayet iyi biliriz. Yine iç yaşamlarımız, ne yapmamız gerektiğini bilmekle onu gerçekten yapmanın çoğunlukla tümüyle farklı iki şey olduğu –özellikle söz konusu olan, çok kullanılan patikanın dışına doğru bir ya da iki adım atmaksa– gerçeğinin daimi şahitleridir.

İç konvoy liderinin "Atına atla ve git bak bakalım" dediği ve bizim yanıtlarımızın da "Çok tehlikeli" ya da "Bunun için uygun biri olduğumu sanmıyorum" olduğu örneklere bir göz atalım.

Şunu biliyorsunuz ya da en azından şüpheleniyorsunuz:

1. O sizi itekleyen kişi karşısında yaltaklanmaktan vazgeçmelisiniz.

2. Kendinize acıma durumuna düşmeyi reddetmelisiniz.

3. Diğerlerinin onayları olmadan yaşamaya cesaret etmelisiniz.

4. Hoşunuza giden kendini pohpohlamanın yerine acımasız olan kendine karşı dürüstlüğü koymak zorundasınız.

5. Cesurca kendinizden uzağa bir adım daha atmalısınız.

Şimdi lütfen buna dikkat edin. Yalnızca devam edin ve *o adımı* –her ne ise– *atın.* Sadece durmayın. Onun ne olduğunu biliyorsunuz. Gerçeğin kendisi size başınıza kötü bir şey gelmeyeceğine söz veriyor. İçinden yürüyüp gidin. O güçlük, engel ya da zalim ilişki sizin dışınızda gibi görünüyor yani eğer etkisinden kendinizi kurtarmayı denerseniz, bunun bir şekilde geri tepeceğinden ya da bir şekilde cezalandırılacağınızdan korkuyorsunuz. Gerçek şu ki, yaşamın bilinmeyen düşmanlarıyla dolu korkutucu dağ geçitlerinden her biri aslında bir iç mesele; içinizde yaptığınız yolculuk size zarar vermez. Doğrusu bu. Dışarıya çıkan yol güvenli. Aklınıza hayalinize gelmeyen bir yolla korunuyorsunuz. Aslında kendinizden yürüyüp gitmenin "tehlikelerini" düşünmeniz hiç gerekmiyor. Onun yerine sizin düşünme şeklinizin yarattığı risk altındaki "siz"i görmeniz gerekir! Bu yüksek içgörü adımlarınızı başka her şeyden çok hızlandırır çünkü gerçek tehlikenin beklenmedik olanda değil ama onun dışında, şu anki yaşam seviyenizde bulunduğunuz yerde olduğunu artık biliyorsunuz.

Yollara Düşmüş Yolcular İçin Güvenceler

Kutsal Bhagavad-Gita metinlerini içeren Doğu'nun Veda kutsal kitabı Tanrı Krişna ile Arjuna arasındaki bir diyalogdan bahseder. Arjuna daha yüksek bir yaşam arzulamaktadır ve Gerçek Ben'ine ulaşmadan önce yüzleşmek zorunda olduğu birçok güç sınama yakındır. Diyalogların son derece dokunaklı bir bölümünde, Arjuna'ya yardım etmek için geçici olarak insan şekli alan Krişna ona yakında dayanmak zorunda kalacağı sıkıntılardan korkmamasını söyler. Ona yardımcı olmak, gerekli cesareti vermek için ona "ne sapanların ne de okların" ne de herhangi başka bir dünyevi silahın Arjuna'nın Gerçek Ben'ine zarar verebileceğini söyler. Krişna "Doğru bir arzu taşıyan bir yüreğin yürüdüğü yol, kaybetmeye gitmez" diye ekleyerek ona daha da güvence verir. Sonunda Arjuna talimatı dinler. Dayanır ve galip gelir. Biz de, bugüne kadar olduğumuz kişiden yürüyüp gitmekte kararlı olmalıyız. *İçimizdeki Işık'ın bize önderlik etmesine gönüllü olduğumuz sürece* bizimle hayal ettiğimiz yaşam arasında gerçek hiçbir şey duramaz. Bundan sonraki sözcükleri bunu aklınızda tutarak okuyun. Yaşantımızın gerçeğiyle cesurca yüzleştiğimiz anda, manevi rüzgârın da arkamızda olacağı konusunda bize güvence verirler:

"Yürek kaybettiği şey için ağladığında,
ruh bulduğu şey için sevinir."

– Anonim

"Evet, ölümün gölgesinin vadisinde yürümüş olsam da, sen benimle olduğun için kötülükten korkmadım."

– Tevrat

"Daha yukarıda, daha derinde ve en içte Başka Bir Yaşam var."

– Bhagavad-Gita

"Gerçek, tüm varlıkların sonu ve amacıdır ve dünyalar öyle yaratılmıştır ki gerçek gelebilir ve orada yerleşebilir. Gerçeği arzulamayanlar yaşamın amacına ulaşmaz. Kim gerçeğe dayanmışsa kutsanmış odur."

– Buda

"Tanrı bize korkunun ruhunu vermedi ama gücün ve aşkın ruhunu verdi ve sağlıklı bir akıl verdi."

– İncil

Gerçek Manevi Savaşçının 10 Özelliği

Bir keresinde küçük bir öğrenci topluluğuna gerçek güvenin gizli doğası hakkında konuşuyordum, öğrencilerden biri şu soruyu sordu: "Yaşamda gerçekten başarılı bir kişi olmanın size göre tanımı nedir ve başarıya nasıl ulaşılır?"

Şimdi okumak üzere olduğunuz gibi, benim yanıtım tanınan, güçlü birisi olmaktan, pahalı mülklere sahip olmaktan ya da çevremizdeki insanların onayını kazanmaktan hiç bahsetmiyor. Onun yerine bütünüyle farklı bir olasılıktan, ne söylesek değerini abartmış olmayacağımız bir şeyden bahsediyor.

"Gerçek kendini tanıma ölçü olarak kullanıldığında, o andan alabileceğimizden daha fazla emek isteyen herhangi bir ana sırtımızı dönüp gidebildiğimiz zaman –başkalarının gözünde kaybetmiş ya da kazanmış olmamızı umursamadan– yaşamda başarılı olmuşuzdur."

Bu yanıt, çoğu Ben'in bu üst aşamasına nasıl ulaşılabileceğiyle ilgili olmak üzere, birçok soruna yol açtı. Çoğu, yaşamın bazen ne kadar zorlayıcı olabileceği dikkate alındığında, böyle yüksek bir amacın söz konusu olduğundan bile şüpheliydi. O gün adım adım, eğer gerçek yaşamı kazanma umudunda isek, hepimizin manevi savaşçılar olma zorunluluğunun nedenlerinin üzerinden geçtik. O gün üzerinde çalıştığımız gerçekleri örnekleyen aşağıdaki bir dizi dersi yakından inceleyin. Gerçek Manevi Savaşçının On Özelliği başlıklı bu özel yönergelerde asla bozulmayan, ama anbean kendini yenileyen yeni bir tür başarı hakkında bilmemiz gereken her şey var:

1. Gerçek manevi savaşçı bilir ki, tek düşmanı, kendi içinde hâlâ ışık tutması gerekendir; bu nedenle girilmesi gereken bir muharebeyi asla ertelemez.

2. Gerçek manevi savaşçı bu temel gerçeği unutmaktan başka düşmanı olmadığını asla unutmaz.

3. Gerçek manevi savaşçı yaşama sürekli yeniden, yeniden ve yeniden başlar.

4. Gerçek manevi savaşçı, savaş becerilerini keskinleştirmek için her gün ve her an çalışır.

5. Gerçek manevi savaşçıya yol gösteren bir örnek vardır ve –bedeli ne olursa olsun– kendisi de bir örnek olmaktan korkmaz.

6. Gerçek manevi savaşçı başka bir insana kendi acısıyla yük olmamayı amaç edinir.

7. Gerçek manevi savaşçı görmek istemediğine bakmaktan asla korkmaz.

8. Gerçek manevi savaşçı kendini yapabileceği en iyi seçime adar ve neyin en iyi olup neyin olmadığı çatışmasıyla yaşamanın, sorumluluğu reddetmek olduğunun farkındadır.

9. Gerçek manevi savaşçı asla kendini çaresiz hissetmekten korkmaz, çünkü böyle durumların, aynı bahar çiçeklerinden önceki fırtına bulutları gibi, yeni güçlerin müjdecisi olduğunu bilir.

10. Gerçek manevi savaşçı seçtiği ruhsal kurtuluşa giden yolun, her zaman kendisi için çok fazlaymış gibi görünen koşullarla, birer birer yüzleşmeye götürmesi gerektiğini bilir.

8. Bölüm

Geride Bırakmaya Cesaret Edin ve Nasıl İstiyorsanız Öyle Yaşayın

Çok özel rehberliğinden yararlanmak için, parlak bir bilimadamı ve mucit olan, başarılı şirket sahibi işadamı Charles Franklin Kettering ne diyor, bir bakalım. İleri görüşlü anlayışı onu otomobil endüstrisinin ilk yıllarında birçok seçkin patentin ve başarının sahibi olmaya götürmüştü. Birazdan göreceğiniz gibi, Mr. Kettering'in sorunları çözmenin sırrına olan benzersiz bakışından hepimiz yararlanabiliriz. Çözüm arayan kişi *kimin patron* –bununla Mr. Kettering sorunu kastediyor, çözüm arayanı değil– *olduğunu* hatırladığı sürece, sorun çözülme eğilimindedir. Çalışma arkadaşlarına bir sorunla çözümün arasındaki tek farkın insanların çözümü anlaması olduğunu söylerdi. Çözümün en başından beri –tam orada, *sorunun içinde*– var olması gerektiğinden, çözüm yalnızca bir algılama değişikliğiyle ilgilidir. "Görevimiz, sorunun üstesinden gelmek değil, sorundan çözümün doğumunu sağlamaktır" derdi.

Bu yüksek anlayış, yüzleşmemiz istenen her güç duruma uygulanabilir. Temelindeki güçlü düşünce, *aydınlanmanın otoriteden daha üstün* olduğudur. Bu önemli düşünceyi netleştirmek için, acaba hangisini yapardım diye sorun: Acı veren kişisel bir soruna geçici olarak boyun eğmek ve onunla bir gün tekrar savaşmanız gerekeceğini bilerek yaşamak mı yoksa o mutsuz durumun gerçek nedeninin kendi içinde olduğunu görerek, tümüyle geride bırakmak mı? Seçim yapmak o kadar da zor değil, değil mi? Ve işte bu yüzden, kişisel bir sorunla her yüzleştiğimizde, her zamanki çözüm arama tepkimizi gönüllü olarak askıya alarak, seçimimizi Gerçek Ben'imiz lehine yapmak zorundayız. Ve yine anahtar, sorunun size gerçek doğasını göstermesine izin vermekte. Yalnızca gerçek soruna bir bakış, gerçek çözümü ortaya çıkartabilir. Bu dinamik ilkeyi biraz daha fazla anlaşılır kılmak için şu basit örneğe bakalım:

Evindeyken kendini aniden rahatsızlık verecek derecede üşümüş hissetmeye başlayan bir adam düşünün. Kalın bir palto giyer, ama bu ısınmasına yardımcı olmaz. Ayakları donmaktadır. Ardından ısıtıcının derecesini yükseltir ama yine de sürekli titremekten kurtulamaz. Şaşırıp kalmıştır. Bu yüzden acaba hastalanıyor muyum diye korkar ve birkaç ilaç alır, doktorumu arasam mı diye düşünür. Ve ardından kazara, arka veranda kapıları boyunca çekili perdelerden birinin hafif hafif dalgalandığını fark eder. Hasta olmakla ilgili tüm korkuları kaybolur gider. Şimdi, her şey ortaya çıkmıştır. Büyük soğuğun kaynağını keşfetmiştir: Esen rüzgâr balkon kapılarını açmış ve soğuk kış havası zemin boyunca yayılmıştır. Isınmak ve öyle kalmak için tek yapması gereken kapıyı kapatmaktır.

Kendimizi tanıma çalışmamızda, bu basit öyküden alınabilecek temel derslerden biri, sorunlarımızın, başlangıçta nasıl görünürse görünsünler, nadiren bizim düşündüğümüz gibi olduklarıdır. Takip eden dört paragraf, kendimizden bağımsızlığımız için yeni ve gerçek çözümün nasıl olup da gerçek iç sorunun ortaya koyulmasından doğduğunu anlamamız için, özel olarak tasarlanmıştır.

Sorunun, kendimiz olmanın zor olmasından ve bazı kişiler ya da zorlu durumlar sürekli bizden özveri istediği sürece istediğimiz gibi yaşamanın zorluğundan kaynaklandığını *düşünürüz*.

Her zamanki acil *çözümümüz*, her bir durumu tarttıktan sonra, akılcı olduğu sürece otoritemizi kabul ettirmeye çalışmak, ama zaten bizim diye adlandırdığımız şeyi koruma yeteneğimizin ötesine asla geçmemektir. Gerektiğinde, değiştirme umudu olmayan herhangi durumu tümden görmezlikten gelir ya da onunla yüz yüze gelmekten kaçınırız.

Ne yazık ki sonuç sürekli çatışma içinde geçen bir yaşamdır çünkü zamanımızın çoğu eğer kendimiz için direnirsek, ne kazanacağımızı ne kaybedeceğimizle karşılaştırmakla harcanır.

Bununla birlikte, *gerçek sorun*, kendi ruhsal sistemimizde bir şeyin, dosdoğru gidip üstün güçlere teslim olmamıza dair sözlü ve duygusal bir mesajı sessizce ama kesin olarak yaymasıdır – bundan vazgeçebiliriz de, çünkü kendimize ait mutlu bir yaşam kazanamama riskimiz gerçekten çok büyüktür. Şimdi bir an için durun ve bu hüzünlü duyguyu içinizde ne kadar sık ve inatla duyduğunuzu ve hissettiğinizi derinlemesine bir düşünün. Kasvetin ve kaçınılamaz yenilginin bu içseslerinin amacını daha iyi anlamak için Cengiz Han'ın etkileyici savaş tekniklerini incelememiz gerekiyor.

Kötücül İçseslere Kaşı Nihai Zaferiniz

Cengiz Han'ın birçok düşmanını psikolojik savaş yöntemleri kullanarak, kendi halkı yoluyla yendiği az bilinen bir gerçektir. Hatta bazı zaferlerini savaşmadan kazanmıştır. Bunu şu şekilde yapardı: Han yaklaşan ordusunun önünden, özel olarak eğitilmiş ajanlar gönderirdi. Sıradan köylüler gibi giyinen ve davranan bu casuslar, sessizce düşmanın kamplarına sızar, o kabile liderine bağlılığını sunardı. Bir kez Han'ın düşmanları tarafından tümüyle kabul edildiler mi, Han'ın ordusunun büyüklüğü, gücü ve yenilmezliği hakkında ürkütücü öyküler yaymaya başlarlardı. Bu öyküler kendi –yalan söylemek için görünür bir nedeni olmayan– ordularından geliyor gibi göründüğünden, doğruymuş gibi kabul görüyordu. Bu durumda, Han'ın düşmanlarının hiç şansları olmadığından, teslim olmaktan başka bir seçenek kalmıyordu.

Bu tarihi bilgi sizin ve benim içimizde ne olduğunu tam olarak örneklemektedir. Deneyin ve görün: Biz de bilmeden "istila"ya uğradık. Ve aynı Han'ın hiçbir şeyden şüphelenmeyen rakipleri gibi, düşmanımızla yanlışlıkla sanki bizdenmiş gibi kucaklaştık. Bu durumda, bize her zaman riske girmememizi ve psikolojik güvenliğimizi sağlama almak için her ne ile uzlaşmamız gerekiyorsa uzlaşmamızı söyleyen kendi Sahte Ben'imiz tarafından kandırılıyoruz. Yanlış olarak, içimizden gelen bu uyarının, duyarsız bir dünyanın her günkü saldırılarından bizi korumak için orada olduğuna inanıyoruz. Gerçek şu ki, var olan tek saldırı, bizi alarm haline geçiren ve her zaman kötücül bilgiler taşıyan bu iç uyarıların kendileri. Bizim tek sorunumuz şimdiye kadar resmin tamamını görememiş olmamız. Aynı Han'ın düşmanlarının zihinlerine kurnazca ekildiği gibi, bizim zihinlerimizde de, karşı konulamaz güçlüklerle yüz yüz kalındığında yapılacak tek akılcı şeyin, kendimiz için elde edebileceğimiz en iyi koşullar için pazarlık etmek ve kalanıyla yaşamak olduğu var. İmkânsız güçlükler birlikleriymiş gibi görünenlerin aslında karanlık hayaller ordusundan başka bir şey olmadığını ve bizim bu bunalımlı duygu ve düşüncelerimizin de, koşullarını kendimizin belirlediği bir yaşamımız olmasını ve ondan keyif almamızı engelleyen tek güç olduğunu öğreniyoruz.

"Söylediğiniz şeyi anlayabiliyorum ve hatta sanırım kendi iç istilacılarımın birkaçını tanıyorum – yoluma devam eder ve doğrusunu yaparsam başkalarının benim hakkımda ne düşüneceğinden endişe duymak ya da kendimi zora sokmak yerine daha kolay bir yol izlersem daha iyi olacağını söyleyen çekingen sesler gibi. Ama bir şeyi atlamış olmalıyım. Nasıl oluyor da bu istenmeyen iç istilacıları sadece tanımakla, gerçekten onları kendi aklınızdan ve yüreğinizden atmaya geçebiliyorsunuz?"

"Sahte Ben'in yaptığı iç müdahaleleri araştırmakta ve ortaya çıkarmakta olan istekliliğiniz sizi hayret verici ve kaçınılmaz bir sonuca götürecektir: Sizin tek ve gerçek sorununuzun içinizdeki kötü konuk olduğunu ne kadar çabuk anlarsanız, onu o kadar çabuk terk edecek ve içinizde tek başınıza yaşamaya başlayacaksınız."

"Bu gerçekten yapılabilir mi?"

"Evet. İnsanların dünyasında ve mahallelerinde, çeşit çeşit ilişkiyi öğrenmemiz ve içinde olmamız gerekir. Doğru ve iyi olan budur; doğal bir gerekliliktir ve doğal olarak birçok kolaylık sağlar. Ancak, diğerleriyle birlikte olmanın kaçınılmaz olduğu dış dünyada yaşamanın aksine, içdünyada tersi doğrudur.

İçerde yalnız olmamıza hiçbir şey engel olamaz ve bu bizim kötücül seslere ve korkutucu duygulara karşı nihai zaferimizdir: Ya bizi dinlemek zorundadırlar ya da konuşacak kimseleri olmaz."

Bugünden tezi yok –hemen şimdi– kendi içinizde yalnız yaşamaya başlayın. Bu çeşit bir tetikte olma durumunda ısrar ederseniz, o zaman bir gün "yalnız" sözü artık sizi korkutmaz ve bunun da nedeni şudur: Ruhsal sisteminizde size kendinizi ne kadar yalnız hissettiğinizi söyleyecek karanlık düşünceler artık yoktur. O mutlu günde, gerçek özgürlüğün ne olduğunu öğreneceksiniz; her gün nasıl istiyorsanız, öyle yaşayacaksınız. Ve yeni bağımsızlığınızın sınırsızlığı size kalıcı güven ve neşeyi getirecektir, çünkü bileceksiniz ki, artık sadece kendinize yanıt vermeniz gerekmektedir.

Bu Engeli Ortadan Kaldırın ve Gerçek Bağımsızlığa Yükselin

İnsanın kendine karşı bağımsızlığı içsel yaşamdaki uyanışın meyvesidir. Ve aynı, ağaçtaki bir meyvenin olgunluğa erişmek için belli bir sıralamadaki doğal olayları takip etmesi gerektiği gibi, sizi kendi yaşamınızı kazanmaya ve istediğiniz gibi yaşamaya götürecek olan öz-gerçekleştirimin de doğal aşamaları vardır.

Bu üst seviyede ve bağımsız yaşama giden yolda attığınız her adım, hem bir meydan okuma hem de bir ödüldür. Meydan okuma her zaman bir sonraki adımın ne kadar karanlık ve belirsiz göründüğüdür ve ödül, adımı attıktan *sonra* gerçekte olduğunuz kişinin aşağı düşmesinin söz konusu olmadığını keşfetmekten duyacağınız tatlı rahatlamadır. İnsan bu şekilde, adım adım ilerleyerek kendi bağımsızlığına ulaşır, gerçek doğası olgunlaşır.

Ancak, tıpkı daha yüksekten manzaraya bakmak için tırmanırken olduğu gibi, aşılması diğerlerine göre daha zor olan o noktalar her zaman vardır. Görüşümüzü karartan bu yüzeye çıkmış psikolojik kayaların üzerine ne kadar çok ışık tutarsak, yukarı doğru yolculuğumuz o kadar kolay olur. Unutmayın, gerçek asla sizi bir çıkmaza götürmez. Eğer öyle görünmüşse, bunun nedeni, gerek olmadığı halde, tam önünüzde sizi bekleyen üst seviyedeki yaşamın bir parçası olamayacak bir şeyi yanınıza almaya çalışmanızdır. Öyleyse geride bırakın. Bir sonraki basamağı kolaylıkla çıkacaksınız.

Kendinden bağımsızlığınızın aşamalarında yukarı çıkarken, pek çok öğrencinin bocaladığı ve yukarı doğru atılacak bir sonraki önemli adıma geçmeyi başaramadığı, en önemli engellerden biri, insanların gerçek durumunun hayal ettiklerinin çok ötesinde kötü olduğunu görmekteki isteksizlikleridir. Siz farklı olmak zorundasınız. Birazdan göreceğiniz gibi, yalnızca toplumun düşük yaşam seviyesi ve ekonomik ve dini liderleri konusundaki sarsılmaz sezginiz, kendinizi tümüyle bağımsız bir kişiye dönüştürmenizde size gereken yeni enerjiyi taşıyabilir. Dolayısıyla insanların içini görmekte asla duraksamayın ve algılarınızdaki uyanışın, onların gerçek halini gözünüzün önüne sermesi nedeniyle suçluluk duyun. Sanki diğerlerinin kötülüklerini görmekle kötü bir şey yapmışsınız gibi duyduğunuz bu suçluluk duygusu, Sahte Ben'in bir numarasıdır. Sahte Ben'in sizin başkalarına inanmaya devam etmenize gereksinimi vardır, çünkü böylelikle sonrasında onlar sizin beklentilerinize uymadıklarında kendinizi stresli ve ihanete uğramış hissedebilirsiniz. *İnsanların İçyüzünü Görmenin 50 Yolu* (New Life, 1981) adlı şaşırtıcı derecede etkili cep kitabında Vernon Howard, tam olarak niye, kötülüğü gördüğümüz için asla kendimizi kötü hissetmememiz gerektiğini açıklıyor:

İnsan doğasını inceleyen bazı öğrenciler başkalarının yanlışlıklarını ve zayıflıklarını ortaya koymakta çekimser davranırlar. Bu kadar çok kötülük görmemeleri gerektiğini düşünürler. Doğru olan bunun tersidir. İnsanların yaralayıcı davranışları konusunda her şeyi bilmelisiniz, bilmek zorundasınız ve tek nedeni yanlışı görmenin doğruyu davet edebilmesidir. Gerçek tehlike bazı şeyleri gerçekten oldukları gibi görmemektir çünkü yanılgı, yanılan için tehlikelidir. Bir köpekbalığının yunus olduğuna inanmak hem aptalcadır hem de gereksiz. Bilge bir adam bir köpekbalığı görürse bunun bir köpekbalığı olduğunu anlar. Ne zamandan beri doğruyu görmek yanlış oluyor?

Dolayısıyla, insan doğasının zayıflıkları hakkında gerçekleri bilmek hem akıllıca hem de yararlıdır. Aslında eğer gerçek bağımsızlık için arayışımızın mutlu bir sonu olacaksa, yalnızca bu geçici olarak şok yaratan kavrayışları içeri kabul etmekle kalmamalı, aynı zamanda kendimizi toparlayıp daha fazlasını görmeyi istemeliyiz. Gerçek bizi hoşnut bırakacaktır. İşte bize geride bırakmamızda ve ruhsal açıdan daha bağımsız bir gelişme göstermemizde yardımcı olacak üç dost olgu...

I. Olgu: Başkalarına yalnızca onlara bağımlılığınıza tahammül etmeleri için bir bedel ödediğiniz sürece bağımlı olabilirsiniz.

II. Olgu: İnsanlarla ilgili olaylarda, yüzeysel olarak nasıl görünürse görünsün, bireyleri yönlendiren kendi çıkarlarıdır.

III. Olgu: İnsan iyilik ve cömertliğinin tipik gösterimi bile o kişinin şefkatli doğasından değil bilinçdışı olarak iyi bir insan olma duygularıyla kendini zenginleştirmek gibi zehirleyici bir istekten kaynaklanır. Ona teşekkür etmeyi ya da cömertliğini teslim etmeyi unutun ve seyredin bakalım iyiliği ne kadar hızlı bir şekilde bastırılmış kin ya da dışadönük kızgınlığa dönüşüyor.

Bu gerçekler kendi içlerinde olumsuz değillerdir. Olumsuz olan yalnızca başkaları tarafından ihanete uğramakla kalmayıp, yaşantımızın bir noktasında kendimizin de aynı üzücü rolü oynadığımızı kendimizden saklamamızdır. Kanıtlar ezici güçtedir.

Bağımsız olması gereken psikolojik esenlik duygusu için başkalarına bağımlı olmak, her an olabilecek bir kaza gibidir. Eşlerden birinin diğerine paraşütü olsun diye bağımlı olduğu ve diğerinin de bunu kabul ettiği herhangi bir ilişkide, her iki taraf da yere çakılacaktır. Bir an için bile, bu tür bir korku yaşamaya devam etmek zorunda değilsiniz. Kendinize insan doğası ve ilişkileri hakkında tüm gerçeği görme izni verin; bunun karşılığında gerçek sizi tüm şu anki acı veren kaygılarınızın üstüne taşıyacak bir şey gösterecektir. Yani sizin için güvenebileceğiniz kimse olmadığını, çünkü –en azından sizin baktığınız yerde– öyle biri olmadığını kavrama noktasına gelmekten korkmayın, geçici olarak rahatsız etse de bu noktaya gelmek harikadır. Yaşamdaki gerçek ve şu anki konumunuzun kademeli olarak gerçekleştirilmesi aslında yukarı doğru bir süreçtir; sadece aşağı doğruymuş gibi hissedilir. Ve böyle hissedilmesinin tek nedeni, kendiniz bilmeseniz de, bir gün birisinin size kendinizin veremediğiniz bir şeyi –gerçek bağımsızlığı– vereceği gibi kendini kısıtlayıcı bir düşünceyle yaşamanızdır. Şimdi bekleyiş de bitti, korku da.

Yalnızca kendiniz ve diğerleri hakkındaki gerçeğin ışığında durmaya istekli iseniz ortaya çıkan gizli ve mucizevi bir parçanızı size göstermeme izin verin. Şimdiye kadar yalnızca az sayıda kadın ve erkeğin farkına vardığı yepyeni, sarsılmaz bir bağımsızlık seviyesini keşfetmenin eşiğindesiniz. Bu yenilmez iç güç, yaşamınıza girmesinde geçerli yasaların gerekliliklerini yerine getirmenizi sabırla bekliyor.

Bir kartal yavrusu hakkındaki aşağıdaki kısa öykü, bu güzel yasaların doğada nasıl işlediğini açıklıyor. Sürpriz sonu büyük bir sır içeriyor. İzin verirseniz, kendi hakkınızda harika ve akla gelmesi olanaksız bir şey gösterecek. Ardından bu bölümdeki tüm olguları bir araya getirin ve kendi sürpriz mutlu sonunuzdan aşağısına razı olmamayı amacınız yapın.

Kendi Üstünüzde Süzülmeye Başlayın

Küçük yavru kartal önce çalı çırpıdan yapılmış yuvasının kenarında durdu. Niye yüzünü rüzgâra vermekten hoşlandığını bilmiyordu ama ne zaman orada durup aşağıdaki kayalık uçurumlara, ormanlara ve akarsulara baksa, tanımlanamaz bir duygu tüm vücudunu dolaşıyordu. Orada altındaki dünyanın kralı gibi durmaktan hoşlanıyordu. Ve yaşam güzeldi. Anne babası ona her gün yiyecek taşıyorlardı ve ev temizliğini yağmur yapıyordu. Böylesine yüksekte yaşayabildiği için, kendini diğerlerinin çok ötesinde şanslı hissediyordu.

Ama bugün farklıydı. Bir şeyler kesinlikle yanlıştı. Bunu hissedebiliyordu ve korkuyordu. Sadece tümüyle yalnız olması da değildi. Aslında birkaç gündür yapayalnızdı. Şüphesiz ki karnı açtı ve hatta biraz da yalnız hissediyordu ama o anda kafasındaki asıl konu, daha önce görmediği bir şeyin uzaktaki, dik, engebeli kayalıktan yavaş yavaş ilerlediği ve dosdoğru yuvasına yönelmiş olduğu gerçeğiydi. İçgüdüsel olarak biliyordu ki, bu dört bacaklı yaratık her ne ise, kocaman dişlerini onu selamlamak için göstermiyordu. Bu istilacıyı durdurmaya karar verdi ve tüm gücünü toplayarak bir uyarı çığlığı attı. Bir yararı olmadı. Uyarısı hiçbir şeye yaramadıysa da izini süren avcıyı azdırmaya yaradı. Artık aralarındaki mesafe ancak bir iki metreydi.

Küçük kartal yavrusu kendisi ile takipçisi arasına bir emniyet mesafesi koyma düşüncesiyle yuvasının diğer bölümüne sıçradı. Bu büyük olasılıkla işe yarayabilirdi, eğer kaya katmanının karşı tarafında, yeni konumundan en fazla bir metre mesafede aynı birkaç saniye evvel kaçtığı gibi sivri dişli bir yaratık olmasaydı. Ve bu da onun peşindeydi! Artık çok fazla seçenek kalmamıştı. Küçük kartal yavrusu yuvanın tam kenarına geldi. Aklında pek çok soru vardı. Annesi ve babası neredeydi? Böyle mi olması gerekiyordu? Ona şimdi kim ya da ne yardımcı olabilirdi? Her şey çok ümitsiz görünüyordu. Döndü ve altında uzanan geniş açıklığa baktı. Başka seçenek kalmamıştı. Artık yalnızca santimlerle ölçülen bir mesafede olan yaratıklarla yüzleşmektense atlamak ve düşme riskini göze almak daha iyiydi. Ne tarafa gitmek lazım diye düşündü kendi kendine ve o anda, küçük kalbi heyecanla çarparken, gözlerini kapadı ve büyük boşluğa atladı. Başka yolu yoktu.

Sonrasında olan şeyi hayal bile edemezdi. Altındaki kayalık zemin hızla yaklaşırken, içinin derinliklerinden bir yerden gelen bir emirle küçük kartal tutunmak için kollarını iki yana açtı. Ancak bağışlaması olmayan kayalara tutunmak yerine kolları rüzgârı yakaladı. Mutlak kaderi olarak düşündüğü şeyden uzağa ve yukarı doğru süzüldü. O anda kanatlarını keşfetti. Bir daha asla yalnız kalmayacak ve korkmayacaktı. Artık gerçek evi göklerdi.

Bu gerçeklik masalında üzerinde düşünülmesi gereken en önemli nokta şu: Sizin de kanatlarınız var – size ait olduklarını henüz bilmediğiniz çok özel ve gizli bir parçanız. Sahte Ben'in bozguncu emirleri altında yaşarken, yanlış olarak gerçek bağımsızlığa ve gerçek güvenliliğe ulaşmanın tek yolunun, bizi oraya götürecek birine bel bağlamak olduğunu varsayıyoruz. Sizin kendiniz için yapmanız gerekeni yapmaya başkasının gücü yetmez. Asla yetmemiştir. Ne zaman biri, iki kişi adına uçmaya kalksa, sonu hep yere çakılmakla biter. Başkalarında görmeyi umduğunuz şeyi aramaktan vazgeçin ve özgürleşmeniz için görmeniz gerekeni görmeye başlayın. Ne kadar net bir şekilde görürseniz, o kadar hızlı bir şekilde yuvadan ayrılmaya ve ait olduğunuz gökyüzüne çıkmaya zorlanırsınız. Gerçek doğanız zaten tümüyle bağımsızdır ve özgürce uçmaktadır. Haydi!

Kendi Sorumluluğunuzu Üstlenmeniz İçin Önemli İpuçları

1. Yardım için başka bir kişiye gitmeden önce, dürüstçe bakın bakalım, o kişi daha önce hiç kendisine yardımcı olmuş mu? Sözlerine değil kanatlarına bakın.

2. Hiç kimsenin kim olduğunu bilmediğini fark ettiğinizde, onlara kim olduğunuzu söylemek sizin için artık önemli olmayacaktır.

3. Herhangi bir kişinin ya da grubun ne kınaması ne de onaylaması, yaşam kalitenizde gerçek bir fark yaratır.

4. İnsanlar kendilerini hoşnut etmeniz için, hep onların istedikleri kişi olmanızı beklerler. Kendiniz olun ve kendinizi hoşnut edin.

5. Niye kendilerini bile onaylamayan insanların onayını istiyorsunuz ki?

6. En azından birkaç tatsız konuşmadan kaçınmanın bir yolu da kendi kendinize konuşmayı bırakmanızdır!

7. Eğer atlamazsanız, uçmanın nasıl bir şey olduğunu asla bilemezsiniz.

8. Diğerleriyle günlük iletişiminizde, eğer karşınızdaki kişinin zayıflığının farkına varmazsanız, büyük olasılıkla o sizin zayıflığınızın farkına varacaktır.

9. Sizi doksan dokuz kişi takdir edebilir, ancak yüzüncü kişi size kaş çatarsa, gününüz mahvolur.

10. Eğer dağın zirvesini hedeflemişseniz, vadideki insanların yaptıkları niye umurunuzda olsun?

Gizlice Yaşam Enerjinizi Tüketen Bu İstekleri Geride Bırakın

Eğer silahlı bir adam üzerinize gelip silahını kafanıza dayarsa ve paranızı isterse, ona cüzdanınızı verirsiniz. Ona niye diye sormazsınız ya da tartışmazsınız. Direnmez ve acımasız silahlı soyguncunun isteğini yerine getirirsiniz çünkü başka mantıklı bir seçenek yoktur. Basitçe belirtmek gerekirse, fiziksel olarak görebileceğiniz büyük zarardan korkunuz, para aşkınıza ağır basar ve dolayısıyla soyguncunun isteğine boyun eğmeye mecbur kalırsınız. İstekler konusunda bu noktaya dikkat çekmek istiyorum çünkü her nerede bir talebi olan birisi varsa, orada mutlaka işbirliği yapmaya zorlanan ya da mecbur bırakılan birini de bulursunuz. Bu dünyanın taleplerini nasıl yanıtlamamız gerektiğini öğrenmek istiyorsak, bunu bilmemiz önemli. Eğer özgürce veriliyor olsaydı, kimsenin bir şey talep etmesine gerek kalmazdı. Bunu açıkça görmemiz lazım. Örneğin, kimseden sizi sevmesini istemezsiniz. Aşk ya özgürce verilir ya da aşk değildir. Burada vurgulanan nokta, her ne zaman ve her nerede sizden istekleri –herhangi bir tür– olan ilişkiler içine girseniz, bir "oyna ya da sonuçlarına katlan" durumunun ortasında kalırsınız. Silahlı soyguncuyla ilgili hayali senaryomuzda, soyguncunun isteklerine boyun eğmememizin sonuçları açıktır. Ancak, şimdi bir de her gün karşı karşıya kaldığımız diğer sayısız isteği, iç huzurumuzu çalan sinsi istekleri bir düşünelim – bizden yalnızca paramızı değil, gülme ve mutlu olma becerimizi de çalan istekler. Haydi bu yaşam enerjimizi emen isteklerin bazılarını ortaya koyalım.

Dünyanın bizden istekleri:

1. Politik baskı gruplarına tam desteğimizi vermek.
2. Sosyal zorunluluklara uyum sağlamak.
3. Kaba davranışları affetmek.
4. Bir gözümüzün dünya olaylarında olması.
5. Herkese gülümseyerek beğenimizi sunmak.
6. Aile üyelerine sorgusuz sualsiz sadakat.
7. Yaşama kazanılması gereken bir yarış olarak bakmak.
8. Başarmak için ne ödün vermek gerekiyorsa vermek.
9. Başkalarının yaşamlarına karışmak.
10. Aylaklara –yaşamda kendileri dahil hiçbir şeye saygı göstermeyen insanlara– saygı göstermek.

İnanılmaz bir şekilde, bu kısa dünyevi istekler listesi, her bir gün yüz yüze kalmaya zorlandığımız, kötü niyetle yapılmış saldırıların yalnızca küçücük bir bölümünü ortaya koyuyor. Ancak gerçek şu ki, bu yaygın dünyevi saldırılar, her gün kendi kendimize yönelttiğimiz yıldırıcı taleplerle karşılaştırıldıklarında hiçbir şey! Yalnızca bir sonraki listeye bakın.

Kendimize yönelttiğimiz istekler:

1. Çevremizdeki her şeyi tam bir kontrol altında tutmak.
2. Karşılaştığımız herkes için bir ilham kaynağı olmak.
3. Başkalarına karşı acımasız derecede dürüst olmak.
4. Başarı için çaba göstermekten asla yorulmamak.

5. Başkalarının gözünde asla hata yapmayan biri olmak.

6. Talihi bizimki kadar yaver gitmemiş kişiler için bir güç kaynağı olmak.

7. Zengin olmak, ünlü olmak ve sonsuza kadar incecik kalmak.

8. Su götürmez bir şekilde her konudan haberi olmak.

9. Önemli birisi olmak.

10. Herkes için, her şey olmak!

Oldukça ilginç bir şekilde, dünyanın bizden olan tüketici talep listesinin ortaya çıkmasının nedeni, tam olarak bu kendi ürettiğimiz isteklerdir. Bu aynı zamanda içsel olanın, dışsal olanı nasıl belirlediğinin de bir örneğidir. İlginç bir ruhsal çalışma olarak, birinci listedeki 9 numaraya bakın ve takip edildiğinde nasıl ikinci listedeki 10 numaraya ulaşıldığını ve birinci listedeki 2 numaranın ikinci listedeki 7 numaradan doğduğunu görün. Bu bağlantılar açıktır ancak başka bazı bağlantılar hemen göze çarpmazlar. İki liste arasında kendiniz de bazı paralellikler bulmak isteyebilirsiniz ve hatta kendi listelerinizi oluşturarak, kendini tanıma çalışmalarınız açısından daha iyi bir egzersiz de yapabilirsiniz. Farklıymış gibi görünen bu iki dünya arasındaki gizli bağlantı kafanızda giderek daha da netleştikçe, bu dünyaların bütün isteklerine yanıt vermenin tek yolunu da anlayacaksınız.

Dünyaya İstediğiniz Gibi Yanıt Verme Özgürlüğü

"Eğer sizi şu ana kadar doğru anladıysam, elimde kendime doğrultmuş olduğum *bir silah tuttuğumu* söylüyorsunuz. Ama insan kendine bunu niye yapar ki?"

"Kimse bir silahlı soygun kurbanı olmak istemez. Tüm iç ve dış suçlar gün ışığında açığa çıkmalarından çok daha önce, cehaletin karanlığında işlenirler. Bu tüketici istekleri bilinçdışı olarak kendimize yöneltiyoruz çünkü her birimiz kendi olduğumuzdan daha iyi olmak istiyoruz."

"Peki daha iyi biri olmak istemenin nesi yanlış?"

"Yanlış bir tarafı yok. Ancak elimizde tuttuğumuz, kendimizi daha iyi bir insan olarak gösteren resmimize göre yaşamak, bizi daha iyi bir insan yapmaz – bu yalnızca sizi, bu resmi tehdit eden her kişiye ve her olaya karşı daha sert bir insan yapar."

"Ne demek istiyorsunuz?"

"Her ne zaman sevecenlikle yardımcı olmanızın doğru dürüst kadrini bilmediği için birisine karşı kızgınlık duyduğunuzda, kendimize edindiğimiz bu sertliğin bir örneği yaşanır. Bu kızgınlığın gösterdiği şey, gerçekte, en başından yardımcı olma derdinde olmadığımızdır. Elinizde tuttuğunuz resimde sevecen ya da yardımsever göründüğünüzden, kendinizi böyle davranmaya zorunlu hissettiniz."

"Haklı olabileceğinizi düşünüyorum. Ama kendimizi çizdiğimiz bu acıklı resimler nereden kaynaklanıyor? Tuvali bu resimlerden nasıl temizleyelim ki, bundan sonra bu kendi kendimize köstek olmamıza neden olan kendi resimlerimizin elinde daha fazla acı çekmeyelim?"

"Bu yıkıcı ve talepkâr oto-portrelerin gücünü, onların arkasında ne olduğunu görmeyi öğrenerek –bu da, bu oto-portrelerin aklınızda nasıl oluştuğunu tam olarak anlamayı içerir– azaltabilirsiniz."

"Tüm bunları gerçekten kendimizde görebilir miyiz?"

"Kesinlikle. Güzel resimlerimizi çizmemizin nedenlerinden biri, içimizde bir yerde bir çeşit karanlığın yerleşmiş olduğundan bilinçaltı olarak korkuyor olmamız. Hepimiz bu ürkütücü duyguyu biliriz; kaynağı, birisine karşı olan uzun süreli nefretimizden ya da bencilliğimizden veya kızgınlığımızdan vazgeçecek gibi görünmediğimizi bilmemizdir. İçimizdeki karanlıktan korkarak tam tersini hayal etmeye başlarız – her şeyin üstesinden gelmek için yaratılmış, mucizevi bir şekilde, başarısızlığa yaşamında yer olmayan, bir çeşit kendi tasarladığımız bir şampiyon ya da kahraman. Bu kendi yarattığımız süper-ben ile ilgili tek sorun, sahip olduğu tek gücün, bu kadar zayıf olduğumuz için kendimizi kötü hissettirmekteki özel becerisiymiş gibi görünmesi!"

"Ne demek istediğinizi tam olarak biliyorum. Ama ne yapabiliriz? Bu iç karanlığa sadece göz yummak doğru bir şey olmamalı."

"İzin verin *Işık sizin için savaşsın.* Bu muharebeyi yalnızca o kazanabilir. İzin verin –ne kadar aksi doğruymuş gibi görünürse görünsün fark etmez– bu görünmeyen ancak duygusal olarak algıladığımız iç karanlığın, en az kendi kendini pohpohlayan oto-portre kadar aptal bir negatif süper-ben olduğunu size göstersin. Aslında bu oto-portreler sürekli birbirinden doğarlar, onların ve isteklerinin sonu gelmezmiş gibi görünmesinin nedeni de budur. Ama bir sonu var. Bir kez gerçekte elinizde bulunan oto-portrelerden –iyi ya da kötü– hiçbiri olmadığınızı gördüğünüzde, o resmin isteklerine göre yaşamanın bilinçsiz ve zorlayıcı gereksiniminden de kurtulursunuz. Artık bu dünyaya –ve bu dünyadaki herkese– istediğiniz şekilde yanıt vermekte özgürsünüz."

"İnanın bana o kadar güçlü olmak isterdim, ama bazı isteklere de boyun eğmemiz gerekmiyor mu? Gereğinden fazla katı olarak bir şey kaybetmek istemem."

"Eğer kendinize karşı bu yeni anlayışı kucaklarsanız, kaybetme riskinde olduğunuz tek şey, birisinin size bir silah doğrulttuğu duygusudur. Dersi hatırlayın. Hep bilinçsiz olarak yapmaya zorlandığınız şey gücünüze gidiyor. Buna, sizi umursamak için tek düşünceleri umursayacakları türde birisi olmanızı istemek olan insanları umursuyormuş numarası yapmak gibi acı veren davranışlar da dahildir."

"Kendimi hemen şimdi özgürleştirmeye başlamak isterdim. Nereden başlayabilirim?"

"Asıl gerçeğin bu dünyada başka birinin –kendiniz dahil– beklentilerine göre yaşamak için bulunmadığınız olduğuyla başlayın. Bu dünyada sizin için, sizi sadece geren ve yaşam enerjinizi emen şeyler yaparak günlerinizi harcamaktan çok daha üstün bir şey var. Sizin Gerçek Ben'iniz her şeyin üzerinde yalnızca bir tek kural olduğunu biliyor: *Asla size acı veren ya da sizden bütünlüğünüzü kurban etmenizi isteyen bir şeye yanıt vermek zorunda değilsiniz.*"

Yaşamda Hafif Yürüyün

Ne zaman bir iyileşme düşüncesi ya da kurtarıcı bir gerçek keşfetsek, bu kadar açık bir gerçeği, bu kadar uzun süredir atlamış olabilmek her zaman şaşırtıcı olur. Bu duyguyu bir yerden tanıyor musunuz? Her şeyden çok, hep var olan gerçeğin bir anda belirivermesi, dönemeci dönmek ve aniden uzun süredir bildiğinizi anladığınız bir şeyi görmeye –bir zamanlar sevdiğiniz özel bir yeri yeni baştan keşfetmek gibi– fazlasıyla benzer.

Bunu açıklayamazsınız, ancak ansızın yaşanan bu önemli anlar, güvenilir bir anıya benzedikleri ölçüde, yeni ve heyecanlı bir anlayışa da geçit oluştururlar. Yaşamımızın böyle büyülü anlarla dolması gerekir. Daha azına razı olmak, ruha eziyet eden görülmemiş bir ödündür. İşte bu yüzden yaşamdaki gerçek başarılar, heyecan verici ama geçici hedeflere varmaktan çok, bir uyanış gibidirler. İzin verin şu kısa öykü, gerçek doğanızın asla unutmadığı bir şeyi hatırlamanız için sizi uyandırsın.

Öyle görünüyordu ki çok uzun süredir yürüyordu. Ama yorgun bacaklarından çok ellerini hissediyordu. Taşıdığı çantaların bir parçası olmaya başlamışlar gibi geliyordu.

"Bunun bir yararı yok" diye düşündü, yükünün ağırlığını ağrıyan bir elinden diğerine kaydırırken. Hepsini yere koymak isterdi ancak acelesi vardı.

İnanması güçtü ama yol kenarında çanta satan bir adamla karşılaşmasının üzerinden yalnızca birkaç saat geçmişti. Çanta satıcısı, çantalarından birini satın almasının tüm diğer çantaları taşımasını kolaylaştıracağını vaat etmişti. Ama yürüdükçe, bu yeni çantanın eklenmesinin ona ne yaptığını tanımlayan pek çok başka kelime aklına gelmişti ve "kolaylaştırma" kesinlikle o kelimelerden biri değildi. Ve bu yol kenarında ona satılan ilk çanta da değildi. Hiçbir anlamda.

Aşağı doğru gerilmiş kollarına ve ellerine baktığında, ona öyle görünüyordu ki, sözde taşıdığı her çanta için bir şeyin garantisi verilmişti. Gelecek planları için bir çantası, içinde başarı anahtarı bulunan bir çantası ve geçmişi tamir etmek için çeşitli takımların bulunduğu bir çantası vardı. Ve sonra tüm çantaların en ağırı olan çanta vardı: Güya tüm diğer çantaları güvende tutacak olan çanta. Gerçek şuydu ki akla gelebilecek her şey için bir çantası vardı.

Tüm çantalarının değerini tekrar tekrar ölçüp biçmekle o kadar meşguldü ki, yol kenarında gölgede oturan yabancıyı fark etmedi bile. Aslında, gözlerini torbalarından ayırıp yukarı bakmasına neden olan yabancının sesiydi. Yabancı gülümsedi.

"Orada bayağı bir yükünüz var. Biraz oturup bir mola vermeyi düşünmez misiniz?"

Bu teklif bir nedenle onu şaşırttı ama iyi bir fikir gibi görünüyordu. "Teşekkürler..." dedi. "Sanırım öyle yapacağım." Ve ardından çantalarını birer birer, boyutlarına göre sıralayarak yere koydu. Birkaç saniye boyunca ikisi de konuşmadı, ama bu rahatsız edici değildi. Çimenler yumuşak ve tam hoşa gidecek kadar nemliydi. Fark ettiği garip tek şey yabancının yanında hiç çanta olmamasıydı – bir tane bile. Hatırlayabildiği kadarıyla bu bir ilkti. Yolda karşılaştığı insanların hepsi herhangi bir tür çanta taşıyorlardı. Nasıl sağ kalabilmişti? Bu nasıl biriydi? Yolun güçlükleriyle nasıl başa çıkmıştı? Sessiz sorular birbiri ardından zihnine üşüşüyordu, ama bir şey söylemenin çok kaba olacağını biliyordu. Sözcükler dudaklarından döküldüğünde kendi kulaklarına inanamadı.

"Görüyorum ki sizin hiç çantanız yok."

Yabancı gülümsemesine gülümsemeyle karşılık verdi. "Öyle."

Adam daha ayrıntılı bir açıklama bekledi ama öyle bir şey olmadı. Sonunda sessizlik çok ağır gelmeye başladı. "Niye yok?" diye sordu.

Yabancı bu soruyu yol boyunca karşılaştığı diğer yolculardan daha önce de duymuştu. Deneyimleri uzun süre önce ona yöneltilen niye bu kadar kaygısızca dolaştığına dair soruların çoğunun aslında sorunun yanıtını duymak için sorulmadıklarını öğretmişti. Hayır. Çoğunun ilgisi yalandı. Gerçekte peşinde oldukları, bu konu hakkında kendi görüşlerini söylemenin bir yoluydu. Ama karşısında duran bu yorgun adamın diğerlerinden farklı olduğunu hissediyordu. Ve o yüzden gerçeği söyledi.

"Yıllar önce bir gün gölgelik bir noktada mola verdiğim sırada tanıdık bir ses benimle konuşmaya başladı. O sesi daha önce belki bin kez duyduğumu biliyordum ve yine de o ana kadar gerçekten duymamıştım."

Yabancı geçmişe dalıp gitmiş gibiydi ama konuşmaya devam etti. "Garipti çünkü ses sürekli 'Çok yoruldum, daha ne kadar gitmemiz gerekiyor?' deyip duruyordu. Hepsi bu – sadece *çok yorgunum* ve *daha ne kadar*."

"Yanınızda kim vardı?" diye sordu adam. "Hiç kimse" diye yanıtladı yabancı ve ona içten, utangaç bir gülümsemeyle baktı. "Tümüyle yalnızdım. Ve o anda niye bunu ciddiye almam gerektiğini bilmiyordum ama işte o zaman oldu. Fark ettim ki bildim bileli ne kadar yorgun olduğuma dair kendi kendime konuşuyordum."

Adama yabancının yanıtı beklenmedik bir şok gibi gelmişti. Eli boş adama acımak istedi ama onun yerine adama yakınlık hissediyordu ve söylediklerine de. Sessizliği, yabancıyı konuşmaya devam etmeye bir davetti.

"Başlangıçta, hep istediğim bir başka çantayı düşünerek farkına vardığım acı gerçeği kafamdan atmaya çalıştım. Ama o zamana kadar bu duygulardan zaten bıkmıştım. Başka ne yapacağımı bilemedim ve orada öylece oturdum. Ne kadar süre oturduğumu gerçekten bilmiyorum. Ve o zaman kafama dank etti."

Yabancı yine gülümsedi ve adam belki de kaçırdığı bir şey olduğunu düşündü. Ama öyle olsa bile, yabancı konuşmasına, sormasına yetecek kadar ara vermemişti. "Orada oturup kalmam, pek de bir yere gitmek istemediğimden değildi, otururken yollarda geçirdiğim onca yıldan sonra, gerçekten nereye gittiğimi hiçbir zaman bilmediğimi fark etmiş olmamdandı. Yalnız o güne kadar bunu hiç bilmediğimi bilmiyordum – çünkü yollarda geçen aynı o yıllar boyunca, rahatlama arayışımla, yaşamda gidecek bir yönüm olmasının aynı şey olduğuna inanır olmuştum."

"Ama niye rahatlama arayışındaydınız ki? Yani sizi rahatsız eden neydi?"

"Bu çılgınca bir şey" dedi yabancı, iyi bir espri duymuş gibi kendi kendine sessizce gülmeye başlamıştı. "*Taşıdığım tüm o bagajlarımın rahatsızlığından kurtulmaya çalışıyordum* – yaşam yürüyüşümü güya keyifli bir hale getirmesi gereken çantalardan!"

Bunun üzerine ikisi de sıkı birer kahkaha attılar, kendilerine özel bir şakayı paylaşan iki eski dost gibi. Adam söze başladığında, paylaştıkları duygunun sıcaklığı hâlâ oradaydı. "Peki, şimdi çantalarınız nerede?"

"Tüm mesele de bu zaten" diye yanıtladı yabancı, hâlâ gülümsüyordu. "Anlamıyor musunuz? Eğer nereye gittiğimi bilmiyorsam, o zaman oraya varmam için bana neyin gerekli olduğunu nasıl bilebilirdim ki?" Sorusuna bir yanıt istediği gözlerinden okunuyordu.

"Doğru" dedi adam, farkına varmadan.

"Yani, o zaman, ne halt etmeye tüm o çantaları taşıyordum ki? Gerçek şu ki buna iyi bir yanıt bulamadım, dolayısıyla, onları hemen orada, oturduğum yerde bıraktım."

"Peki, sonra ne oldu? Nereye gittiniz? Yaşamınız değişti mi?"

Yabancının bakışı art arda yağan sorularını kesmesine neden oldu. "Biraz zaman alsa da, yaşama bakışım değiştikçe yaşamımın da değiştiğini görmeye başlamam çok sürmedi. Taşımış olduğum bütün o çantaların yükü olmayınca, yaşamın görev olarak geçilmesi gereken bir yer değil, olmak için harika bir yer olduğunu görmeye başladım."

Adam yabancının sözlerindeki gerçeği hissediyordu ve daha fazla açıklama istiyordu. "Olmak için harika bir yer mi?"

"Evet." Yabancı ayağa kalktı ve yaprakları pantolonundan silkeledi. "Bir nedenle, olmam gerektiğini düşündüğüm yerde olmamaktan dolayı kendimi perişan etmeyi bir kez bıraktığımda, anladım ki her zaman tam olarak olmak istediğim yerdeydim." Dosdoğru adama baktı. "*Gerçek şu ki, olmanız gerektiğini düşündüğünüz kişi olmanız gerekmiyor. Bu yüzden de, sizi o kişi yapmak için size gerekli olduğunu düşündüğünüz tüm o şeyleri yaşam boyu taşımanıza gerek yok.*" Ve bunu söylemesinin hemen ardından, yabancı, "Sonra görüşürüz" dedi ve yürümeye başladı.

Adam ayağa fırladı. "Nereye gidiyorsunuz?"

Yabancı yanıt vermedi ama bu kabalığından değildi. Adam aşağıya, ağır çantalarının oluşturduğu uzun kuyruğa baktı ve ardından yeniden yoldan aşağı yürüyen yabancının hafif adımlarına baktı. Yalnızca bir an sonra kararını vermişti. "Beni bekleyin!"

Yaşamınızın olması gerektiğini düşündüğünüz şekilde gitmesi için, yaşamınız boyunca taşımanız gerektiğine inandığınız tüm o şeyleri düşünün. Öğrendiğiniz tüm gerçekleri bir tartın. Şimdi bir düşünün, hepsini geride bırakmak ne kadar hoş olurdu.

Hafif Yaşamanın Anahtarları

İşte size kendinizi geride bıraktığınızda gelecek olan hafif yaşamı bulmak için atabileceğiniz özel adımlar. Unutmayın, sorunlarımızın ne olduğunu kavramak onların gizli çözümlerini ortaya çıkartır. İçgörü kendi ışığınızdır. Kendi ışığınız, hafif adımlı Ben'e gidişin anahtarıdır.

1. Gerçek yaşamda harekete geçme kararı içerde verilir, dışardan yönlendirilmez.

2. Yalnızca yanlışlık acaba doğru muyum diye kendini kendiyle kontrol etmeye gerek duyar.

3. Anlamadığınız bir şeyle bir ilişkiniz olabilir ama o ilişkinin hep kendi koşulları olacaktır.

4. Daha fazla yükselmek için daha fazla görün.

5. İyi davranmaya çalışmayı bırakın ve daha uyanık olmaya cesaret edin çünkü her şeyden daha iyi olan davranış, başka birine, mutsuzluk oyununun içyüzünü görmesinde yardımcı olmaktır.

6. Yaşamınız geçici bir şeye bağlıymış gibi davrandığınız sürece, öyle olacaktır.

7. Gizli gücünüz, gizli zayıflığınızın hiç de size ait olmadığını bilir.

8. Sahte yaşam tüketicidir; gerçek yaşam ise tükenmez.

9. Kendiniz dışında bir şeye dayanarak kendinize duyduğunuz güven, aynı zamanda kendinizden şüphenizin de temelidir.

10. Eğer başkalarına sizin nereye gitmekte olduğunuzu söyleme olanağı verirseniz, o zaman yolculuğunuz için neye gereksiniminiz olduğunu söylemeleri için de onlara bağımlı olmak zorunda kalırsınız.

9. Bölüm

Gizli Ben'le Temas

Olduğunuz kişiyi geride bırakmak ve Gizli Ben'le temasa geçmek aslında tek ve aynı eylemdir. Ama Gizli Ben nedir? Onu manevi geleneğinize ne uyarsa o şekilde adlandırın, bu inanılmaz karakter aynı kalır: Tüm sınırlamaların ötesinde aşk ve bilginin kaynağı, mükemmel potansiyel. İsa, Buda, Muhammed, Krişna, Baba, Kutsal Ana, Logos, Gaya –her ne olarak adlandırılıyorsa– isimlerinin ötesinde kutsaldırlar, aynı bir parçası olduğu kutsal bilginin, bir kutsal kitabın isminin ötesinde olması gibi. Ve bizim de görünmeyen tarafımıza çok esrarengiz bir şeymiş gibi bakmamıza gerek yok, çünkü değil. Aslında, içimizdeki bu kutsal özellik yalnızca ortaya çıkmak ve gözü olanlara kendi gizli cennetlerinin harikalarını göstermek istiyor. Geçen 8 bölüm boyunca kendimizi tanıma çalışmalarımızın bizi getirdiği nokta bu: Gizli Ben'le temasa geçmek.

Hiç kesilmeyen zihinsel gevezeliklerimizi geride bırakmayı öğrenmek, bizi Gizli Ben'in girişi için hazırlar. Ve sonunda, ne zaman ki, kendi içsel konuşmalarımızdan çok onun gelişini dinleriz, bu mükemmel doğa kendini gösterir. Ve o anda her şey değişir. Her şey yenidir. Gerçek ve daha yüksek bir irade gücüyle temas etmek için kendi şehrinin krallığını reddeden Antik Efesli Yunan filozof Heraklitos, ilahi olanın verdiği umut için, sıradan olanı gönüllü olarak uzaklaştırmanın önemini yakalamıştı:

"Eğer birisi beklenmeyeni beklemiyorsa, o kişi onu bulmaz, çünkü arayarak ya da izini sürerek ona ulaşılmaz."

Bu yüce, gizli, "beklenmedik" ile temasımız neyi ortaya koyabilir? Bizim bu kendi üstün yanımız, bizim bilmediğimiz neyi biliyor? Gizli Ben'in arayıcıları, çağlar boyunca iyinin ve doğrunun ateşini canlı tutan bilge ve aydınlanmış insanlar bulduklarının yazılı olduğu kitapları bize bıraktılar. Bu soylu kayıtlar, kendi içimizdeki daha yüce anlamı arayışımızda bizi cesaretlendirmek ve güçlendirmek için varlar. Bu ilham veren yönergelerin birkaçına kısaca bir göz atmak, Gizli Ben'in yalnızca bizim şu anki mutsuzluğumuz hakkında her şeyi bilmekle kalmayıp aynı zamanda bize ulaşmaya ve hiçbir kalp kırıklığının gerekli olmadığını göstermeye çalıştığını da ortaya koyar.

1. Gizli Ben, içi boş bilgeliğimizin farkındadır ve bizi şu anki sınırlı düşünme biçimimizin ötesine geçmeye, kendi bilgisinin tamlığına davet eder.

"*Mutlu adam Gerçek Bilgi'yi bulan ve anlayan adamdır... O bilgi yakutlardan daha değerlidir: ve arzu edebileceğin hiçbir şey onunla kıyaslanamaz.*" (Tevrat)

2. Gizli Ben umutlarımızdaki korkuyu bilir ve kim önce onu aramaya cesaret ederse, gerçek korkusuzluğu bulacağını vaat eder.

"*O ki Ebedi Olan'ın mutluluğunu bulmuştur, hiçbir dönemeci dönerken korkusu olmaz.*" (Upanişad)

3. Gizli Ben isteklerimizin taşıdığı hayal kırıklığını bilir ve onun istediğini istemekle, rahatlamanın ve özgürleşmenin geleceğini kabul etmeyi bilgece bize öğretir.

"Yaşamdaki değişiklikleri unutarak, olayların gidişine kendinizi teslim edin, Saf, İlahi ve Tek Olan'a gireceksiniz." (Taoizm)

4. Gizli Ben bağlılıklarımızdaki ıstırabı bilir ve mutlu olmak için sahip olmamız gerektiğine inandığımız şeyleri geride bırakmanın, mutsuzluğumuzu geride bırakmakla aynı şey olduğuna dair bize güvence verir.

"Eğer ruhlarımızı önemsiz benliklerimizden azat edersek, başkalarının kötülüğünü istemezsek ve Gerçek'in ışığını yansıtan elmas gibi saf olursak, bizde görünen resim ne kadar parlak olacak, bizim yakıcı arzularımızı karıştırmadan, hatalı yanılsamaların çarpıtması olmadan ve bağımlılığın endişeli hali ve huzursuzluk olmadan, her şeyi oldukları gibi yansıtacaktır." (Budizm)

5. Gizli Ben kalplerimizdeki boşluğu bilir ve eğer kendisini tüm sevgilerin üstüne koyarsak, onun da bizim tüm boşluğumuzu dolduracağına hükmeder.

"Size ayrıca yeni bir kalp de vereceğim ve içinize yeni bir ruh koyacağım." (Yeni Ahit)

Almaya İstekliyseniz, Her Ne Olursa Olsun Erişebilirsiniz

Geride bırakmanın sırrını arayan kadınların ve erkeklerin çoğu ortak bir hata yapar: Kendi vardıkları sonuçları dinler-ler. Bu trajik bir durumdur. Gerçek, olabilecek her yolla bize, şu anki yaşam seviyemizin sınırının, yaşamın olanaklarının sınırı olmadığını öğretmeye çalışır. Bu kitabın tamamı, bizim için yalnızca ne olarak devam etmemizin imkânsız olduğunu görmeye istekli olmamızın, ne olabileceğimizi gerçekten değiş-tireceğinin bilincine varmak üzerine. Sırların sırrı bu; geride bırakmanın sırrı bu. Ve bu yüksek fikirlere ulaşmak sabırlı bir kendini tanıma çalışmasını ve hatırı sayılır açıklamaları gerek-tirse bile, dinlemeye istekli olanlar, geride bırakmak ve büyü-mek için gerek duydukları her şeyi alacaklardır. Burada geride bırakmak ve Gizli Ben'le temas üzerine yapılan derslerdeki tar-tışmalarda, her zaman yüzeye çıkan birkaç soru var:

S: Gizli Ben kulağa çok hoş geliyor, ama içimde benim eri-şebileceğimin ötesinde olabileceğine dair kötü bir duygu var.

Y: Elbette erişebilirsiniz ve önemli olan da bu. Ancak bizim erişebileceğimiz son, Gizli Ben'in içeri dalarak, bizi yakalama-sı ve ardından içten dışa değiştirmesi gibi bir şey değil. Öyle olsaydı, hepimiz Sahte Ben'in kapalı dairesinde dönüp dönüp durmaya mahkûm olur, başka bir şey yapamazdık.

S: Ama eğer Gizli Ben'e erişemezsek, o zaman nasıl bağlantı kuracağız?

Y: Özgürleştirilmiş bir yaşamı arayan milyonlarca kişinin kaybolduğu yer burası. Gizli Ben'le bağlantı kurmuyoruz; kuramayız. Kesin olarak, düşük seviyeli benliğin gerçekten yüksek olanın üzerinde ne hükmü ne de etkisi vardır – hiç mi hiç. Gizli Ben yalnızca ona giriş yolu hazırlayan bireyin yaşamına girer. Yalnızca davet üzerine gelir.

S: Yapabileceğimiz, kendimizi hazırlamamıza yardımcı olabilecek bir şey var mı?

Y: Evet, tabii ki. Bu kozmik tanrıçayı yaşantınıza davet etmek için, kabul etmeye istekliliğinizden daha büyük bir güç yoktur. Göreceğiniz gibi, dinlemeyi öğrenmek, bu yüce öz-yeniliği istemeyi öğrenmektir. Bu büyüleyici konuyu yazar Vernon Howard sayesinde daha iyi kavrayabiliriz. Sıra dışı kitabı Süper-Aklınızın Gücü'nde (Prentice Hall, 1967), şunu öneriyor:

Bireysel olarak kabul etmeye açık olmak her şeydir. O olmadan hiçbir şey değişmez. Onunla, sizin için her şey olasıdır. Gerçekle temas bir insandaki en iyiyi de en kötüyü de ortaya çıkartır. Gerçeği duyduğumuz zaman, gerçek bene ya da sahte bene denk gelebilir. Eğer sahte bene denk gelirse, reddedilecek, çarpıtılacak ya da görmezlikten gelinecek, birey için hiçbir yararı olmayacaktır. Ancak kişinin kabul edici bir tavrı varsa, gerçek, gerçek bene denk gelecek, anlayış ve rahatlama sağlayacaktır. Kabul etmeye açık olmanın dereceleri vardır. Bizim görevimiz daha fazla hoş geldiniz paspası hazırlayarak, bize giderek daha fazla yardım etmesine olanak sağlamaktır. Kabul etmeye biraz açık olmak daha fazlası için yolu açar, çünkü her bir faydalı deneyim, bize bir zamanlar korktuğumuz ve reddettiğimiz gerçeğin istediğimiz mutluluğun ta kendisi olduğunu gösterir.

Her ne zaman ve her nerede bir grup öğrenciye konuşacak olsam, her zaman dinlemeyi öğrenmenin önemini vurgularım. Hemen şimdi, size bu kitabı bir kenara koyup sadece bir an dinlemenizi istiyorum. Ama bunu yaptığınız zaman, yeni bir yöntemle dinlemeyi denemenizi istiyorum. Her bir parçanızla, her bir parçanızı dinlemenizi istiyorum. Aklınızın ve vücudunuzun her bir parçası bir şey duymaya çalışıyormuş gibi dinleyin. Neyi duymaya çalıştığınızı ve ne tarafı dinlemeniz gerektiğini bile çok dikkate almayın. Bu her şeyi mahvedecektir. Sadece elinizden geldiğince açık ve dikkatli olun. Beklenmeyeni bekleyin.

Bu içsel çalışmaya odaklanabilmenizde size yardımcı olacak bir ipucu vereyim. Hiç yatakta yalnızken aniden açıklayamadığınız bir gürültü duyduğunuz oldu mu? O anda, vücudunuzdaki her bir lif tek bir şey yapar: Dinlemek! Şimdi devam edin ve bir ya da iki dakika bu yeni dinleme yöntemini uygulayın ve ardından çalışmalarımıza tekrar başlayacağız. Eğer size yardımcı olacaksa bu çalışmayı denerken biraz yere uzanabilirsiniz, ayrıca sizin için solunumunuzun bilincinde olmak da o ana tutunmak için iyi bir yöntem olabilir. Her ne zaman hazır olursanız, o zaman kitabı yeniden elinize alın.

Eğer gerçekten dinlemişsek kendimizi belli belirsiz bir rahatsızlık duygusu içinde bulabiliriz. Bu duygudan kurtulmaya çalışmayın. Her şey onu kabul etmeye açık olmanıza bağlı. Bu duygu önemli bir mesaj taşıyor. Kendi geçmişimden kişisel bir hikâyecik, kendimizi dinlemekteki sıra dışı keşfin niteliğini daha iyi anlamamızda yardımcı olacaktır.

Gizli Ben'in Şarkısını Duymak

Yıllar önce, bir keresinde her günkü bahçe düzenleme işlerimi yapıyordum ve hoşça zaman geçirmek için, yanımda küçük taşınabilir bir radyo getirmiştim. Eski bir besteci olarak, popüler şarkıların melodik nakaratlarını dinlemekten hoşlanırım. Güzel, güneşli bir gündü ve radyodan gelen hafif müzik tam ortama uygun gibi görünüyordu.

Zaman geçtikçe, giderek kendimi biraz hoşnutsuz hissetmeye başlamıştım. Bir şey canımı sıkıyordu. Dirseğime kadar bahçedeki işime dalmıştım ve yapılacak o kadar çok işim vardı ki, niye öyle yaptığımı bile bilmeksizin, bu duyguyu önemsemedim. Ve kendimi endişeli ve gergin hissederken buldum. Ama niye? Sadece gergin hissediyorum diye çalışmayı bırakmak istemedim, dolayısıyla kendimi tekrar işe verdim. Birkaç dakika sonra, artık inkâr etmenin bir yolu kalmamıştı; durup bu açıklayamadığım duyguların üstüne gitmem gerektiğini anlamıştım.

Orada durup bir kez daha ortamın farkına vardıkça, dinleme kendiliğinden geldi. Ve ardından da şaşkınlık. Açıklanamayan rahatsızlık duygusu artık açıklanamaz değildi. Artık her şey açıktı.

Hissettiğim çatışma, çatışma falan değildi. Radyodan geliyordu! İşime o kadar dalmıştım ki, dinlediğim radyo istasyonunun sinyalinin karıştığını, daha önce yalnızca yatıştırıcı bir sesin geldiği yerden artık iki ya da üç istasyonun, hepsi birden bir kaybolup bir tekrar duyulan seslerinin geldiğini fark etmemiştim. Bir süredir bilinçsiz olarak dinlediğim "hoş müzik", birbirine benzemeyen melodilerin gerçekten kaotik bir karışımı ve onlara aralıklı patlamalar şeklinde karışan kötü haberlerdi.

Bu öykünün ardındaki görünmez ama derin düşünsel ders şüpheye yer bırakmamaktadır: Eğer ne *dinlediğimizin* bilincinde değilsek, o zaman *aldığımızın* ne olduğunu bilmeden dinleriz.

Günlük yaşamımızda, karışan radyo sinyali öykümde tanık olunduğu gibi, bu tür bir öz-farkındalık eksikliği, gereksiz bir şekilde rahatsızlık veren sayısız an yaşanmasına neden olur. Bunun tam bir örneği, başka birinin bizim hakkımızda olumsuz düşünüyor olabileceğini *düşündüğümüzde* görülebilir. O zaman, o kişiye karşı tepkimiz, savunmaya geçmek olur ki, bu durum tam da korktuğumuz izolasyonu yaratma eğilimli taşır. Diğer yandan, eğer bu kendinden menkul, kendi kendimize zarar veren düşünceyi "aldığımızı" biliyorsak –eğer içeri girdiğini "duymuşsak"– o zaman yaşamlarımızı onun olumsuz etkisine teslim etmek yerine, sadece sanki önemsiz ve saçmaymış gibi davranabiliriz. Böyle baktığımızda, aldığımız şeyin yaşantımızı, iyi ya da kötü, fazlasıyla belirlediğini görebiliriz. Bu yeni anlayışımızın olağan olayları aşıp yıldızlara kadar ulaşan sonuçları vardır.

İyi, yardımsever, bilge, sevgi dolu olan her şeyin temeli olan Gizli Ben, daima kozmik gücünü ve sessiz aklını yaymaktadır. Bizim görevimiz, bu tanrısal özelliğe erişmekten çok, onun iyileştirici etkilerini kabul ederek bize ulaşmasına olanak sağlamak. Bunu anlayabiliyor musunuz? Bu önemli içgörü bizi Gizli Ben'le bağlantı kurma çabalarımızın eksen noktasına getiriyor.

Gizli Ben'in düşünsel ödüllerini yaşamlarımıza alabilmek için önce girmesini önleyen engelleri ortadan kaldırmalıyız. Yani gerçekten almaya açık olmanın ilk aşaması, hangi noktada almaya açık olmadığımızı fark etmek. Bunu başka kelimelerle söylemek gerekirse, almaya daha açık olmak için öncelikle nerede bilinçsiz olarak yıkıcı, olumsuz etkilerin kalplerimizi ve beyinlerimizi işgal etmesine izin verdiğimizi görmemiz gerekiyor.

Burada, bu seviyedeki kendini tanıma çalışmasının birçok öğrenci için güçlük oluşturduğuna işaret etmeliyim. Aslında, içsel dikkate ve gerçekten kendini dinlemeye, sürekli ve bilinçli bir rahatsızlığın çoğunlukla eşlik etmesinin görünüşteki çelişkisini anlamak güçtür. "Sonuçta eğer daha iyi bir iş yapıyorsak, daha iyi duygular hissetmemiz gerekir" diye düşünmek yanlış bir mantık yürütmek olur. Aşağıdaki belirtildiği gibi, altında neyin yattığını açıklamak hem basit hem de derin olduğundan, gerçeğin yanıtı *hem* evet *hem de* hayırdır: Gerçekten almaya açık olduğumuzda, psişik sistemimizdeki uyumsuzluğu duyabiliriz. Ve ne kadar fazla duyarsak, o kadar daha sağlıklı oluruz, çünkü içimizdeki hırçın bir notanın bilincine her varışımız, onu sona erdirmenin başlangıcıdır. Bu şöyle işe yaramakta:

Gerçek uyum *zaten* vardır. Hepimiz bunu yüreğimizde biliriz, insanoğlunun şaşkın işleri aksini kanıtlıyormuş gibi görünse bile. Bu ilahi uyum, Gizli Ben'in şarkısı, usta bir orkestra şefinin çalan yüzlercesi arasından bir enstrümandaki en hafif bir akortsuzluğu belirlemesine olanak sağlayan uyumla aynı ölçektedir. Benzer şekilde, "Gizli Ben" ruhsal durumumuzdaki en belli belirsiz uyumsuzluğu bile *duyabilir*. Bu olumsuzluğun farkında olması, olumsuz bir durum *değildir*. Bu yüksek farkındalık seviyesi olumsuz durumun dışındadır ve onu olumsuz olarak algılamayabilir. Yine, usta orkestra şefinin kötü bir dış notayı duyma yeteneği, onun kendi mükemmel iç akordundan gelir.

Siz de içinizde neyin ses verip neyin ses vermemesi gerektiğini tam olarak bilen, gizli ve soylu bir iç kaynak isteyebilirsiniz. Hemen şimdi, şu andan itibaren başlayarak her gün daha fazla olmak üzere, kendinize kendinizi dinleme izni verin. Ve gergin ya da üzgün garip duygu ve düşünceler fark ederseniz asla kafanıza takmayın. Sizin göreviniz sadece almaya açık kalmak. "Duyduğunuz" şeyin niteliği hakkında kaygınız olmasın. Sahte Ben'iniz bu yanlış iç notaları başka bir hüzünlü şarkıya çevirmenizi isteyecektir. Sessiz kalın. Sadece bu olumsuz duygu ve düşüncelerin her nerede iseler orada kalmalarına *–yerlerinde değillerse de, bunun bilinciniz dahilinde olması koşuluyla–* izin verin. Yapmanız gerekenin hepsi bu. Yerlerinde olmadıklarının –uyumsuzluklarının– farkında olmanızı sağlayan Gizli Ben'dir. Biliyor ki, algılamaya daha yeni başlıyorsunuz. Biliyor ki, içinizde hiçbir üzgün ses için gerçek bir yer yok.

Gizli Ben'in Krallığı

Uzun zaman önce, uzak bir ülkenin iyi ama yaşlı hükümdarı, genç oğluna gerçek bir kralın soylu doğası hakkında en önemli dersi verme zamanının geldiğine karar vermişti. İçgüdüsel olarak çok geçmeden veliaht prensin hükümdarlık kaftanını üstüne giymesi gerekeceğini biliyordu. Ve bu yüzden, aynı bilge babasının geçmişte kendisi için yaptığı gibi, soylu amacına erişmek amacıyla gerekli hazırlıkları başlattı. Ona göre, adını bırakmak sadece varlığını ve unvanını bırakmaktan daha önemliydi, çünkü tüm bu ayrıcalıkların bir yeri olmakla birlikte, hiçbir şey hediyelerin en büyüğünün yerini tutamazdı: Bir kralın dünyaya bakışı. Bilge hükümdar bilmekteydi ki, ancak mirasını oğluna başarılı bir şekilde bırakabilirse, o zaman krallığı adil bir şekilde yönetilmeye devam edecekti.

Ve böylece, kral vekillerine, özel bir festival düzenlemek üzere en iyi günü saptamak için yıldızları incelemeleri gereken kraliyet astrologlarına danışmalarını söyledi. Hemen ardından ülkede bir ferman çıkartıldı. Haşmetmeaplarının krallığının tüm iyi ve sadık vatandaşları, bir sonraki yeniayın doğmasıyla, yakında kralları olacak prense kendilerini ve kendi seçtikleri hediyelerini takdim etmek üzere resmen çağrılıyorlardı.

Artık her şey hareket halindeydi. Sahne dikkatli bir şekilde hazırlanmaktaydı. Ama her ne kadar kral daha önce bu oyunda oynamışsa da –şimdi üstlenmesi için kendisine verilen rolde babası oynuyordu– sonucun ne olacağı kesin değildi, bunu biliyordu. Kralların bu gösterisinin nasıl biteceğini yalnızca Tanrı bilirdi. Ona düşen yalnızca oğlunun kendisi için titizlikle hazırlanmış bu yüksek seviyeli dersleri almaya hazır olmasıydı.

Büyük gün yaklaştıkça, kral kalenin ana avlusunu gözlemek için giderek daha fazla zaman harcamaya başlamıştı. Avlu muhteşem bir amfiteatra dönüştürülme aşamasının tam ortasındaydı. Planlanan özel hediye sunma töreninin düzenlenmesine üç günden az süre kalmıştı ve gizli gizli prensin beklediği gibi davranmaya başlayıp başlamadığını görmek için bakıyor ve öyle davranmasını umuyordu. Parke taşlı avluda önünde serilmekte olan görüntü onu hayal kırıklığına uğratmamıştı. Hazırlıklar için kalan birkaç gün boyunca, oğlu tam orada, her şeyin tam ortasındaydı ve kalabalıklarla bir içeri bir dışarı zikzak çiziyor, neredeyse çevresinde sürüp giden tüm etkinliklerin başında duruyormuş gibi görünmesine neden olan bir özveriyle ileri geri dolaşıp duruyordu.

Kral seyreden başka herkese sanki genç prens Kral Muhafızları'nın geleneksel imgesel teftişlerinden birini yapıyormuş gibi göründüğünü biliyordu. Fakat saklanmakta olan hükümdar oğlunun kafasını gerçekte neyin kurcaladığını da biliyordu – ve bunun imgesel askerleri denetlemekle hiçbir ilgisi yoktu. Hayır. O anda veliaht prensin aklına egemen olan tek şey, yakında ayaklarının dibinde yükselecek olan muhteşem hediye dağının tatlı görüntüsüydü. Baba, prensin gelecekte ne kadar zengin olacağının hesabını yapmakta olduğundan, kendi yüzünde yayılmaya başlayan bir gülümseme olduğunu bildiği kadar emindi. Bir zamanlar, kendi çok uzak olmayan geçmişinde, nasıl da aynı garip, tatlı rüyanın gönüllü esiri olduğunu hatırlıyordu. Ve nasıl kral babasının lütfuyla, bu rüyaların rüyasından çok daha iyi bir şeye uyanmasında ona yardımcı olunduğunu. Şimdi aynı şeyi oğlu için yapabilmeyi umuyordu.

Festival günü şafak, açık bir gökyüzünü ve sıcacık güneşi birlikte getirdi. Çok geçmeden kalenin dış avlusu tıka basa dolmuştu. Birkaç dakika süren gerekli resmi törenden sonra, iyi kral vatandaşlarının yürekten alkışlarıyla göründü. Birer birer hepsiyle selamlaştı ve geldikleri için içtenlikle teşekkür etti. Bu, dedi onlara, krallıktaki en hayırlı günlerden biri. Ve ardından, gerekenleri söyledikten sonra, oğlunun yanına getirilmesini ve hediye verme töreninin başlatılmasını buyurdu.

Arkadan gelen tezahüratlarla birlikte, trompetler öttü ve prens, refakatçileriyle merkez platforma gelerek babasının tahtının yanındaki kendisi için özel konulmuş bir sandalyeye oturtuldu. Ardından, bir buçuk kilometre uzunluğunda gibi görünen bir kuyruk oluşturan krallığın iyi insanları, hediyelerini prense birer birer sunmaya başladılar.

Ayaklarının dibine yerleştirilen ilk şey küçük bir torba kara fasulyeydi. Ardından biraz kuru mısır ve birkaç tane garip şekilli sukabağı geldi. Tahtın vârisi gözlerine inanamıyordu. Sesini çıkarmaya cesaret edemedi ama kesinlikle saray nazırları iyi hazırlanmış bir eşek şakası sahneliyor diye düşünüyordu. Ancak hediye taşıyan insanlar düzenli olarak birer birer önünden geçerken kimse gülmüyordu. Şimdi önünde tahta bir flüt, birkaç tane cılız tavuk ve çocuklar için elde yapılmış bir yay vardı.

Bu bir hata olmalıydı. Terlemeye başlamıştı ve takındığı zoraki gülümseme yüzünü ağrıtıyordu. Altın paralarla dolu sandıklar, ipek halılar, değerli taşlarla dolu keseler neredeydi? Önüne serilen hiçbir şey bugün onun olacağını düşündüğü hazinelerle en ufak bir benzerlik taşımıyordu. Sadece birkaç dakika geçtiğinde, prensi oturduğu yerde tutan tek şey –babasının omzuna tüm ağırlığıyla sıkıca bastırdığı eli dışında– arada bir diğer hediyelerin üzerine düşen bir ya da iki gümüş paraydı. Ama onların parıltısı bile hızla büyüyen patates, şalgam ve sebze seli altına gömülüyordu. Şalgamlardan ve sebzelerden öyle nefret ediyordu ki!

İyi niyetli vatandaşların birer birer yürüyerek cömert ama sıradan hediyelerini bırakmak için geçitleri sürerken, kral gözünü prensten ayırmaz olmuştu. Oğlunun terbiyeli davranışları üzerindeki kontrolünü kaybetmeye başladığını görebiliyordu. İzleyicilerden ya da sahnedekilerden hiçbiri önlerinde olan olayların önemini anlamamıştı. Yalnızca kral oğlundaki derin huzursuzluğun kökeninde ne olduğunu biliyordu ve gerçek çareyi de bir tek o biliyordu.

Ama eğer oğluna vermek amacında olduğu hediyenin en yüksek etkiyi yapmasını istiyorsa, zamanlaması kusursuz olmalıydı.

Sonunda, o an, artık daha fazla ertelenemez hale geldi. Genç prensin her an sandalyesinden fırlayıp koşarak sahneden kaçmaya hazır olduğunu hissedebiliyordu. Kasıtlı olarak tek eliyle oğlunun omzunda yaptığı baskıyı artırırken, önlerindeki halkı geçitlerini geçici olarak durdurmaya davet etmek üzere diğer elini kaldırdı, prense doğru eğilerek, fısıldamaya başladı. Tüm saray halkının üzerine bir sessizlik çökmüştü.

Babasının sözleri kulağına o kadar net geliyordu ki, bir an için, prens bu sesi daha önce hiç duymadığını düşündü. Dinlemekten kendini alamıyordu.

"Oğlum..." dedi babası ona. "Beni dikkatle dinle. Sana şimdi söyleyeceğim şeyi bir an için düşünmeni istiyorum ve ardından, eğer sahneden ayrılmayı hâlâ istiyorsan, sana engel olmayacağım." Prens yukarı, babasının gözlerinin içine baktı ve tek bir kelime söylemeden kralı talimatlarını vermeye davet etti. Ve her ne kadar babasının ona söylediği şeyi kulaklarıyla duysa da, dinleyen yüreğiydi.

"Kendisini yaşamın kendisine verdiği şeylerle ölçen insan, sıradan insandır, çünkü yalnızca sıradan insan yaşamın kazara onu ödüllendirmesine ya da ödülünü esirgemesine göre kendine değer

biçer. Kral olmak senin doğuştan gelen hakkındır ama bugün oldukça sıradan davrandın."

Babasının sözleri ona mızrağın sivri ucu gibi battı – ve prens doğru olduklarını bildiğinden daha da fazla acıtıyorlardı. Ve ardından, birden, bir açıklaması olmaksızın kendini garip bir şekilde âciz hissetti. Elbette babası doğruyu söylemişti ve o soylu davranmak istiyordu ama diğer yandan da inanmaz gözlerinin önüne yığılan bir daha asla geri gelmeyecek bir hayalin acı veren süprüntüleriydi.

Prens o an için ne yapacağından emin değildi. Emin olduğu noktaya vardığında ise, rol yapmaya devam etmesine gerek yoktu – ve kimse onun ne kadar zor anlar yaşadığını anlayamazdı. Babası onunla bir kez daha konuştu ve kral bitirdiğinde, prens yaşamdaki konumunu anlamayı başaramayan tek kişinin kendisi olduğunun farkına vardı. Ve babasının sözleri olmasaydı, bunu asla görmeyebilirdi.

"Oğlum, gerçek bir kral asla tebaasının ona ne getirdiğiyle, torbalarda gümüş mü yoksa saman mı olduğuyla ilgilenmez, *çünkü bilir ki tüm krallığın sahibidir*. Sahnenin ötesine bak: Her şey senin; her zaman öyleydi."

Prens başını kaldırdı ve sahnenin dışına, kalabalıklara baktı. Başlangıçta sanki pırıl pırıl güneşli bir sabahta, dışarı henüz çıkmış gibi gözlerini kısarak bakıyordu. Ama bir an sonra, gözlerini kocaman açmıştı ve gözleri parlıyordu. Ve sonra, kral ve tüm saray halkı seyrederken, prens sandalyesinden ayağa kalktı ve tam da bir krala yakışır bir tavırla, ferman buyurdu: "Festival devam etsin, geçit alayı da!"

Gizli Ben *sizin* soylu doğanızdır. Kralın durumunda olduğu gibi, kendiniz hakkında neyi hâlâ öğrenmeniz gerektiğini bilir. İzin verin krallığını önünüze sersin. O krallık size ait. Sıradan olanın sizi ele geçirmesini her reddettiğinizde ve yerine ilahi olanı seçtiğinizde, o krallığın bir kısmını alırsınız.

Yıldızlar sizin doğuştan gelen hakkınız. Serçeye değil, ötesine, kanatlarını çırptığı göklere bakmalıyız.

Bırakın, yaşam size ne getirecekse getirsin. Sunduklarının her birini, sizin hakkınızda ne söyleyeceklerini düşünerek kaygılanmadan alın. Yaşam size sizin hakkınızda hiçbir şey söylemeye çalışmıyor. Yaşam size kendisini ve *zaten size ait* olan ölçüsüz zenginliklerinin büyüklüğünü anlatıyor. Evet. Bu doğru. Gereksinim duyabileceğiniz her şeye zaten sahipsiniz, yalnızca size öyle gelmiyor çünkü size yanlış olarak, bireysel şeylere sarılmanız öğretilmiş. Haydi, bu sarılıp kaldığınız, yaşamı el kadar bir kavanoza indirgemekte ısrar eden düşünce ve duyguları geride bırakın. Sadece bırakın içinize işlesin. Yaşamın içinize işlemesine izin vermekteki istekliliğiniz, beraberinde sizinle yaşam arasında gerçekte bir ayrılık olmadığının bilincine varmanızı getirecektir. Bu yeni anlayış, ebedi hazine odasının eşiğidir.

Artık hep daimi ve sürekli değişen bir bilinçli bene –gerçek doğası sizin zenginliğiniz olan kutsal bir bene– ait olduğunuzu görmeye, fark etmeye başladınız. Bu Gizli Ben'in krallığıdır. Geride bırakın ve içeri girin.

"Bu coşkunun bir nedeni yok –keyifli olmak için bir nedeni olması gerekiyorsa o keyif, keyif değildir; o sadece oradaydı ve dalga dalga gelen Düşünce ona sahip olamadı ve bir anıya dönüştüremedi– o geldi, hiçbir şeyin içine sığmayan bir canlı ve bu neşeyle birlikte kutsama da vardı. Kelimenin tam anlamıyla, düşüncenin ve talebin ötesindeydi."

J. Krişnamurti

Bu Yepyeni Eylem Harika Bir Yola Götürür

Resmi olmayan bir tartışma grubunda, Laura yaşamının kalanını kendisi ve Gizli Ben hakkındaki gerçeği keşfetmeye harcamak istediğini belirtti. Ama sınıfa, arayışını çok fazla ertelemiş olmaktan korktuğunu söyleyerek devam etti; mevcut koşulları dikkate alındığında, özgür kalmak çok umutsuz bir hedefti. Belirttiği noktaların kökeninde şu soru vardı: "Şu andaki dünyam –ve o dünyadaki neredeyse her şey– bunu denemenin ve devam etmenin anlamsızlığı üzerine yaygara ederken, kendimden nasıl uzaklaşıp gidebilirim?"

Laura'nın yorumlarındaki açık sözlülük ve yarattığı ortamda, birkaç başka öğrencinin de başlarını sallayarak sessizce aynı düşüncede olduklarını gösterdiklerini fark ettim. Farkında olmadan, neredeyse hepsi, Sahte Ben'in en güçlü kandırmacalarından birinin onları bekleyen kollarına düşmüşlerdi: Cesaretlerinin kırılması. Bu kendinden şüphe ve umutsuzluk devi, gerçek olanla gerçek olduğu varsayılan arasındaki gölgeli bölgelerde pusuya yatar. Çevresinde yol yoktur ama buna gereksinimi de yoktur. Cesaretin kırılması içsel bir titan gibidir ancak gerçekte, yalnızca büyük bir aldatmacadır. Açıkça görünüyordu ki, bu kendimizden doğan, çok az anlaşılmış iç düşman üzerine ışık tutmanın zamanı gelmişti de geçiyordu. Karanlıkta, bir mum, bir toptan daha güçlüdür.

Birkaç saniye sonra, aşağıdaki yorumda ortaya koyulan aydınlık gerçekler, Laura dahil derse katılan herkesi neşelendirip cesaretlendirdi ve akşam toplantısının kalan bölümünü, kendini tanıma çalışmamızda hepimizi daha üst bir seviyeye taşıyan çok önemli bir soru-yanıt seansıyla tamamladık.

Ne zaman tek gücünün bizi aldatma yeteneği olduğunu unutsak, cesaret kırıklığı bizi tutsak eder ve ümitsizleştirir. Onun kurnazlığı, kendimizi aşmak için bir sonraki adımı neden atamadığımız hakkındaki gerçeği zaten bildiğine bizi ikna etmektir.

S: Evet, söylediğiniz başkaları için doğru olabilir, ancak benim farklı bir durum içinde kilitlenip kaldığım gerçeğini ne yapalım? Bu koşular değişmediği sürece, yaşantımda yapmak zorunda olduğumu bildiğim değişiklikleri yapmam engellenecektir. Bunu ne yapacağız?

Y: Öncelikle, kendimizi özgürleştirmek için yapmamız gereken çalışmayı belirleyen, kendimizi içinde bulduğumuz koşullar değildir. Bu Sahte Ben'in bizim inanmamızı istediği şey. Doğrusu ise tam tersi: İçinde bulunduğumuz koşullar *ne olursa olsun*, gerçekte o koşulları değiştiren bizim kendi üzerimizde yaptığımız çalışma.

S: Ne demek istiyorsunuz? Kendimi geride bırakma çalışmalarım nasıl oluyor da bazı koşulların üzerimde büyük etkisi olduğu gerçeğini değiştiriyor?

Y: Sizin gerçek olarak adlandırdığınız şey yalnızca bir varsayım.

S: Bunu nasıl söyleyebiliyorsunuz? Büyük olasılıkla benim hangi koşullar altında olduğumu bile bilmiyorsunuz.

Y: Hepimiz aynı içsel yasalara tabi olarak yaşıyoruz. Asla herhangi bir şey hakkında tüm gerçeği bildiğimizi varsayma hatasına düşmemeliyiz, çünkü gerçek hakkında her zaman şu anki kavrama seviyemizin ötesinde bir şey bulunur.

S: Buna katılıyorum, ama her zaman daha ötesinde bir şey olduğunu bilmek koşullarımı nasıl değiştirecek?

Y: Bu yüksek kendini tanıma seviyesinden gerçeğin sınırsız doğasını kavramakla cesaretinizi kıran duruma karşı tümüyle yeni bir eylemde bulunabileceksiniz: Hüzünlü ruh haliniz hakkında gerçek olduğuna ikna edildiğiniz şeyi geride bırakmaya cesaret edebilirsiniz.

S: Bu çok değişik bir düşünce. Kendimi kötü hissettiğim zaman niye öyle hissettiğimden oldukça eminimdir. Bu kesin olan şeyi geride bırakmam bana ne sağlayacak?

Y: Her şeyi. Yolunuzu tıkıyor gibi görünen ne olursa olsun üzerine giderek –ve ileri gitme isteğiyle tam orada dimdik durup ve geri dönmek zorunda olduğunuza inanmayı reddederek– kendinizi tam olarak gerçeğin sizinle birlikte olan harika yoluna başlayabileceği yere taşımış olursunuz. Bu noktadan sonra, kalan güçlüğün üstesinden gelmek gerçeğin sorumluluğundadır.

S: Gerçek bunu nasıl yapıyor? Peki ya sonra?

Y: Engeli aşma isteğinizden vazgeçmeyi reddetmekteki kararlılığınızda sebat ederseniz, aşılamaz bir durumun sağlam duvarı olduğunu sandığınız şeyin, gerçekte yalnızca Sahte Ben'in yarattığı ve inşa ettiği bir cesaret kırıcı düşünceler duvarı olduğunu gerçek size gösterecektir! O duvarı yeni anlayışınızın verdiği güçle itin ve parçalanıp aslında hep olduğu hiçliğe dönüştüğünü göreceksiniz. Önünüzde yukarı ve dışarı giden bir sonraki adım bekliyor. Bu yolda gerçeğe öncelik vermek, ondan sizi hep daha yukarı, daha yukarı taşımasını istemekle aynı şey. Ve öyle de olacak.

S: Gerçeğe öncelik vermek tam olarak ne demek? Örneğin, ben her zaman belli dış koşulların daha iyi olmasını bekleme –sonra da kendi üzerimde çalışmaya başlama– eğilimimin doğru ve gerçeğe her şeyden çok değer verdiğimin kanıtı olduğunu düşündüm. Ama son olaylar ve içgörüler bana bu tür bir düşünme şekline daha yakından bakmak gerektiğini düşündürüyor. Siz ne düşünüyorsunuz?

Y: Bir gün sezginiz sizin için kesinlik olacak. Gerçeğe öncelik vermek sadece bu demek. Geride bırakabilmek ve Gizli Ben'le bağlantı kurabilmek için kişisel koşullarımızda bir iyileşme olmasını beklemek zorunda olduğumuzu düşünmek, gerçeğe öncelik vermek değildir. Bu yaklaşım, başarı isteğimize öncelik vermektir.

S: Başarılı olmayı istemenin nesi yanlış? Önemli olan da bu değil mi?

Y: Evet. Ama sizin düşünsel başarınız, sizin değil gerçeğin sorumluluğu. Sizin göreviniz bunu anlamak – ve sonra da sizin kendiniz için yapamadığınızı gerçeğin yapmasına olanak vermek.

S: Mademki söylediniz, o zaman, yaşantımda kendime karşı yeterince samimi olmadığımdan şüphelendiğim birçok alan var. İlişkileri idare etme ve diğer öncelikler gibi. Ne yapmalıyım?

Y: Yalnızca *baştan başlayın* – ve sonra tekrar baştan başlayın. Bu iki kelime, baştan başlamak, daha üst seviyede bir yaşamın en temel öğelerinden birini örnekliyorlar ve işte bu yüzden bu ezeli ve ebedi yönergeyi asla unutmasak hepimiz iyi ederiz. Kendimizi aşma yolculuğumuzda, gerçeğe öncelik vermenin, kendimize nerede samimi olmadığımızı görmemiz ve kabul etmemiz anlamına geleceği birçok zaman olacak. Bu noktada, aşağılama ve kurtarma arasındaki ilişki hakkındaki bazı yüksek imaları artık anlamaya başlıyoruz. Samimiyetimizden kaygılanan hayal gücümüzün ne kadar zengin olduğunu görmeye başladığımızda, "Kutsanmışlar ruhu fakir olanlardır" atasözü yeni bir anlam kazanmaya başlıyor. Yalnızca kendi üretimimiz olan yelkenlerimizi şişiren rüzgâr gerçek tarafından kesildikten sonra, Gizli Ben'in ilahi akıntıları bizi güvenle eve taşır.

S: Kendimi hep üzgün hissediyorum –yaptığım şey için üzgün ve kendim için üzgün– ama kendimi ne kadar kötü hissedersem hissedeyim, hiçbir şey değişecekmiş gibi görünmüyor. Pişmanlığı kendiliğinden değiştirecek bir güç yok mu?

Y: Evet var. Ama başka birine yanlış ya da can yakıcı bir davranışta bulunduğumuz zaman, çoğunlukla yalnızca yersiz eylemimizin bize maliyetinin ne olacağını düşündüğümüz için üzülürüz. Üzgünlüğümüz kendi kıymetli, pohpohlanmış görüntülerimiz dahil, kaybetmiş olmaktan korktuklarımız içindir. Geride bırakmakla ve insanın gerçek değişimiyle sonlanan hüzün, asla *kaybettiğimiz* şey için değildir, kendimiz *kaybolduğumuz* içindir.

S: Bazen öyle geliyor ki, gidilecek böyle uzun bir yol varken, giderek bu yolun hangisi olduğundan bile emin olamıyorum. Doğru yöne gittiğimden nasıl emin olabilirim?

Y: Eğer amacınız kendinizden uzağa yürümekse, boşa harcanmış çaba yoktur. Attığınız adımın yanlış yönde olduğunu fark edip o yola gitmeyi reddetmek, bir sonraki adımı doğru yönde atmak demektir. Kesinkes bu yönde ilerleyin.

S: Gerçek çağlar boyunca öğretilmiş olduğuna göre, bir yerde gerçeğin özeti var mıdır?

Y: Tüm gerçek eğitimlerinin temel amacı, bize hedefimizin nasılsak öyle kalmak olmadığını, her zaman daha yüksek bir şey olduğunu hatırlamamıza yardımcı olmaktır.

S: Kendimi, yaşamımda ne istediğimle, yüreğimin onunla yapmam gerektiğini söylediği arasında ikiye bölünüyormuş gibi hissediyorum. Neler oluyor? Hâlâ görememiş olduğumu görmemde bana yardımcı olabilir misiniz?

Y: Doğarken dünyaya beraberimizde, her biri minik ellerimizin birinde saklı, görünmeyen iki dizi yönergeyle geldik. Bu yönergelerden ilki bizi, kendimize ve bizi çevreleyen dünyaya güçlü, akıllı ve değerli olduğumuzu kanıtlamaya zorluyor. Diğer yönerge, gerçek ve ebedi olan, bize burada kendimizi kanıtlamak için değil, Gizli Ben'imizin gerçeğini keşfetmek için bulunduğumuzu hatırlamamızı işaret eder.

Bilmenizi istediğim son bir şey var ve bu gerçekten hiçbir şüphe duymamanızı istiyorum. Bu gerçek sizi sonu gelmeyen yollar boyunca beyhude bir arayış ve boğuşmadan kelimenin tam anlamıyla kurtaracak. Ve şurası kesin ki başka her şeyden önce onu seçtiğiniz sürece, bu kurtarıcı gücü öğreneceksiniz. İşte burada:

Herhangi olumsuz bir durum nedeniyle sıkıntı çekmek zorunda olmadan yaşama hakkına sahipsiniz.

Korku, endişe, kaygı, nefret, şüphe, umutsuzluk; tüm bu sıkıntılar tek bir nedenle bizim için sıkıntı olurlar: Bizim karanlık tarafımızda yaşıyorlar çünkü biz onlar hakkında karanlıkta yaşıyoruz. Bundan sonra böyle olmayacak!

Işıklar Bildirgesi

Bu nedenle "Işıklar Bildirgesi" olarak adlandıracağımız ilkeleri hazırladım. Özgürleştirici derslerini kalplerinize ve beyinlerinize kabul edin ve şafağın kesinlikle geceyi kovduğu gibi, söyledikleri gerçeklerde sizi tüm karanlık ve ruhunuza yabancı şeylerden kurtaracak. Tüm bu tür belgelerin başladığı gibi, bir önsözle başlıyor: Hazırlanma nedenini ortaya koymaya yardımcı olan bir giriş. Sözler benim öncelikle, kalplerimizin özlediği ilişkinin zaten var olduğunu ve onun doğal özgürlüğünü bilmemizin bizin hakkımız olduğunu ifade şeklim.

Biz gerçek bir yaşamı arzulayanlar, yalnızca varlığının sağlayabileceği özgürlüğün nimetlerini güvenceye almak için, sessiz takdirinin yol gösterici ışığı içinde birleşmek üzere, tüm gelecek kuşaklar için, burada Işıklar Bildirgesi olarak ortaya konulan bu Yüksek Bilinçlilik Maddeleri'ni, tüm gelecek nesiller için kendi içimizde ve aramızda belirlemekteyiz:

Madde I

Şüphe, kaygı, kızgınlık ve korku gibi acı veren olumsuz durumların kısıtlayıcı etkilerini belirlemek, kovmak ve aşmak için Işık'ınız vardır.

Madde II

Kendinizin bilincine varmaya istekli olduğunuz her anı kusursuzlaştırmakta üstünüze düşen yegâne kısmı yapmak için Işık'ınız vardır.

Madde III

Karşılaştığınız her bir kişiye, aynı sizin gibi Işıklar Bildirgesi dahilinde ve ona göre yaşamalarının vazgeçilemez bir hakları olduğunu anlamalarına yardım etmek için Işık'ınız vardır.

Madde IV

Her zaman, doğal olarak yaratıcı ve sakin ve kendine güvenli birisi olarak kendi içinizdeki huzurlu dünyada yaşamak için Işık'ınız vardır.

Madde V

Her an için, kendi kişisel koşullarınız ne kadar güç olursa olsun, tüm diğer canlılara, sevecen davranmak için Işık'ınız vardır.

Madde VI

Yaradılışınızdan sorumlu iyiliğin, sizin için yalnızca iyi ve gerçek olanı istediğini her zaman hatırlamak için Işık'ınız vardır.

Madde VII

Yalnız o ışığın ebedi varlığı yoluyla, gerçeğin insan ruhunu rahatlatan güzelliğini görmenin mümkün olduğunu, içinizde yaşayan Işık dışında her şeyin gelip geçici olduğunu fark edecek Işık'ınız vardır.

Eve Giden Yolda Bu Elli Sırrı İzleyin

Birlikte yolculuklarımız bitmek üzere ancak birlikte başladığımız, bizi kendimize koyduğumuz kısıtlamaların ötesinde yaşamaya götüren bu yolculuk devam etmek zorunda. Bu kitabın yazılma ve tekrar elden geçirilme nedeni bu: Böylelikle geride bırakmanın bir yolculuk olduğunu bilebilirsiniz... Ve asla bitmediğini de. Asla. Yalnızca, olduğumuzu düşündüğümüz kişiden acı verici bir şekilde emin olmak yerine, daha üstün bir şeyin görüntüsünü yakalayabildiğimiz her sefer, tekrar ve tekrar yeniden başlar.

Bunu kendinize kanıtlayabilirsiniz. Bu kitapta üzerinizde çarpıcı bir izlenim bırakan herhangi bir bölümdeki düşünsel derslerden birini seçin, geri dönün ve onu tekrar okuyun. Size verdiği duygular hakkında ister aklınızda, ister yazılı olarak notlar alın. Bu yüksek ders içinizde nereye yerleşmiş gibi görünüyorsa, o yer hakkında her şeye dikkat edin. Sizi şaşkınlıkla mı dolduruyor? Bilmediğiniz bir tür özleme mi neden oluyor ya da bir rahatsızlık mı yaratıyor? O ders ve kendiniz hakkında yapabildiğiniz kadar deneme yapın ve sonucu görün. Şimdi bu yüksek dersi bir hafta için içsel çalışmanızın odağı yapın.

Örneğin, belki de davetliymiş gibi davranan ama gerçekte ruhsal istilacılar olan, istenmeyen, tanımadığımız iç konuklarımız olduğunu şaşkınlıkla kavrayabilirsiniz. Sonraki yedi günü, aklınıza geldikçe, ruh evinizi tam olarak kimlerin işgal ettiğinin bir dökümünü çıkartmak için harcayın. Masrafları sizden olmak üzere içinizde verilmekte olan parti sizi şaşırtabilir.

Evet, rahatsızlık verici. Ancak, içinizdeki bu rahatsızlığa dair yeni farkındalığınız sizi sözlerin ötesinde, paha biçilemez bir şeyi kavramaya götürür: Artık biliyorsunuz ki burası sizin eviniz, onların değil. Gerçekten kendi hâkiminiz olma yolundasınız, çünkü çalışmanız bu tek yüksek dersin *içsel anlamını* ortaya koydu. Sonunda akıldan, esinlenmeye geçtiniz.

Bu mucize oluştuğunda, önünüzdeki dersin büyük derinliklerinde nefessiz kalacaksınız. Ve daha birkaç saniye evvel göremediğiniz şey, şimdi tüm dikkatinizi toplayacak. Bir gün aynı derecede ani olarak, aslında hiçbir dersin dipsiz olmadığını, sonsuza kadar devam edenin sizin gerçek doğanız, Gizli Ben olduğunu anlayana kadar, ne zaman bir derse geri dönseniz bu gerçek içsel mucize anı tekrar olacaktır. Şu anda bunun görülmeyen ve güçlü süreci içindesiniz.

Bu dokuz bölümde açığa çıkardığımız sırlar, bize kendi içimizdeki görünmez dünyaların bazılarının tam kalbine bakma olanağını sağladı. Orada, görünür fiziksel yaşamlarımızın niteliğinin ve hatta içeriğinin –bütün karmaşık ilişkileriyle birlikte– aslında daha önce görmediğimiz içsel âlemlerde hüküm süren güçler tarafından belirlendiğini keşfettik. Yani geride bırakma işi orada, kendi içimizde yapılmalı. Artık biliyoruz ki, bizim için neyin davetsiz olduğunu tam olarak görmek, *içimizde* bilinmeyeni ortaya koymakla başlıyor. Başka yolu yok. İşte bu yüzden, kendi bireysel iç yolculuğumuzun içsel çalışmasına inatla devam etmeliyiz.

Yolculuk seyrinde, her bir daha güvenli limana yanaştığımızda, kişisel gücümüzün arttığı bir yere varmamızın üstünden çok fazla geçmeden, güçsüz bir bene olan, uzun bir geçmişe sahip ve derinlere yerleşmiş bir yanlış inanıştan kurtulduğumuzu anlamamız, kendimize yaptığımız bu özel yolculuğun en şaşırtıcı yanıdır! Yeni anlayışımızın ışığında Sahte Ben yıkanıp gittiğinden, onunla birlikte aynı derecede sahte arzuları da –bu noktaya kadar bizim gereksinimlerimiz olduklarına inandırıldığımız arzular– yok olup gider.

İç yolculukta direndiğimiz ve vazgeçmediğimiz için, artık dışarı çıkış yolumuzdayız. Şimdi kimmiş o endişelenmesi, kaygılanması, gergin olması, kendini yalnız hissetmesi, geleceği planlaması ya da geçmişten pişmanlık duyması, kin taşıması ve intikam planlaması gereken diye kendi kendimize sormaktan mutluyuz. Aslında, psişik acının ruhsal öngörü yoksunluğunun bir belirtisi olduğu bir kez anlaşıldı mı, kimin kendini kötü hissetmesi ya da bir şeye üzülmesi gerekir ki? Ve aslında hikâyenin hepsi bu. Sıra şimdi çareye geldi.

Her zaman şu anki görüş sınırlarımızın ötesinde bir yaşam, daha üstün bir şey vardır. Ama daha başka ne olduğunu görmek için, gözlerimizi şu an odaklandıkları noktadan yukarı kaldırmaya istekli olmalıyız. Geride bırakmak budur. Eğer başta göremezseniz kaygınız olmasın, göreceksiniz. Bu sizi cesaretlendirmek için; ondaki gerçekliği görürseniz onun gerçekliği de sizi yolculuğunuz boyunca görecektir. Aydınlanmayı her zaman özgürleşme takip eder ve gerçek aydınlanma her zaman görüş alanının hemen dışında kalan bir şeyin görünüvermesini sağlar. Burada ruh gözünüzü yukarı çevirmenizin elli yolu var. Onları her biri kendi içinde geride bırakmanın sırrını söyleyen dört sınıfa ayırdım.

Bu gerçekleri görün

1. Nerede kendinizi aşacak bir sonraki adımı atmanız gerektiği konusunda hep haklısınız.

2. Düşünsel gelişim herkes için eşit bir fırsattır.

3. İçsel karanlıkta yaşandığında yalnızca iki seçenek vardır: yanlış olan ve şanslı olan.

4. Üzüntüyü çare bulunması gereken bir dış koşul olarak değil, anlaşılması gereken bir iç koşul olarak görün.

5. Tüm psikolojik çıkarımlar Sahte Ben'in fosilleşmiş varsayımlarıdır.

6. Bırakın dönemeci dönünce neyin beklediğini, cesaret kırıcı düşünceler ve duygular kendileri hakkındaki gerçeği bile bilmezler.

7. Yalnızca bencil birisi hiç kimse değilmiş gibi hissetmekten hoşlanır.

8. Bir eylem ödül için yapılıyorsa acı verir, çünkü gerçek doğanızın kendisi bir ödüldür ve bu eylem, gerçek doğanıza rağmen yapılan bir eylemdir.

9. Düşünsel farkındalığın karşıtları olmadığından, hiçbir şey ona karşı çıkamaz.

10. Hissetmeyi istemediğiniz o kötü duygu, o kötü duyguyu hissetmeyi istemediğiniz duygusudur.

11. O duygusal ya da hüzünlü anı, bir anıdır, sizin kim olduğunuz değildir.

12. Aynı güneşin ışığı ve ısısı için aya gereksinimi olmaması gibi, gerçek aşkın da karşıtlarının hiçbiriyle hiçbir ortak yanı yoktur.

Kendinizde öteye bakın

13. Asla kendinizi ne yapacağınızı bilmediğiniz bir konuma sokmaktan çekinmeyin.

14. Eğer yaşam vurup sizi sırtüstü yere yapıştırırsa gözünüzü açın, üstünüzde yıldızlar var.

15. Her zaman daha yukarıda bir şey vardır, yeter ki başınızı yukarıda tutmayı unutmayın.

16. Varmak istediğiniz yer bu dünyada değilse, o zaman bu dünyadaki hiçbir şey sizi rahatsız edemez.

17. Bir araştırmacı olun, onaylayan kişi değil; uyanık olun, inatçı değil.

18. Sizi yönlendiren neyse, bağlı olduğunuz odur.

19. Gerçeğin, kendinden memnun bir insanla hiçbir işi olmaz.

20. Gizli Ben algılanacak bir varlıktır, peşinden koşulacak bir ödül değil.

21. Kabul edilmek için edilen bir dua, affedilme için edilen bir duayı takip etmiyorsa, kibirli bir eylemden başka bir şey değildir.

22. Kendiniz de dahil size hiç kimsenin yardım edemeyeceğini öğrendiğinizde, Gizli Ben'i de öğreneceksiniz.

23. Bir daha asla, kendilerini kötü hissetme hakları varmış gibi hissetmeleri için kimseye yardım etmeyin.

24. İzin verin, gerçek size burada olduğunuz kişi olarak kalmak için bulunmadığınızı hatırlatsın.

Sadece geride bırakın

25. Ben'in gerçekten değişmesi, kendiniz hakkında yeni bir yolla düşünmenizde değil kendiniz hakkında düşünme gereksiniminden tümüyle kurtulmaktadır.

26. Deneyimlerinizden ölesiye hoşlanabilirsiniz ya da deneyimleriniz sizi öldürebilir.

27. Gerçek olan Ben'e göre hareket edin, Siz olan Ben'e göre değil.

28. Geride bırakmak, tümüyle, kim olmadığınızı bulmanız ve olmadığınız kişiyi bırakacak cesaretiniz olması hakkındadır.

29. Kararlılık, aptallık yoldan çekilene kadar bir şeyde sebat etmektir.

30. İçinizde daha fazla ışık üretmenin tek yolu, bilinçli olarak içsel karanlığınızda oturmaktır.

31. Elinizden gelenin en iyisini yapmak acı çekmek anlamına gelmez.

32. O anın gerçeğine atlamanızın nedeni, kendinizden dışarı atlamaya istekli olmanız olmalıdır.

33. Geride bırakmak vazgeçmek değildir; yukarı gitmektir.

34. Gizli Ben bir bireyin yaşamına, yalnızca tamamına sahip olma koşuluyla girer.

35. Daha tetikte olmak için, yalnızca dinlememiz ve ardından dikkatimizi çalan düşünceleri geride bırakmamız gerekir.

36. Yönünüzü hiç kimseye göre belirlemeyin, hiç kimsenin yönünüzü belirlemesine izin vermeyin.

37. Her ne olursa olsun, geride bırakın.

Gerçek her zaman zafere ulaşır

38. Her kim kendinin üzerinde bir gerçeği seçerse, her zaman kendisi için seçer.

39. Yenilgi bir anıdır; gerçek yaşamda yaşamaz.

40. Kendiniz âcizlik duygusu yaşamadan da âcizliğin farkına varabilirsiniz.

41. Her şey yerine getirildiği zaman, sabır doğal gelir ve zorlayıcı olmaz.

42. Sakin kalmak için, yalnızca dinlememiz ve ardından endişeli içsesleri geride bırakmamız gerekir.

43. Kendini bilmenin ışığında yaşarken yalnızca tek bir seçenek vardır ve bu her zaman doğru olan seçenektir, çünkü bilinç asla kendine karşı olanı seçmez.

44. Kendinize kattığınız güç ne olursa olsun sizin en büyük zaafınız haline gelir, bilinçli olarak katlandığınız güçsüzlük ne olursa olsun, yerini size ait olmayan bir güce bırakacaktır.

45. Tümüyle hatalı olduğunuzu bildiğinizde, gerçek doğruluğun kapısında dikiliyorsunuz demektir.

46. Yaşam sizin lideriniz haline geldiğinde, ruhu da gücünüz olur.

47. Siz dışarı boşalttıkça, gerçek içeriyi doldurur.

48. Kendinizi en sona koymak için dünyanın ne iznine ne de işbirliğine ihtiyacınız var.

49. Kendinizi susturamazsınız ama sessizliğin yolunu size göstermesine izin verebilirsiniz.

50. Gerçeğin zafere ulaşması için hiçbir durumun fazla güç olduğunu asla düşünmeyin.

Vernon Howard'dan Özel Bir Mesaj

Kitabımı, Mr. Howard'ın, geçmişte, 1989'da yazmış olduğu kısa yazısıyla sonlandırmaya karar verdim. Bu yazı, neredeyse 20 yıldan sonra bile, yaşamla niye böyle boğuştuğumuzun ve sürüp giden sorunlarımızdan gizlice sorumlu olan Ben'den vazgeçmek için nasıl bir adım atmamız gerektiğinin kısa ve öz bir özeti olmaya devam ediyor. Howard'ın sözlerini okuyan kimileri, o sözleri gerçeğin en sade şekliyle ifadesi olarak görür. Süslü püslü hiçbir şey yoktur. Büyük büyük düşünceler yoktur. Hiç numara yapmadan, tümüyle saf ve Sahte Ben'e bel altı indirilen darbelerle doludur.

Başka bazı kişilerden ise, duyarsız bir yazış şekli varmış gibi göründüğüne dair yazılar aldım.

Benim çektiğim acı için başkasını suçlamayı, her zaman o kişinin bana benim hakkımda gösterdiği şeyden kaçınmanın bir yolu olarak gördüm. Genel bir kural olarak, her ne zaman size birisi, niye onu ya da bunu söyledin diye soruyorsa –özellikle buna olumsuz bakıyorsa– sanki ilgileniyormuş gibi sorulan bu sorunun ardında, o kişi aslında şunu söylemektedir: "*Senin söylediğin şey yüzünden niye acı çektiğimi bana açıklamanı istiyorum.*" Bırakın onların hissettikleri şey yüzünden kendimizi savunmayı, başkalarının niye acı çektiğini açıklamak hiçbir zaman bizim sorumluluğumuz değildir! Benzer şekilde, suçlama, bir kişinin kendisi hakkında hâlâ öğrenmesi gerekenleri yaşam ona gösterdiğinde, bunları kabullenmeyi reddettiğinin bir kanıtıdır.

Bu nedenle, Vernon'un sözlerini, size niye böyle yazdığına ilişkin bir açıklama yapmadan, sunuyorum. Onun çalışmaları –yığınlarca tutkulu avatarı ve ustalarıyla son dönemlerdeki sözüm ona ruhaniliğimizin aksine– uzlaşmazdır. Öyle ya da böyle, her çeşit mazur görülmeyecek koşula katlanmak –bizi güçsüzleştiren şeyi kabul etmek– bize öğretildiği sürece, yaşadığımız kişisel ve evrensel çatışma sürecektir. Aşağıda yer alan güzel mesajı, yazıldığı ruhla okumanızı şiddetle öneririm: Herkese iyilik ve mutluluk dileklerimle...

***

Kendi dünyanızı, kendi görüntünüzde yarattığınızı görmeye başladığınızda, bu sizi çok şaşırtacaktır. Burada, kendinizi karamsar hissettiğinizde yapmanız için bir özel bir egzersiz var. Bu egzersizin yaşamınızda ne kadar olağanüstü bir değişiklik yapacağını kelimelerle anlatmam olası değil.

Bu andan itibaren, her canınız yandığında ya da içinizde derin bir acı hissettiğinizde, şu an olduğu gibi acıyı düşünmek yerine başka bir şey yapacaksınız. Dikkatinizi üzüntüye ya da hayal kırıklığına yöneltmek yerine, başka bir şey düşüneceksiniz.

"Acıyı anlamıyorum" diye düşüneceksiniz.

Sadece düşünün: "Orada karanlık var. Bir şey beni kırbaçlıyor ve canımı yakıyor." Ama acıdan sahte bir zevk almayacaksınız. Doğru reyona gideceksiniz ve "Bu acıyı anlamıyorum" diyeceksiniz." İŞTE HEPSİ BU!

Sonrasında bir daha asla yaşadığınız ıstırap aklınıza gelmeyecek. Başardınız. Üstünüze düşeni yaptınız. BU DIŞARIYA GİDEN YOL.

Tanrı şahsen sizi kurtarmaya gelmiştir. Gerçekte dinin söylediği budur. Gerçek der ki, "Üzerinde düşünmeyin ve acının içinde yüzün." Sadece sandalyenize geri oturun, rahatlayın ve söyleyin: "Sistemimi terörize eden bu ıstırabı anlamıyorum."

Eğer anlamıyorsanız, yapabileceğiniz bir şey de yoktur, değil mi? O zaman hiçbir şey yapmayın. Yakındığımızda ve ağlayıp inlediğimizde ve sızlandığımızda ve "Bu belaya nasıl bulaştım?" gibi şeyler düşündüğümüzde hiçbir şey değişmeyecektir. Bu eggzersizle, bambaşka bir reyona geçiyorsunuz ve bu reyonda sizin için hazır olan ürünleri alacaksınız.

Gün boyunca endişe içinde kararlar almak zorunda kalmama ürününü ister misiniz? Sadece "Birden ortaya çıkıveren bu krizi ya da gönül yarasını anlamıyorum" deyin. VE DURUN. TÜM GÜN BOYUNCA ONU ANLAMAMAYA DEVAM EDİN.

Bizi en baştan bu hüzünlü iç karmaşaya sokan, yapay anlayışımızdır. Kendinize ait bir aklınızın olmamasından korkmayın. Tanrı sizin adınıza büyük, muhteşem bir akıl kullanmaya hazırdır. Tanrı sizin yaşamınıza karşılık, size kendi yaşamından verir.

Çoğu insan, anlık özdenetim duyguları için ruhlarını satarlar. Gerçekten kendi kendinizin hâkimi olduğunuzda, artık onu bulmaya çalışmanız ya da bir daha yokluğunu kendinize açıklamaya çalışmanız gerekmez.

Eğer "Yaşantım hakkında hiçbir şeyi anlamıyorum" demeye gönüllü iseniz, Sahte Ben'iniz tüm o sahte anlayışıyla uzaklaşıp gidecektir. Yerini doğrudan cennetin kendisinden gelen bir içgörü alacaktır. Çok yüksek bir mertebeden gelen bu içgörü, bu dünyada ve öteki dünyada size gereken her şeydir. Durmayın ve geride bırakmaya cesaret edin.

– Vernon Howard